Trajetória de Paulo Emilio

COLEÇÃO POLÍTICAS CULTURAIS
VOLUME 5

A Coleção Políticas Culturais – uma iniciativa do Ministério da Cultura e da Cinemateca Brasileira – representa um momento de reflexão sobre as mutações das práticas institucionais e sociais do campo artístico e cultural num cenário, brasileiro e internacional, marcado pela emergência da economia criativa e da gestão cultural. Em seis volumes, a coleção inclui abordagens ensaísticas sobre as políticas culturais, a edição da lei que instituiu o Plano Nacional de Cultura e estudos específicos sobre instituições que encarnam os novos agentes desse processo e sobre trajetórias individuais que permitem recapitular a gênese das confluências entre a expressão artística e o sistema de circulação da cultura.

MANUEL DA COSTA PINTO e JOSÉ GUILHERME PEREIRA LEITE,
Coordenadores da Coleção

Trajetória de Paulo Emilio

ADILSON MENDES

Copyright © 2013 Adilson Mendes

Direitos reservados e protegidos pela Lei 9.610 de 19 de fevereiro de 1998.
É proibida a reprodução total ou parcial sem autorização, por escrito, da Sociedade Amigos da Cinemateca.

Mendes, Adilson

M538t   Trajetória de Paulo Emilio/Adilson Mendes.– Cotia, SP: Ateliê
Editorial, 2013.
304 p. ; 15,5 x 22,5 cm. (Políticas Culturais; v. 5)

Incl. bibliografia.
ISBN 978-85-7480-654-9

1. Cinema brasileiro 2. Gomes, Paulo Emilio Salles, 1916-1977
3. Crítica I.Autor II.Título.

CDD 791.430981

ATELIÊ EDITORIAL
Estrada da Aldeia de Carapicuíba, 897
06709-300 – Granja Viana – Cotia – SP
Telefax: (11) 4612-9666
www.atelie.com.br
contato@atelie.com.br

Printed in Brazil   2013
Foi feito o depósito legal

Para meus pais,
Teresinha e Aderaldo.

Sumário

* * *

AGRADECIMENTOS 11

INTRODUÇÃO. 13

1. UMA HISTÓRIA DO CINEMA BRASILEIRO? 19
    1.1 A estética pobre de Humberto Mauro. 26
    1.2 Lembrança-Fantasia-Erudição 37
    1.3 A central carioca do cinema brasileiro. 60
    1.4 A carreira da obra 67
2. VANGUARDA AMAZÔNICA 85
    2.1 Soldado da borracha 85
    2.2 Carnet I 88
    2.3 Carnet II. 91
    2.4 O chamado do Brasil profundo 94
3. A BIBLIOTECA DE PAULO EMILIO 107
    3.1 Biblioteca-ruína 107
    3.2 Letras e nomes. 113
    3.3 Anotações soltas. 129

COLEÇÃO POLÍTICAS CULTURAIS

4. A PIRUETA QUALITATIVA DE PIOLIM 137

4.1 *Movimento*, cultura e política 137

4.2 Dois mestres: Plínio e Caffi 148

4.3 A crítica em *Clima* 152

5. O "MÉTODO" *JEAN VIGO* 175

5.1 Modernidade de *Citizen Kane* 175

5.2 Psicologia, cineplástica e realismo 184

5.3 Pai e filho 195

5.4 Poesia e estilo 206

5.5 Atalante 217

6. O CINEMA MODERNO DE PAULO EMILIO 231

6.1 Uma crítica de intervenção 231

6.2 As bases da tribuna 238

6.3 O peso da História 241

6.4 O campo das possibilidades 243

6.5 A crítica de cinema no Suplemento Literário 247

6.6 Linhas mestras 258

6.7 Modernidade cá 266

6.8 Modernidade lá ... e cá 282

ANEXO – CRONOLOGIA DE PAULO EMILIO SALLES GOMES 297

Agradecimentos

* * *

Esse livro é a síntese dos trabalhos acadêmicos que fiz sob a orientação de Ismail Xavier, a quem agradeço pelo rigor intelectual. Olga Futemma me introduziu no universo do arquivo de Paulo Emilio, e seu estímulo e generosidade no dia a dia da Cinemateca me permitiram incursões pela prática de um arquivo de filme. Dada sua presença em muitos momentos do trabalho, qualquer agradecimento a Olga não é suficiente. Carlos Augusto Calil também contribuiu de maneira decisiva, suas abordagens de Paulo Emilio foram modelos fundamentais. O diálogo com Carlos Eduardo Jordão Machado está na raiz de tudo e o contraponto germânico nunca deixou de estimular. A troca de ideias com Francisco Alambert, Eduardo Morettin e Rubens Machado Jr. também foi de grande valia. Não posso deixar de mencionar entres os primeiros nomes, o de Lygia Fagundes Telles e Lúcia Telles, cuja confiança me permitiu ir além da análise. A José Antonio Pasta Jr. agradeço a eterna paciência e a pena da galhofa, que formam sua dialética particular.

Para além da convenção acadêmica, o livro é também fruto de meus trabalhos realizados na Cinemateca Brasileira. Seria difícil agradecer devidamente cada contribuição pontual, mas não posso deixar de mencionar Carlos Magalhães, Olga Futemma, de novo, Patrícia de Filippi, Dora Mourão, Fernanda Guimarães e Lígia Farias, que construíram a "época de ouro" da Cinemateca, junto com Adnael Alves de Jesus, Artur Sens, Bruno Logatto, Cinara Dias, Elisa Ximenes, Rodrigo Mercês, Luiza Malzoni, Rodrigo Archangelo, Remier Lion, Rafael Carvalho, Vivian Malusá, Marina Couto, Cecília Lara, Alex Andrade, Fernando Fortes, Karina Seino, Carlos Eduardo "Catito", Fabio Kawano, Alexandro Nascimento Genaro, Sabão, Alexandre Miyazato, Daniel Shinzato, Boris Kaufman, Carmen Lúcia Quagliato e tantos outros.

Olga Fernández merece um agradecimento especial e amoroso pela paciência e compreensão. Por fim, agradeço a José Guilherme Pereira Leite pelo convite para fazer parte desta coleção.

Introdução

***

Em 1960, no célebre artigo "Uma Situação Colonial?", Paulo Emilio descrevia o ambiente desfavorável ao desenvolvimento das questões da cultura cinematográfica. Todo o ambiente parecia comprometido, com a mediocridade unindo os diferentes ramos. O impacto desse texto foi imediato e sentimos sua força na "revisão crítica" de Glauber Rocha (1963) que expõe as dificuldades de formação de alguém interessado nas questões de cinema no Brasil. O mercado editorial era precário com suas poucas traduções e as raras produções locais. A dificuldade para se adquirir as principais publicações, em razão do clima de penúria, criava um ambiente "desumano" para o cinéfilo sem recursos materiais. Os livros já clássicos de história e teoria, as grandes revistas, as ideias que circulavam na França e nos Estados Unidos chegavam com enorme atraso. Para o crítico e o cineasta, o conhecimento mais nítido do passado, na busca dos antecedentes do realismo que se buscava superar preservando, interessava tanto a formulação de uma problemática histórica como a invenção de uma tradição.

Passadas cinco décadas, as condições locais se transformaram bastante. O mercado editorial evoluiu, as pesquisas se renovaram, os departamentos de comunicação se espalharam por todo o país, e o interesse pelo passado ganhou novos contornos. Hoje, a crítica – que até então se mantivera próxima às estéticas dos realizadores – se transformou em campo isolado (seja na cinefilia cosmopolita difundida na internet, seja na crônica da grande imprensa comprometida com o comércio), enquanto que os comentários históricos e toda a "ciência do cinema" se institucionalizaram nas universidades, o que engendrou a (re)produção intensa de conceitos e novos reenquadramentos historiográficos. Um dos resultados desse movimento é a separação entre o pesquisador de cinema e o cineasta, com o passado servindo de referência distante, já que para o primeiro ele deve ser revisto em razão dos limites da velha historiografia, enquanto que para o segundo ele deve ser apenas uma entre outras referências. A pobreza do cinema antigo local e o pesado fardo do cinema moderno são para ambos motivo de aposta no futuro, já que tudo está por ser feito. Assim, os "novíssimos", comentadores e produtores, investem no futuro e desdenham o passado. É nesse contexto que esse livro procura recuperar as contribuições de Paulo Emilio para os diferentes fronts do cinema brasileiro.

O título do trabalho não sugere a análise de toda a vida de Paulo Emilio. "Trajetória", como bem sabia o crítico, não é sinônimo de história (cronologia); mas também não quer dizer "formação", pelo contrário, como também sabia o crítico, apenas sugere um percurso singular, escolhido com grande dose de arbitrariedade, mas não apenas, cujo zigue-zague aponta para o centro, mas sem a pretensão de uma conclusão definitiva.

Não será aqui o lugar para a exposição do rico itinerário de Paulo Emilio. Não se encontrará neste trabalho o panorama da vida toda, nem o comentário exaustivo de todos os escritos. Apenas alguns momentos foram selecionados, instantes que importam para penetrarmos na originalidade do trabalho de Paulo Emilio. Outros momentos poderiam ter sido escolhidos. Bem que eu poderia ter me dedicado ao episódio infantil, quando a criança sobranceira e taciturna, que só consegue pronunciar a palavra "girafa", toma o pó de quenopódio, um vermífugo potente, e se transforma no moleque zarolho, irriquieto e careteiro. Não seria este o momento decisivo de constituição da estrutura particular de nosso autor? Afinal, a vida de um escritor não começa na primeira aquisição da linguagem?

Antes, o que pretendo é o comentário interno desse pensamento para melhor mostrar como se inscreve nele as condições históricas e sociais concretas que orientam sua produção. Para isso escolhi períodos particulares, na expectativa de que tal procedimento possa dar melhores resultados do que a análise de um ponto de visto exterior. É difícil apreender de uma única vez as ideias de Paulo Emilio, pois elas se ramificam para muitos lugares. Apesar de recusarem o ecletismo, elas tratam de assuntos tão diversos e muitas vezes não se concluem, sugerem e desaparecem, voltam com outra forma para desaparecer em seguida, deixando o leitor ainda mais curioso. Cinema, política, amor, costumes, literatura, história, indivíduos, situações, livros, tudo isso aparece para compor um espírito ensaístico cuja força reside na coerência plural dos enfoques. Com seu estilo de polígrafo interessado nas coisas de cinema, nosso autor praticou o diário, a epistolografia, o ensaio crítico, o político, o texto didático, o discurso, o escrito de intervenção do militante, a crônica, o artigo jornalístico e a novela. Apesar da profusão dos gêneros, o crítico não deixou muitos volumes para a posteridade. Sempre irônico à figura do *faiseur de livres*, Paulo Emilio é do tipo que escreveu muito e publicou pouco. Diante dessa obra concisa, como entender então o impacto de suas ideias sobre o debate do cinema brasileiro moderno, a discussão técnica e cultural de uma cinemateca, a institucionalização dos estudos do audiovisual? A chave para se compreender melhor tal contribuição certamente reside na atenção política para o instante, na erudição em dia com as descobertas internacionais, e no juízo crítico autônomo.

O aspecto construtivo do trabalho de Paulo Emilio parte da entrega ao objeto, sem julgamentos anteriores a ele, onde o que define a qualidade do trabalho é o grau do envolvimento genuíno do crítico, é a maneira como o objeto, abordado por seus diferentes ângulos, vive e se instala na descrição. Outro aspecto da vitalidade dessa crítica é a maneira como se comunica com o leitor, lançando mão de recursos narrativos, imagens, ambientes, silhuetas, agrupando elementos internos e externos a seu objeto e fazendo-os confluir. A capacidade evocativa prolonga na sensibilidade do leitor os efeitos da obra, o que o faz partilhar do ponto de vista do crítico que, a partir da intuição e da investigação da obra, forma seu juízo.

A prosa crítica, erudita e inteligente, de comunicação ágil, alçou o comentário sobre filmes a um patamar novo na cultura brasileira e a presença exuberante do crítico ajudou a converter gerações em prol de uma cultura cinematográfica ativa. A crítica em diálogo com a produção, o comentário histórico atualizado, a institucionalização dos estudos de cinema e o empenho por uma cinemateca verdadeiramente atuante na cultura audiovisual de seu tempo, são esses os principais elementos que constituem o grande projeto intelectual de Paulo Emilio, que nas mãos de seus continuadores se converteu, se transformou e se diluiu nos trajetos particulares e se ampliou de maneira isolada. Recuperar partes da formulação descontínua desse projeto é o foco deste trabalho, em que o livro *Humberto Mauro, Cataguases, Cinearte* (1974) ocupa um lugar central, pois ele marca a configuração de uma concepção da história do cinema no Brasil e aponta para uma inclusão do fenômeno cinematográfico em um contexto mais amplo. Os anos de juventude (1941-1945) ajudam a entender as primeiras formulações que acompanhariam o trabalho do crítico ao longo das décadas. O empenho político e a disposição imaginativa definem esse período, marcado pelos manifestos partidários e pelos experimentos ensaísticos. A biografia de Jean Vigo é um ponto central, na medida em que se configura como experimento de procedimentos críticos. Por último, destacaremos os escritos no Suplemento Literário de *O Estado de S. Paulo* (1956-1965). Esse conjunto de textos expõe o crítico em ação, aplicando e desenvolvendo suas opiniões ao eleger um determinado panteão artístico, e renovando o debate cinematográfico ao incluí-lo no principal suplemento de cultura do país.

No momento em que a cultura cinematográfica local nunca esteve tão desenvolvida, e seu cinema poucas vezes foi tão irrelevante, pode ser de alguma utilidade retomar essas etapas da trajetória de Paulo Emilio. Acredito que, ao invés de desperdiçar o que foi acumulado a duras penas, é possível recuperar historicizando determinados instantes em que o pensamento sobre o cinema pode articular elementos dispersos na cultura e nutri-los com um grão de inconformismo novo, rompendo assim o isolamento da técnica, da disciplina e da erudição autistas. Sem querer idealizar o passado, contrastando-o com o presente de penúria, uma das motivações dessa pesquisa é tentar lembrar para quem se esquece das capacidades de autolimitação e acha que a tudo inventa, que as estradas, que hoje percorremos velozmente, elas foram um dia um estreito caminhozinho aberto pelos antigos. Que me perdoe o leitor a metáfora tão paulista.

1
Uma história do cinema brasileiro?

* * *

> *Ceux qui lisent un livre pour savoir si la baronne*
> *épousera le vicomte seront dupé.*
> FLAUBERT, Correspondance, t. VIII, p. 336.

LIVRO-SÍNTESE

Começarei por *Humberto Mauro, Cataguases, Cinearte* (Perspectiva, 1974) pois trata-se de um livro pouco discutido em sua amplitude e que merece mais destaque em razão da maneira como apresenta em detalhes as ideias de Paulo Emilio sobre crítica, história e cinema brasileiro; onde o fenômeno cinematográfico é visto por diversos ângulos, onde o filme é abordado a partir do trânsito entre a análise estética e a reflexão histórico-social, e onde a prosa se libera da investigação, para recuperar fatos a partir de raros vestígios, e para reconstruir paisagens, indivíduos, personagens e gestos. Trata-se de um leque de perspectivas, por isso o livro tem uma unidade incomum, diferente das que vemos ordinariamente por aí. Único livro de Paulo Emilio sobre o cinema brasileiro, ele se constitui por métodos justapostos, o que resulta em um objeto que é equivalente a um leque, com diversos vetores sem perder a unidade. Daí já se antevê a maneira muito peculiar, desabusada e desconcertante, um jeito próprio de criticar. Com este livro, temos a conclusão de um esforço em reunir traços de estilo longamente cultivados, linhas de pesquisa definidas e detalhes bem precisos para realizar uma composição global. Para isso, recursos de procedência diversa são colocados lado a lado, servindo a uma exposição sem paralelo nos estudos cinematográficos locais, e que por isso mesmo causou profundo silêncio quanto à sua ambição e não deixou continuadores.

Humberto Mauro, Cataguases, Cinearte é lido frequentemente como uma espécie de biografia do grande cineasta do período mudo, uma biografia inconclusa, pois o estudo enfoca apenas os anos de formação do cineasta e se concentra na produção realizada na cidade de Cataguases. Acredito que esta não é a melhor chave para se entender o livro. Penso que ele possui elementos de uma biografia, mas sua iniciativa busca ultrapassar o indivíduo, falar de uma época, da maneira como um período atravessa o indivíduo e se plasma na obra, mesmo sendo ela precária. O livro é ao mesmo tempo uma investigação rigorosa do primeiro Humberto Mauro, a descrição eficiente de seu contexto e de seus filmes, assim como o "encaixe" de sua produção em uma situação particular para o cinema brasileiro, quando pela primeira vez surge um realizador que adapta técnicas norte-americanas para um assunto local no momento em que um órgão impresso e difusor cristaliza o desejo de um cinema brasileiro. O caráter alusivo do trabalho não favorece de pronto uma tese definida, preferindo a descrição à interpretação. Talvez seja esse caráter o principal responsável pelo silêncio em torno desse trabalho ambicioso.

O livro é o resultado da tese de doutoramento de Paulo Emilio e, como formalidade acadêmica, é fruto da necessidade de titulação para a efetivação universitária. Na segunda metade dos anos 1960, Paulo Emilio, homem lido e vivido, busca uma intervenção radical no meio provinciano dos estudos do cinema brasileiro. Desde seu retorno da França, onde deixara um estudo concluído a respeito de Jean Vigo, cineasta obscuro e Miguel Almereyda, seu pai anarquista, o crítico se empenha em desenvolver uma cinemateca brasileira e contribuir para o debate local do cinema, desenvolvendo em seus escritos um tipo de pedagogia que destaca os aspectos históricos e a produção contemporânea. Entretanto, o limite do artigo de imprensa ou das revistas especializadas e as ocupações com a instituição adiaram uma concentração maior no cinema brasileiro que, apesar dos esforços, ainda carecia de um estudo de grande fôlego. Os panoramas históricos selecionavam períodos, arrolavam títulos, enfileiravam nomes, mas tudo sem uma envergadura analítica, sem uma interpretação original, surgindo aos olhos do crítico como etapa a ser superada. Na mesma segunda metade dos anos 1960, a Cinemateca Brasileira, depois do grande esforço para se transformar em polo difusor e reflexivo do cinema, encontrava-se desamparada pelo poder público e sem forças para um novo impulso. Sem recursos para superar a precariedade generalizada da instituição, Paulo Emilio procura complementar sua ação insistindo na institucionalização, mas por outra via, por meio da constituição da história do cinema em disciplina autônoma e transmissível[1]. Desde os anos de 1950, quando volta de sua *peregrinatio academica* de quase uma década, o crítico tenciona constituir novas bases para o estudo da história do cinema no Brasil. São exemplos desse esforço o I Festival Internacional de Cinema de São Paulo, tão atacado pelos jornais provincianos de São Paulo, a crítica de cinema na grande imprensa e nas revistas especializadas, sem falar na ação diversificada da Cinemateca e as

---

1. Em uma entrevista, Antonio Candido me disse que depois do êxito do seminário sobre *A Personagem de Ficção* (1960), em que dividira as aulas com Décio de Almeida Prado, Anatol Rosenfeld e Paulo Emilio, ele preparou o projeto de uma faculdade transdisciplinar. Para o projeto que levaria ao reitor, Candido contou com a colaboração importante de Fernando Birri, cuja experiência no Instituto de Santa Fé, Argentina, o capacitava para a empreitada. A ideia não avançou e em 1968 surgia a Escola de Comunicações e Artes (ECA), mas por outras vias, pois a escola fora concebida como um centro de estudos mediológicos politicamente mais à direita. E assim se constituiria se não fosse os esforços de Rudá de Andrade, a quem os estudos de cinema devem a primeira cronologia sobre a cultura cinematográfica na América Latina (1961), além da própria Cinemateca Brasileira e do Museu da Imagem e do Som. Essa origem "mais à direita" parece ser uma presença "fantasmada", que ainda hoje ronda os corredores da ECA. Esse capítulo da história da escola de comunicações da USP ainda está para ser melhor descrito.

tentativas de erigir um museu do cinema. Todo esse movimento aponta para o fortalecimento dos conhecimentos sobre o cinema, concebido não apenas como objeto de fruição, mas também de interesse histórico e social. Com o passar dos anos, torna-se evidente a necessidade de institucionalização, já que a Cinemateca não se realiza enquanto instituição e a atividade crítica de alguns indivíduos dispersos não pode ser a responsável pelo reconhecimento de uma disciplina. Em 1960, com a I Convenção Nacional da Crítica Cinematográfica, há a arregimentação e o contato com os pares e do qual surge o primeiro diagnóstico do ambiente do cinema em nível nacional, o célebre ensaio "Uma Situação Colonial?" Nos anos seguintes, surgem os cursos na pós-graduação de Letras na Universidade de São Paulo. E em 1964 tem-se a participação na Universidade de Brasília e a primeira sistematização da história do cinema brasileiro[2]. A experiência é de curta duração, pois o golpe militar também deforma a UnB. Desde o retorno ao país, ficara patente ao crítico a urgência da renovação das pesquisas e as dificuldades de consolidação do estudo do cinema. Apesar da envergadura intelectual e do carisma do homem, o empenho particular não é suficiente. A criação de uma nova instituição, a Escola de Comunicações Culturais (que se tornaria a ECA), seria mais uma possibilidade, mas a manutenção dos estudos universitários exigia a titulação. Foi assim que, em 1966, graças à insistência de Lygia Fagundes Telles e de Antonio Candido, aos quais a tese é dedicada, que Paulo Emilio ingressou como pós-graduando no Departamento de Filosofia da USP, sob a orientação da professora e também companheira de geração Gilda de Mello e Souza. A pressão burocrática torna-se uma oportunidade de retornar à história do cinema e suas consequências no Brasil, problemática que há anos vinha inquietando o crítico e para a qual ele se preparara organizando o acervo da Cinemateca Brasileira, vendo todos os filmes antigos possíveis e comentando-os irregularmente. Como

2. Os resultados desse primeiro esforço de sistematização é *70 Anos de Cinema Brasileiro* (Rio de Janeiro, Expressão e Cultura, 1966), cujo acervo de Adhemar Gonzaga foi decisivo para o texto de Paulo Emilio. Por evidentes razões estratégicas o livro, que o crítico chama de "álbum", é assinado por ambos.

era de se esperar, a escolha recaiu sobre um objeto cujo interesse data da década de 1950: Humberto Mauro[3].

O estudo é a defesa de uma história do cinema que incorpora as manifestações brasileiras, um esforço local para fortalecer a disciplina e pensar as particularidades dessa história. Porém, desde a transformação da tese em livro, em 1974, poucas vezes se discutiu em profundidade as características dessa história particular e muito pouco se avançou no problema. Apesar do grande número de trabalhos nas duas últimas décadas, da riqueza das publicações, colóquios, seminários, congressos e a constituição de uma sociedade especializada, a diversidade metodológica (história econômica, arqueologia do cinema, história regional, práticas patrimoniais, história da técnica, novos enfoques em movimentos-autores-companhias produtoras), o fortalecimento das instituições (especialmente a Cinemateca Brasileira, mas também a fundação de escolas de comunicação por todo o país), apesar de todo esse movimento, o debate historiográfico ainda não foi devidamente consolidado com a afirmação da disciplina. Pesquisas pontuais, sobre autores e épocas, dificilmente apontam para uma história mais ampla e diversa. Neste sentido, a contribuição de Paulo Emilio é original por destacar um momento significativo de um todo, sempre e ainda inacabado.

Humberto Mauro, Cataguases, Cinearte é uma tentativa de romper com o ensimesmamento típico da disciplina e oferecer um campo mais alargado onde o cinema interrelaciona-se com outros fenômenos sociais, por meio de intersecções e compartilhamentos. Claro, como homem de seu tempo, Paulo Emilio herda as concepções da chamada historiografia clássica, com o cinema se desenvolvendo em etapas (primitivo, clássico, moderno), desde sua "gestação", o "nascimento", sua evolução e a passagem de técnica à arte, com a "revolução" do falado. Mas é uma simplifica-

---

3. É preciso lembrar também que a posição social, que permitira uma vida praticamente de *homme de lettres*, esta declinara e, junto com a investigação, Paulo Emilio mantinha os pequenos textos na grande imprensa, que neste período assumem aspectos de crônicas e destilam certa ironia política mesmo quando tratam de assuntos diversos como a inauguração de um *drive-in* ou as imagens de uma manifestação de 1º de maio. Além disso, desenvolve os cursos na nova escola e as orientações e discussões de pesquisas.

COLEÇÃO POLÍTICAS CULTURAIS

ção entender sua contribuição por esse único viés[4]. Mais do que conceber um único "enquadramento" para a história do cinema, o livro de Paulo Emilio aponta para uma pluralidade de enfoques e pontos de vista que visam delinear melhor uma situação. Diferentes discursos atravessam o livro, recolocando questões e aprofundando possibilidades de abordagens. Não há propriamente uma unidade de método, nem mesmo uma unidade de linguagem. O livro parece por de lado as teorias constituídas para reivindicar a especificidade de um caso concreto. Não há a constituição de um modelo, e a pesquisa avança passo a passo, incorporando cada elemento numa síntese. O conjunto resulta da soma de hipóteses fundamentadas, sem a busca de um *telos*. Não se trata de uma interpretação no sentido tradicional, mas de uma descrição "mostrativa" que desvela circuitos sociais e culturais que funcionam por meio dos filmes de Humberto Mauro, uma espécie de crítica reconstitutiva que prima pelo abandono de uma teoria geral e proclama uma síntese transitória.

Se o livro não se assemelha a um estudo universitário é, certamente, em razão da recusa do caráter estático da pesquisa. Ele parece oscilar entre a predominância de momentos temáticos e momentos puramente voltados para os acontecimentos, o que lhe confere mais possibilidades em relação ao discurso técnico simples. Ao invés de uma metodologia

4. Esse tipo de leitura redutora da história do cinema brasileiro, que busca uma separação evidente entre "clássicos" e "modernos", ganhou força a partir do livro de Jean-Claude Bernardet, *Historiografia Clássica do Cinema Brasileiro* (São Paulo: Annablume, 1995). O livro é a atualização do debate historiográfico realizado especialmente na França a partir do trabalho de síntese de Michèle Lagny (1992). O livro se divide em três focos. Na primeira parte, discute a noção de origem na historiografia tradicional do cinema e revela seu caráter mítico. Em seguida, propõe uma análise dos panoramas da história do cinema brasileiro, reavaliando os tipos de recortes cronológicos, as noções de público e alguns gêneros particulares. Depois da discussão de ordem metodológica há uma proposta de revisão pedagógica. Por fim, o livro se fecha com uma tentativa de refletir sobre o intelectual e a televisão. O tom de "revisão crítica" deu margem a leituras de ordem variada e hoje se tornou lugar-comum nas teses universitárias do campo certo descrédito em relação ao trabalho acumulado a duras penas em nome de uma renovação historiográfica. Já há até uma auto-proclamada "Novíssima Historiografia", que ainda não ultrapassou o nível das proclamações introdutórias. (cf. Arthur Autran, "Panorama da Historiografia do Cinema Brasileiro", Alceu, n. 14, jan.-jun. 2007).

definida, o que se tem é a figuração de detalhes e de situações. Neste sentido, o texto se caracteriza pela equidistância entre o escrito e o oral, permitindo a descrição, a análise, a avaliação e a formulação de hipóteses, se constituindo a partir do agrupamento de pequenos textos, montados com estilo próprio, como num vitral em que a solda crítica reúne os mais diferentes pedaços numa paleta de cores clara, sem grandes contrastes.

Publicado há mais de trinta anos, *Humberto Mauro, Cataguases, Cinearte* opta por um aparente modelo tradicional de exposição, relacionando o ambiente com o indivíduo, descrevendo os filmes e suas recepções[5]. A escolha por uma dicção aparentemente tradicional, que sugere uma relação com o ambiente provinciano a ser percorrido, não deixa de soar como uma sonora gargalhada em pleno concerto estruturalista. Diante da voga metodológica da época, essa disposição parece afirmar, também para a história do cinema, os riscos da inovação pela inovação. O anacronismo é evidente se pensarmos nas análises teóricas formalistas, na psicanálise lacaniana, nos desejos e prazeres da semiótica, então hegemônicos na pesquisa universitária[6]. Mais do que o contexto histórico, chocava a economia interna da obra (seu título, seu estilo, seus métodos), o que tornava a iniciativa um tanto marginal. Aos olhos do crítico iniciado nos escritos vanguardistas da década de 1920, e formado no rigor analítico do pós-guerra, a guinada semiológica de Christian Metz deveria parecer mais um dos golpes de cientificismo ao qual o cinema é sub-

---

5. "O desejo de ligar a obra a seu meio e a seu tempo não é novo. O modelo consagrado desse tipo de estudo manda começar pelo panorama de época, no qual em seguida se inserem os livros que se querem explicar. A arte da exposição consiste, no caso, em acentuar os traços comuns, o ar de família, tornando por assim dizer inerentes uma à outra a literatura e a sociedade, incluída nesta até a paisagem. Essa orientação nem sempre foi conservadora, e na origem, quando se opunha a normas de corte, a concepções universalistas e atemporais de beleza, teve extraordinário impacto crítico e inovador. Para apreciá-la na força da genialidade, leia-se a autobiografia de Goethe, que procurou ver-se a si mesmo, à sua geração e à cultura europeia contemporânea em termos dessa ordem." Roberto Schwarz, "Adequação Nacional e Originalidade Crítica", *Sequências Brasileiras*, São Paulo, Cia. das Letras, 1999, p. 34.
6. Ismail Xavier me descreveu mais de uma vez o estranhamento de alguns dos alunos diletos do mestre em relação ao "balzaquianismo do livro de Paulo Emilio."

metido periodicamente. O estudo dos aspectos linguísticos do cinema provavelmente soava ao crítico como uma redução do fenômeno em sua totalidade a uma competência específica, mais ou menos como estudar a metamorfose de um inseto. Neste sentido, o que interessa a ele são os casos concretos, daí a desconfiança do esforço teórico contemporâneo. Mais de uma vez, Paulo Emilio mencionou com franca ironia os esforços de Gilbert Cohén-Seat e de Jean Mitry, cujas propostas fazem abstração dos próprios filmes em nome de teorias gerais do cinema[7].

1.1 A estética pobre de Humberto Mauro

Mas afinal o que faz a singularidade deste livro sobre cinema brasileiro? A disposição em incluir o cinema no movimento geral da cultura e a forma como se dá esse deslocamento marcam a originalidade do trabalho. Trata-se do estudo dos primeiros filmes de Humberto Mauro, suas características e suas transformações antes e depois do contato e da influência da revista *Cinearte*, personalizada em Adhemar Gonzaga e Pedro Lima. Esse período, que também engloba os anos de formação do diretor, ocupa as primeiras décadas do século e vai exatamente até 1930, momento em que Mauro parte para o Rio de Janeiro e se profissionaliza como cineasta. Mas antes de chegar ao coração de seu tema, o livro se concentra num breve comentário sobre a história da região (Além--Paraíba e Cataguases), para em seguida se deter no ambiente em que o futuro cineasta se forma. A narrativa é veloz e em apenas uma frase, os ciclos da economia brasileira se sucedem, descendo do Nordeste em direção ao sul do país, até atingir a Zona da Mata. A região, que durante

---

7. No caso, a ironia não significa desdém, já que os cursos com Etienne Souriau na Sorbonne serviram em grande medida para reforçar uma visão mais ampla do cinema, a conexão com diferentes disciplinas que a filmologia de Cohen-Séat propõe e da qual Paulo Emilio será um atento observador, apesar das reservas sobre sua "profunda imparcialidade e objetividade científica" (cf. Gilbert Cohen-Seat, *Essai sur les Principes d'une Philosophie du Cinéma*, Paris, PUF, 1946. Exemplo desse interesse é o comentário ao estudo *Le cinéma ou l'homme imaginaire*, de Edgar Morin, na época professor do Institut de Filmologie [cf. cap. VI]).

séculos permaneceu praticamente intocada, teve um surto de desenvolvimento com o ciclo do café, que deixou profundas marcas na memória local. Porém, antes do café, a descoberta de algumas poucas patacas de ouro parece ter contribuído ainda mais para estagnar a região. Como o ouro logo se revelou uma ilusão, não se constituiu uma economia local e, em pleno ápice da escravidão, o índio voltou a ser a principal mão de obra. A vinda dos imigrantes para a lavoura, especialmente os italianos, acarreta novos elementos, como as atividades comerciais, especialmente as do entretenimento, como é o caso de Giovanni Mauro, o avô do cineasta, exímio encenador de presépio, que chega com capital formado e torna-se mascate. O relato histórico de toda essa primeira parte parece oscilar entre a descrição mais factual e o destaque de personagens, verdadeiros tipos sociais da província do Brasil. Quando nos aproximamos da Cataguases que viu nascer Humberto Mauro, o que temos é o destaque para alguns fatos, tipos e maneiras, manias e cacoetes do país profundo. O jornal local é comentado, e a pouca variedade das notícias concentra praticamente todo o foco sobre o café, centro da economia da Zona da Mata. A indústria é um elemento nostálgico da "época de ouro" do café a trinta mil réis. O choque da modernidade aparece no "susto do automóvel" que, em 1912, resultou na morte de uma moça, após a passagem de um caminhão. Também merece destaque o bacharel Astolpho Dutra e o "vezo cataguasense" em não cumprir os acordos financeiros, ou seja, o hábito do calote, que Paulo Emilio supõe se relacionar com a decadência prematura do ciclo do café na região, mas me parece também um fato cultural brasileiro enraizado, como bem sabem os filhos de seu Aderaldo. A morte silenciosa, sem qualquer reconhecimento por parte da cidade, de figuras significativas mas ignoradas como José Gustavo Cohen, o judeu fundador do hospital local, e Patápio Silva, o grande flautista negro, morto precocemente, demonstram o pendor pela oficialidade. Em religião, o catolicismo é o credo comum, apesar da existência de protestantes e espíritas, e até mesmo uma loja maçônica. O tradicionalismo não impede as ações do heterodoxo Padre Ciccarini, o confessor de Mauro, que sempre perdoa as travessuras da meninada ("Peccato, peccato! Num tem nenhum peccato. Só as punhetinha"). A cultura literária é marcada por figuras como Augusto de Lima, Arduíno Bolivar, Belmiro Braga e Navantino Santos, cujos nomes

> [...] resumem bem as ambições literárias cataguazense [...]" (p. 41). A oratória dos bacharéis seguia o mesmo tom, enquanto no teatro a Companhia Dramática de Flora Sorriso arrebatava os corações. É nesse meio que Mauro se desenvolve, adquire o gosto pelo esporte e, assim como Jean Vigo, aprecia o futebol e é goleiro. O cinema exibido em Cataguases acompanha, com o devido retardo, os movimentos econômicos do cinema estrangeiro, com a predominância do cinema europeu (especialmente a Pathé) até 1910. Depois o cinema norte-americano (Biograph e Vitagraph) impera, e o cinema brasileiro nunca será exibido na cidade, pelo menos nas primeiras duas décadas. Em Cataguases, e no Brasil, o frequentador das salas de cinema foi, durante os primeiros vinte anos do século, a classe média letrada, já que [...] era muito difícil as pessoas totalmente analfabetas se interessarem por cinema [...] (p. 34)[8].

Em razão da estabilidade econômica de sua família, o jovem Humberto cresce sem trabalhar, com disponibilidade para o estudo da eletricidade, que na época tinha um "prestígio mágico", e para as sessões dos seriados norte-americanos, destaque para o ator Eddie Pollo. A vida – de Mauro e de Cataguases – só vai se transformar em 1920, quando ele se casa e quando a greve eclode e marca o fim das ilusões em relação à "época de ouro" do surto fugaz do café. Depois da passagem à vida adulta, com o casamento, a morte materna e o trabalho frustrante, Humberto Mauro ainda cultiva o mito da infância como uma espécie de bálsamo. E o ci-

---

8. Guiado pelo pesquisador Pedro Lapera, li o *Jornal do Brasil*, de 1897 até 1914, e pude constatar como a classe média sempre foi o principal público dos cinemas da época. Verificando a publicidade, os comentários, as crônicas e as charges percebi a recorrência de assuntos como o asseamento das salas, o discurso moralizante e as referências a obras literárias consagradas. Meu tio Damião é um exemplo dessa dificuldade do analfabeto seguir uma narrativa cinematográfica. Quantas e quantas vezes ele interrompeu um momento dramático de um faroeste para comentar o porte e a beleza de um "lazão" garboso, para logo emendar em outro assunto e mais outro e mais outro.

nema surge para reforçar essa recusa em amadurecer. "O nascimento do interesse por filmes depois da maioridade, quando habitualmente esse gosto se atrofia, e a preferência justamente pelo ídolo das crianças leva a pensar que o cinema significa para ele compensação" (p. 72).

O início do livro é a crônica de um "pequeno mundo antigo, modernizado à força"[9], e visto com certa bonomia. O relato, irônico e comovido, pode ajudar no conhecimento de Mauro, e de nosso passado recente, como também interessar ao leitor apressado, mas disposto a saborear alguns instantes de literatura. A forma da crônica recusa a reconstrução de uma pesquisa histórico-social de Cataguases, exigindo a experiência do autor para se delinear uma atmosfera. Muitos são os exemplos em que o narrador intervém, lança e interpõe situações, faz paralelos improváveis, menciona dados da própria biografia e pula de um assunto para outro com desenvoltura e gratuidade. Essa arbitrariedade, que não se confunde com volubilidade, dá o tom de toda a primeira parte do livro e surge entre um comentário e outro dos filmes. O tecido social em que se forma Humberto Mauro é surpreendentemente delineado graças a essa narrativa. Lendo e relendo esse texto fragmentário dei-me conta de como ganhei alguma familiaridade com esses fatos e personagens. Benjamin, por exemplo, é o carteiro homossexual, que no carnaval saia vestido de diabo com sua longa calda escondendo um estratégico furo, que "facilitava as improvisações da folia". Este carteiro me lembrou um outro, famoso na mesma década de 1920, mas na cidade de Assu, no interior do Rio Grande Norte, onde nasceu meu pai, que me descreveu o tipo. O símile potiguar, também célebre pela boa memória, possuía extrema agilidade e, por sua pressa constante, recebeu a alcunha de "Velocidade", o que me fez lembrar outro carteiro, esse mais famoso e cinematográfico, o François de *Jour de fête*. Deixando de lado a digressão familiar, o fato é que toda a abertura do livro recria uma atmosfera cuja penetração subsidia mui-

---

9. A expressão é de Alexandre Eulálio, que procura caracterizar *Três Mulheres de Três Pppês*, mas ela serve como uma luva para explicar a Cataguases de Paulo Emilio (cf. Alexandre Eulalio. "Paulo Emilio Contista Satírico", em Paulo Emilio Salles Gomes, *Três Mulheres de Três Pppês*, [Fortuna crítica], São Paulo, CosacNaify, 2007).

COLEÇÃO POLÍTICAS CULTURAIS

to a compreensão do homem e de seus filmes, sem que para isso sejam feitas associações mecânicas, como o fariam um marxista preguiçoso. Depois de conhecermos essa atmosfera entendemos melhor a natureza de Mauro, um homem pouco à vontade no mundo social transformado do presente, mas que não busca desenvolver uma crítica a este, apenas se volta para um passado idealizado. Entretanto, esse universo harmônico para o qual se volta a imaginação do cineasta, essa "idade de ouro", possui características históricas próprias que a pena do crítico busca reconstituir. Exemplo significativo é o episódio do "susto do automóvel". Na tese, ele aparece mais alongado, e foi desaprovado pelo próprio Humberto Mauro, que ali aparecia como cúmplice dos proprietários do carro, a quem sua família devia favores. Em razão dos protestos do cineasta, a versão para publicação foi transformada[10], e a descrição ganhou novos contornos, com as impressões do caso ficando em segundo plano, mas sem desaparecer, e deixando o destaque para o próprio automóvel e as reações por ele suscitadas. Ele que antes não fora caracterizado, sendo apenas um automóvel, na passagem da tese para o livro virou um "[...] Benz com faróis enormes, para-lamas imponentes, motor barulhento e buzina estridente: um dos orgulhos da cidade de Leopoldina". E sua história ganhou mais detalhes. "Quando o carro chegara à cidade, as ruas e janelas foram enfeitadas como nos dias de procissão festiva. Sempre seguido em longas distâncias por um cortejo de latidos enraivecidos, o automóvel provocava a disparada dos cavalos e as crianças corriam para a casa". O autor ainda acrescenta a repercussão do caso no periódico da cidade rival, "[...] que atribui toda a celeuma ao fato de Cataguases ainda não estar preparada 'para qualquer cousa acima do carro de bois'". Essa nova descrição, além de afirmar a condição de Mauro como indivíduo de baixa extração social e respeitador das hierarquias (o que posteriormente ajuda a entender a ascendência de Adhemar Gonzaga sobre ele), também abarca as diversas sensações surgidas com o advento do automóvel no

---

10. "O Susto do Automóvel" é o único trecho que, da passagem de tese para livro, se alterou consideravelmente.

princípio do século XX. O automóvel, ao mesmo tempo em que é cultuado como objeto religioso, fruto da tecnologia mágica, é o responsável por crimes e o resultado da decadência do mundo moderno, que substituía o cavalo por um "dragão de aço". Um sociólogo contemporâneo de Mauro (os dois são de 97), quando procura exemplificar o processo civilizador, destaca o sistema rodoviário como elemento de integração do indivíduo em uma sociedade complexa, que exige a internalização de normas ("autocontrole") para um comportamento "correto" e uma nova modelação do mecanismo psicológico. O automóvel, assim como o rádio e o cinema, é mais um elemento para o adestramento humano às novas condições de vida na cidade[11].

As primeiras páginas do livro de Paulo Emilio procuram mostrar como Humberto Mauro está justamente na passagem de uma sociedade pouco diversificada, para uma mais complexa, como ele é uma figura crepuscular. E é essa condição histórica fronteiriça, entre o passado pré-burguês e a sociedade capitalista, que vai possibilitar a proximidade e a distância em relação às referências modernas, como a eletricidade, a ferrovia e o cinema. E esse é um dado significativo para se entender o uso que faz Mauro do chamado cinema clássico e sua adequação a uma matéria histórica determinada. Mas não nos adiantemos. Claro, o Mauro adolescente que, coagido, teria realizado um falso testemunho em favor dos proprietários do automóvel, esse menino acuado pelos poderosos permanece na passagem da tese para o livro, mas o fato é destacado mais por seu significado social do que propriamente por suas consequências na psicologia do rapaz.

É nesse ambiente que o jovem Humberto se destaca como um *playboy*. Apesar da dificuldade dos Mauro, que nunca fizeram fortuna, a relativa estabilidade da família permitia a disponibilidade: as viagens a Juiz de Fora, os experimentos com a eletricidade, a iniciação sexual na margem direita do Rio Pomba e a perambulação noturna sugerem em Paulo Emilio certo gosto pela vadiagem. Mas o crítico logo afasta a hipótese ao consultar sua própria biografia. A disponibilidade ajuda ainda mais

---

11. Norbert Elias, *O Processo Civilizador*, São Paulo, Cia. das Letras, 1993, vol. 2, p. 196.

no delineamento da situação histórica e nos revela o ambiente estável, praticamente sem conflitos entre o ato e a norma. Um outro exemplo de como opera a narração do ambiente nas primeiras páginas de *Humberto Mauro, Cataguases, Cinearte* é a descrição de Astolpho Dutra. Ele é o político local mais bem-sucedido, dono de uma oratória retumbante que impressionava os habitantes da cidade. O interesse cultural como elemento de distinção e a marcante personalidade de Astolpho Dutra afirmam o gosto pela retórica de bacharel, um traço típico das oligarquias regionais brasileiras que constituíram uma elite intelectual administrativa disposta a transformar a sociedade através do Estado, de cima para baixo. Voltados para a vida pública, os bacharéis têm a missão de civilizar um mercado de trabalho tão heterogêneo culturalmente – de início composto por escravos e depois imigrantes de nacionalidades diferentes –, e ocupam esse espaço em busca de prestígio mais do que poder político. É esse o "fardo dos bacharéis", que só se transformaria a partir da Revolução de 1930[12]. Outro elemento que chama atenção e mostra o tipo de prosa em questão é a maneira como a situação e os tipos são descritos sem a referência a depoimentos que subsidiaram o conhecimento de Paulo Emilio. Não há citação de possíveis entrevistas ou documentos que comprovem as afirmações de gestos e fisionomias.

A rápida descrição histórica de Cataguases e a crônica socioeconômica da vida na província ajudam a esclarecer as forças históricas presentes nos filmes, especialmente nos primeiros. Neste sentido, a nostalgia de toda Cataguases, que sonha durante toda a década de 1920 com o retorno da bonança advinda com o ciclo do café, constitui-se como uma espécie de nó histórico para os filmes. Essa fixação em uma "idade de ouro" é um misto de crença no progresso econômico, na urbanização que lhe sucede, mas como esse progresso não chega a se consolidar, ele não transforma radicalmente o ambiente e faz com que passado e presente convivam sem conflito, ao menos na imaginação. A idade de ouro de Humberto

---

12. Cf. Luiz Felipe de Alencastro, "O Fardo dos Bacharéis", *Novos Estudos* CEBRAP, n. 19, dez. 1987.

Mauro é uma fé no progresso que conserva, que deixa intacto o mundo pré-burguês da comunidade. Como se vê, a crítica de que o livro de Paulo Emilio opõe Cataguases (tradicional) à *Cinearte* (moderno) não apreende a abrangência da obra, na medida em que a própria realidade histórica brasileira é moderna por excelência e convive com esse dual combinado. A dualidade integrada ajuda a entender como a paisagem local é assimilada pela técnica moderna do cinema sem ser desfigurada. E neste sentido, a ideia de uma "idade de ouro" aparece como elemento social importante e auxilia na análise da maneira como Humberto Mauro retrabalha os elementos tradicionais do cinema popular norte-americano, problematizando a relação cidade-campo e estilizando procedimentos consolidados (como a montagem alternada). Como vemos na descrição de Paulo Emilio, o mito do progresso se constitui como mito dessa "idade de ouro", transformando-se em ideologia que perpassa diversas facetas da vida social. Essa situação se intensifica a partir de 1920, quando se tornam evidentes as transformações na política, na economia, nos costumes e na vida de Mauro. No ano de 1920, o bacharel Astolpho Dutra é substituído pelo político profissional Sandoval de Azevedo, a primeira greve de Cataguases, que dura mais de mês, abala a vida pacata, e Mauro, que até então fora um "vitelone", se casa e passa a trabalhar na própria oficina elétrica.

Segundo o sociólogo Raymond Williams, quando transformações súbitas atingem uma sociedade elas engendram sentimentos de incerteza e alteram a relação com a memória. E quando essa conjuntura se soma e coincide com a infância e a adolescência, a cultura elabora estratagemas simbólicos e de representação, em que a ordem antiga é idealizada. Esse conjunto ideológico-cultural surge de uma determinada "estrutura de sentimentos" e vincula resistência e transformação, criando um tecido de nostalgia, lamentação, rememoração. Essas são algumas das formas que um grupo ou uma sociedade assume diante do desaparecimento irremediável de um passado[13]. A saudade de um mundo sólido e seguro, ancorado em valores antigos e bem estabelecidos, se confundia na evocação

---

13. Cf. Raymond Williams, *O Campo e a Cidade*, São Paulo, Companhia das Letras, 1989.

COLEÇÃO POLÍTICAS CULTURAIS

com a nostalgia das lembranças da infância, de cheiros e de cores no balanço para aqueles em que esta atmosfera estava inscrita indelevelmente na memória. Não se trata de uma afinidade temática extrínseca, mas de um humus cultural determinado, que se traduz em modos de expressão e um tom particular da inspiração cinematográfica. A posição ambígua de instabilidade e de insatisfação diante da realidade histórica de sua época está presente no desejo de evasão que daí resulta, um impossível retorno à realidade e aos sentimentos de um mundo destruído pela história[14].

Como se vê, em Paulo Emilio, não se trata de uma narrativa no estilo biográfico, que procura revelar os momentos fundamentais para a formação de um indivíduo. O que se busca é detectar elementos importantes para a penetração nas obras. Exemplo disso é o comentário sumário sobre a infância. Para alguém interessado na descrição afetuosa de uma época de ouro, a infância é certamente objeto de atenção. Um dos momentos mais explorados pelo gênero biográfico é a infância, momento de tateio do mundo, em que o indivíduo encontra suas primeiras disposições, que muitas vezes o acompanharão ao longo da vida. É o "desenho de criança esquecido pelo homem" do qual nos fala Nabuco. O próprio Paulo Emilio explorou o assunto em seu trabalho sobre Jean Vigo. Mas no caso de Mauro, o interesse é mais geral; o interesse em Mauro se dá em razão do funcionamento em seus filmes de certos circuitos culturais e sociais.

Para se entender melhor de que maneira os filmes internalizam a história a partir de estilizações determinadas, é preciso expor qual a noção de forma que sustenta a abordagem de Paulo Emilio. A forma, pedra angular dessa disposição, organiza os elementos da ficção e do real. A composição de Mauro, mesmo sem grandes elaborações, congrega as formas que o social apresenta já prontas e as reelabora a partir da estilização. Entretanto, como a forma social objetiva não está dada de pronto,

14. Para um bom exemplo do uso do mito da "época de ouro", evidenciando seus aspectos não apenas evasivos, mas também realistas ver: Cláudio Magris, *Le Mythe et l'Empire*, Paris, Gallimard, 1991. Em *O Mito e o Império*, o jovem Magris, na época um crítico escritor, analisa um conjunto de obras da literatura austríaca moderna e a maneira como cada autor estiliza o fim da Austria Felix.

TRAJETÓRIA DE PAULO EMILIO

sobretudo quando o assunto em questão é o cinema brasileiro, é preciso reconstituí-la destacando nos filmes os dados elementares que o processo social imprimiu na forma[15]. Como o ciclo do café não transformou radicalmente as bases econômicas nacionais, e os padrões "escravocratas" de relações de produção seriam mantidos por muito mais tempo[16], a configuração social posterior à escravidão herda desta todo um sistema de organização, que mantém de um lado os proprietários de terra e do outro a mão de obra livre, já em grande número imigrante. O elemento regulador ainda é o favor, que contemporiza as diferenças sociais e conserva a cumplicidade de interesses e o clima de uma aparente integração harmônica. Num mercado de trabalho recente, o negro permanece como pária e o homem branco desprotegido depende de suas relações com a classe falante dos políticos-proprietários e dos rábulas-literatos. Humberto Mauro nunca vai exacerbar, nem por intuição, esse quadro, mas a maneira como ele o recompõe enquanto matriz, enquanto momento de uma "época de ouro" que as transformações históricas a partir da dé-

15. Essa concepção formal se aproxima da de Antonio Candido, sobretudo em seus textos realizados no princípio da década de 1970, em especial as análises sobre o naturalismo (cá e lá) e sobre as *Memórias de um Sargento de Milícia*. Ver especialmente Antonio Candido, "Dialética da Malandragem", *Revista do Instituto de Estudos Brasileiros*, n. 8, São Paulo, 1970. Além de Antonio Candido, "Degradação do Espaço (Estudo sobre a Correlação de Funcional dos Ambientes, das Coisas e dos Comportamentos em *L'Assomoir*", *Revista de Letras*, vol. 14, Faculdade de Filosofia, Ciências e Letras de Assis, 1972. E também Antonio Candido, "A Passagem do Dois ao Três (Contribuição para o Estudo das Mediações na Análise Literária)", *Revista de História*, n. 100, São Paulo, 1974. Para um esclarecedor comentário sobre o primeiro cf. Roberto Schwarz. "Pressupostos, Salvo Engano, de Dialética da Malandragem", *Que Horas São?*, São Paulo, Companhia das Letras, 1987. A recriação da atmosfera de Cataguases, incluindo a biografia de Mauro, equivale à descoberta por Antonio Candido do dito popular dos três pês ("para português, negro e burro, três pês: pão para comer, pano para vestir e pau para trabalhar"), que revela a chave de interpretação de *O Cortiço* ao expor seu emissor como sendo o homem livre brasileiro do oitocentos. Para uma análise da interpretação de *O Cortiço* feita por Antonio Candido ver Roberto Schwarz, "Adequação Nacional e Originalidade Crítica", *Sequências Brasileiras*, São Paulo, Companhia das Letras, 1999. Recorro constantemente a esse ensaio para expor as conexões entre Paulo Emilio e Antonio Candido).

16. A afirmação da manutenção das relações de produção no específico modelo capitalista brasileiro está em: Francisco de Oliveira, *Crítica à Razão Dualista*, [1972] São Paulo, Boitempo, 2003.

cada de 1920 vieram recompor, não deixa de ter interesse para o crítico interessado nos desdobramentos estéticos da reflexão histórico-social.

Esse mecanismo da investigação tem seu primeiro passo na descrição da maneira como o passado aparece idealizado nas obras, mas não para por aí. Esse procedimento é apenas um dado, uma notação histórica, um *sistema de relações sociais pressuposto*, para usar uma expressão de Schwarz. O passo seguinte, de maior envergadura e dependente do primeiro, reside na maneira como essa notação histórica é incorporada por uma forma e, depois, como essa incorporação age dentro de uma estrutura mais ampla, social, onde a crítica ajuda a configurar um sistema difusor[17].

Com *Humberto Mauro, Cataguases, Cinearte*, Paulo Emilio mantém também no campo da história um caminho crítico particular. O livro não se limita à leitura cerrada de filmes que abre mão da referência, nem tampouco procura a relação fácil entre o fundo que determina as obras. O que temos é o destaque para a narrativa dos acontecimentos, com requinte de descrição (quase) ficcional, uma prosa entre o realismo e o historicismo. A escrita quase clássica, a reverência ao código do cinema clássico, o manejo da norma, tudo isso não impede a cisão da linguagem e sua transformação. Em *Humberto Mauro, Cataguases, Cinearte* o narrador se submete à linguagem de seu objeto para melhor repertoriá-la e catalogá-la, e com isso não apenas a representa mas incarna-a, evidenciando assim suas contradições e sua vigência. O texto não está livre da ironia que, vez ou outra, abandona a sutileza de seu objeto para pontuar o presente obscuro do crítico. Quando comenta o tipo de liberalismo praticado em Cataguases, Paulo Emilio afirma: "como sempre no Brasil, [sofre] uma adaptação contundente aos interesses imediatos e à cor local". Ou quando destaca os êxitos retóricos de Astolpho Dutra e sua capacidade de defender "este ou aquele estado de sítio", ou ainda quando

---

17. É curioso notar como o mesmo procedimento também é válido em *Jean Vigo*. Entretanto, no estudo sobre o cineasta francês trata-se da idealização pelo adolescente do pai revolucionário, que faz com que os filmes abriguem certo inconformismo e algumas referências anarquistas. O silêncio da crítica francesa da época em relação ao cineasta completa o movimento da análise.

comenta o episódio em que Mauro, experimentando o ofício de rábula, defende o chefe da Companhia de Jesus, curioso nome para um grupo de extermínio de ladrões de cavalo, espécie de "precursores dos esquadrões da morte".

Enfim, atento ao debate mais técnico do cinema, e consciente dos limites do tipo de interpretação que deduz sem mediações as obras do contexto, o esforço é descrever um objeto e suas ramificações por camadas até que um todo se configure e se apresente, sem recorrer aos jargões metodológicos em voga, dando sequência a um espírito ensaístico, em que a prosa fluida do primeiro plano favorece a análise mais do que se imagina.

1.2 Lembrança-Fantasia-Erudição

É preciso conferir a passagem da descrição do contexto à análise dos filmes para se medir o alcance da investigação. Porém, diante dos filmes de Mauro não há necessidade de uma análise imanente exigente, e uma crítica apenas de seu conteúdo funcionaria a contento, ainda mais sendo o assunto o cinema brasileiro. Entretanto, apesar dessa facilidade de saída, o crítico opta mais uma vez por um caminho próprio. A maneira como ele descreve a aclimatação de esquemas culturais herdados, e como Mauro fornece contribuição particular para esse problema, não é nada simples. Passemos então a comentar a leitura de *O Tesouro Perdido* (1927), filme significativo na constituição de um estilo.

O Tesouro Perdido se filia ao modelo norte-americano mais popular – com os bandidos sequestrando a mocinha, e o herói salvando-a no último instante –, mas com liberdades em relação ao modelo que o singularizam. O filme apresenta um salto qualitativo em relação ao anterior *Na Primavera da Vida* (1926), e os procedimentos técnicos que traz são importantes para a rotinização do que se fazia no cinema clássico narrativo da época. O uso que Mauro faz do *flash-back* é surpreendente se o compararmos a *O Segredo do Corcunda* (1924), de Alberto Traversa, por exemplo. A agilidade e a organicidade com que o recurso aparece em *Tesouro Perdido* contrasta com a longa revelação do segredo feita pelo corcunda. Numa das sequências do filme de Mauro, Pedrinho, o personagem "apoucado" que termina como herói, está mostrando sua última invenção, uma tosca garrucha ronqueira, a uma criança. O vilão da fita aparece e Pedrinho se incomoda com a presença do "escroque", que se exibe num "fordeco" repleto de mulheres. Diante da arrogância citadina e da virilidade do outro, Pedrinho decide se vingar idealmente, narrando para o garoto como seu irmão mais velho Bráulio aplicara uma "sova" no sujeito. Ocorre então o salto na narrativa e vemos o "estroina" Dr. Litz se atracar com Bráulio, o tal irmão de Pedrinho. O Dr. Litz tenta escapar, montando em seu automóvel. Litz pisa fundo no acelerador mas o carro não se move. Vemos uma roda patinar. Entendemos que Bráulio, com seus braços fortes, segura o para-choque e impede o arranque. Em seguida, a imagem de Pedrinho e do garoto retorna e a história continua. A boa realização do procedimento mostra a adequação escolar ao modelo griffithiano, com o herói sendo apresentado por uma edição ágil, sem o recurso ao letreiro.

Esse respeito pela norma que vemos neste *flash-back*, essa internalização do código, não impede enganos e adaptações dos procedimentos técnicos, como no caso da montagem alternada na sequência final do filme. A sequência exige a atenção crítica para a sutileza do procedimento, apesar de seu uso rudimentar. A montagem alternada aparece algumas vezes no filme, mas é na sequência final que se realiza com maior desenvoltura e originalidade. O recurso, reconhecido e utilizado conscientemente como traço de estilo em Griffith, consiste em conjugar duas ações separadas no espaço, cuja alternância gradativa dos enfoques cria uma concentração dramática, e o desenlace marca o encontro das ações e o afrouxamento da tensão. Em *Tesouro Perdido*, Pedrinho se precipita para salvar a irmã adotiva Suzana das mãos do vilão. Enquanto ele chega à choupana e luta com o celerado, patas de cavalo piscam na tela e informam a ajuda a caminho. Para comprovar a habilidade de Mauro, Paulo Emilio prefere confirmar o número de planos. "O encadeamento é competente e seguro, como podemos observar no seguimento dos próximos cinco planos: 1. Pedrinho ameaça Litz com a garrucha, 2. Suzana desmaiada no chão,

3. cavalos de socorro já galopam, 4. na mão de Pedrinho a garrucha pende, 5. Litz baleado" (p. 164). Na sequência decisiva de *Tesouro Perdido*, o desenlace esperado da montagem alternada, depois da tensão criada pela sucessão de planos, não termina com a chegada da cavalaria e a salvação da mocinha. O clímax é frustrado, com Pedrinho se sacrificando para salvar Suzana, morrendo nos braços de Bráulio, o herói "atrasado" da fita, que termina feliz com a mocinha que não precisou lutar para possuir. O filme termina com Suzana e Bráulio descobrindo o amor, e Bráulio queimando o mapa do tesouro e fazendo uma declaração em nome de sentimentos maiores do que o dinheiro. Humberto Mauro, em razão das limitações materiais e sobretudo em razão de seu tema, termina por transfigurar um elemento de sentido preciso no cinema narrativo para lhe conferir uma outra função[18]. As adaptações de elementos técnicos correntes no cinema narrativo parecem evidenciar uma dificuldade técnica primeira, mas também um certo desajuste entre a matéria narrada e o modelo de representação. A montagem alternada da sequencia final é significativa neste sentido, transformando as personagens caracterizadas ao longo do filme. O próprio tesouro parece um elemento alienígena na atmosfera pacata da granja onde vivem Pedrinho, Bráulio e Susana, uma imposição do gênero escolhido.

A pesquisa de Paulo Emilio revelou o cinema exibido em Cataguases e como o cinema norte-americano foi uma referência decisiva para Humberto Mauro. Com a transformação do código cinematográfico ocorrida entre 1908 e 1909, o chamado cinema clássico narrativo desenvolve uma retórica que alia o discurso moral com procedimentos narrativos, como montagem alternada, campo/contracampo, ponto de vista narrativo, manipulação da luz para fins dramáticos, aproximação da câmera para definir personagens etc. Esses procedimentos, que muitos tomam como

---

18. Em *Tesouro Perdido*, podemos citar uma meia dúzia de exemplos desse tipo de "incompetência criativa em copiar", como a vela que indica a passagem temporal e também serve de espermacete para o bandido (p. 160), e como o encontro entre o "escroque" Litz e o "facinoroso" Manuel Faca, em que o primeiro surge por trás da câmera e amplia assim o espaço da cabana onde se encontram os dois (p. 156).

COLEÇÃO POLÍTICAS CULTURAIS

universais, possuem também seu "chão histórico" bem determinado. A moralidade da sociedade norte-americana é reconhecida como elemento integrante da nacionalidade e possui força ainda hoje[19]. Antes de Griffith, a retórica moralista já podia ser encontrada em muitos outros filmes do período. O moralismo norte-americano foi um elemento importante no combate à hegemonia da Pathé, que nos primeiros anos do século XX ocupava grande parte do mercado dos Estados Unidos[20]. Entretanto, as transformações da ficção cinematográfica inventadas por Griffith trouxeram a internalização desse dado histórico da sociedade para a forma do filme. A montagem alternada é o exemplo mais acabado. Esse procedimento narrativo serve à retórica moral ao contrastar dois pontos de vista e oferece um julgamento, na medida em que a alternância brusca leva a uma resolução do drama. Em Griffith, esse sistema de alternância não apenas constitui uma ação física (o desenlace de uma situação concreta), mas também psicológica (a redenção moral).

O ano de 1908 é um marco para a instauração dessa transformação da linguagem cinematográfica, pois é o momento de constituição da Motion Picture Patents Company e de sua proposta de elevar a respeitabilidade social do cinema, mudando seu status de "teatro do operário" para o divertimento de "todas as classes", abarcando assim a classe média e a moralidade burguesa. Em paralelo com a criação de um código fílmico capaz de traduzir convenientemente os valores da ideologia burguesa, já veiculados pelo teatro e pelo romance da época, surge uma imprensa empenhada em amplificar e normatizar o tipo de cinema inaugurado por Griffith. O crítico Frank Woods, do *The New York Dramatic Mirror*, é um bom exemplo desse esforço de fortalecimento da cultura dominante

19. Esse elemento, também percebido por Antonio Candido ao contrastar sua análise das *Memórias do Sargento de Milícias* à *Letra Escarlate*, não é apenas um dado entre outros nos filmes americanos da década de 1920.

20. No combate à Pathé, a imprensa interessada norte-americana buscou descrever os filmes franceses como moralmente decadentes e sem assunto patriótico. (cf. Richard Abel, "Os Perigos da Pathé ou a Americanização dos Primórdios do Cinema Americano". em Leo Charney e Vanessa R. Schwartz, *O Cinema e a Invenção da Vida Moderna*, São Paulo, CosacNaify, 2001).

TRAJETÓRIA DE PAULO EMILIO

diante do quadro diversificado oferecido pela imigração[21]. Como se vê, a gênese do cinema narrativo se deu através de múltiplas fontes, assim como de diversos criadores, entre os quais Griffith se destaca[22].

Dadas as particularidades das diferentes formações nacionais, o "chão histórico" onde Mauro colhe seus materiais permite um outro tratamento do mesmo recurso técnico. A impressão que se tem é que as estruturas narrativas escolhidas pelo cineasta não se adequam aos seus personagens. Além disso, a afirmação de um cinema voltado para a moralização também está ligada a uma crítica empenhada. No caso de Mauro, *Cinearte* surge como órgão que cumprirá em partes essa função, dada sua contradição interna maior de defensora do produto local e divulgadora do cinema norte-americano.

A paisagem é outro elemento em que a comparação com o modelo griffithiano auxilia no destaque da particularidade de Mauro. Quando o cineasta recorre ao uso da paisagem para situar seu drama de mocinho e bandido, ele não se confronta com uma forte tradição pictórica ou literária que o forçaria a respeitar as convenções do *medium*. Ao contrário de Griffith, que tinha o peso de Emerson ou Thoreau sobre os ombros, para não falar nas fotografias de Timothy O'Sullivan[23], Mauro possui uma

21. Para uma avaliação detalhada das transformações da estética cinematográfica a partir de 1908 ver: Tom Gunning, *D. W. Griffith and the Origins of American Narrative Film: The Early Years at Biograph*, Urbana, University of Illinois Press, 1994. Para uma apreciação sobre o estilo de Griffith e suas conexões com o teatro da época ver: Ismail Xavier, *D. W. Griffith*, São Paulo, Brasiliense, 1984.

22. De um ponto de vista mais radical, Eisenstein, em seu ensaio precursor de 1941-1942, já chamava atenção para o aspecto provinciano da sociedade norte-americana captado pelo estilo de Griffith, e para o vínculo social da montagem alternada. Para o cineasta russo, o procedimento técnico reflete a última sociedade burguesa recém saída do mundo rural, dividida entre ricos e pobres (cf. Sergei Eisenstein, "Dickens, Griffith e Nós", *A Forma do Filme*, Rio de Janeiro, Zahar, 2005).

23. Para uma concepção da paisagem como *medium* cf. Mitchell, W. J. T. *Landscape and Power*, Chicago, UCP, 2002. Sobre o trabalho de O'Sullivan como parte de um processo de definição e domesticação da fronteira americana cf. Joel Snyder, "Territorial Photography", em W. J. T. Mitchell, *Landscape and Power, op. cit.* Para um estudo do gênero em Griffith cf. Jean Mottet, "Les Paysages Griffithiens", *L'Invention de la Scène Américaine – Cinéma et Paysage*, Paris, l'Harmattan, 1998.

concepção quase árcade da paisagem, é bem verdade que edulcorada pela vulgarização do romantismo brasileiro. Ou seja, para ele, a paisagem são as árvores, prados, regatos, cascatas, algumas montanhas, o conjunto que cobre a superfície da terra onde se assenta a casa sonhada do gênero pastoril. Não é por acaso a fixação no mito da idade do ouro. O cineasta segue à risca a sensibilidade artística cataguasense e o modelo griffithiano será uma fonte de inspiração para a expressão desse sentimento de mediania tão característico do Brasil profundo do princípio do século xx.

A granja de *O Tesouro Perdido*, "ao pé da majestosa Serra do Caparaó, em Minas", ilustra com perfeição a particularidade de tal concepção. O plano geral que abre o filme situa a narrativa em um ambiente específico e apresenta as personagens principais. Assim, o elemento técnico de abertura transforma a paisagem em diegese, simbolizando-a como lugar de harmonia entre homem e natureza, repouso e descanso, onde o tempo escoa muito lentamente. "Na verdade nunca chegaremos a conhecê--la bem", lembra Paulo Emilio a respeito da granja. Fato que mais do que apontar um defeito técnico, como sugere o crítico, evidencia a presença do modelo griffithiano, que raramente apresenta uma vista de conjunto do local onde se concentra a narrativa, e a coerência é formada a partir de recortes do lugar[24]. Mas diferentemente da referência, não há em *O Tesouro Perdido* o senso da organização da natureza, que a propriedade controla e transforma em espaço útil. Na granja do filme mineiro vemos uma cerca de madeira que parece fazer parte da paisagem, dada a ausência de uniformidade e a velhice da madeira que parece brotar do chão. Não seria exagero aproximarmos aqui a simplicidade da encenação com a própria vida no campo mineiro[25]. Os ecos do mito pastoril e a referência do cinema popular norte-americano parecem favorecer uma composição

24. Jean Mottet, *op. cit.*
25. Sobre a proximidade entre a representação e a vida caipira ver: Rodrigo Naves, "Almeida Júnior: O Sol no Meio do Caminho", *O Vento e o Moinho*, São Paulo, Companhia das Letras, 2007. O autor faz sugestivas comparações entre o pintor paulista e seus contemporâneos, o que nos permite fazer outras, menos significativas mas de algum valor, como por exemplo o paralelo entre Almeida Júnior e Humberto Mauro, ambos mais à vontade com seus temas. Enquanto que Alberto Traversa, o diretor de *O Segredo do Corcunda*, estaria

que não busca o elemento pitoresco. E a "judiaria" das crianças, colocando um cigarro aceso na boca de um sapo reforça ainda mais a espontaneidade. O destaque para o pretinho fumando e para o sapo com um cigarro na boca não evidencia uma ambiguidade, comum no cinema americano. O uso da montagem alternada não significa em Mauro necessariamente a bestialização do negro. Ao invés de isolar um aspecto da sequência e ver um racismo latente na montagem que alterna o pretinho careteiro e o sapo, Paulo Emilio prefere avaliar todo o começo do filme para extrair algumas conclusões sobre um estilo, que coloca lado a lado a natureza, a arquitetura rústica, o homem (Pedrinho que observa as crianças), a meninada e o sapo, tudo sem conotações pejorativas de atraso, inferioridade ou barbárie. O pretinho desaparece do filme e resta apenas a ambiência da granja como o polo do Bem.

Depois de avaliar as singularidades da montagem alternada e da paisagem em Mauro, sempre segundo Paulo Emilio, é plausível aventar que a questão em torno da aclimatação e transformação de procedimentos correntes no cinema popular norte-americano não se deve apenas à criatividade e ao senso prático do cineasta. O embate entre contexto e modo de representação parece se impor de tal maneira que exige um uso novo das convenções. O condicionamento imperativo da própria região se transformava em notações históricas que se evidenciam mesmo quando o domínio de um gênero externo se aperfeiçoa, e surgem onde menos se espera, nas vestimentas, nos ambientes e nos gestos. A atenção aos gestos parece reforçar o estilo de Mauro e sua consequente transformação com o contato com *Cinearte*. Num filme como *Braza Dormida* (1928), em que Mauro avança bastante no domínio do cinema narrativo, o dado local parece exigir um lugar no drama pastoril de um *vitelone* citadino. Na abertura do filme, quando o protagonista se vê em crise e se depara numa praça com um suposto mendigo, o crítico se interroga sobre a natureza dessa personagem periférica. Essa presença emblemática é investigada a

---

mais próximo de um Antonio Ferrigno, dois italianos preocupados com a representação de costumes de um ponto de vista oficial.

partir de sua movimentação. Para Paulo Emilio, não é a vestimenta que revela o pobre personagem, nem tampouco a refeição frugal ou o mísero cigarro. Além da comicidade picante (o personagem fixa os olhos nas pernas de moças que passam e termina por queimar os dedos no fósforo aceso), a função narrativa da obscura figura é apresentar um pedaço de jornal, onde o mocinho encontrará o anúncio do emprego que, por sua vez, trará o amor e a redenção moral. Cumprida sua tarefa ele desaparecerá. O que desperta a atenção do crítico é "[…] uma sensação que toma forma logo que ele se levanta e parte: a de que se trata de alguém que empregou a interrupção do meio-dia para vir comer num jardim o seu irrisório farnel" (p. 224) A consciência com que a descrição explora a sequência, dando voz a uma "sensação", torna os gestos uma "idiossincrasia social"[26] de um mundo recém-industrializado, onde a figura do operário contrasta com os outros personagens. Os gestos também definem o tipo de amoldamento a que o estilo de Mauro é submetido, de filme a filme. Em *Sangue Mineiro* (1929), nota o crítico, o domínio das convenções parece restringir a movimentação espontânea das personagens, que em *Tesouro Perdido* possuíam em maior medida e agora se apoiam na cenografia ou em si próprias. Diz o crítico, "[…] fora de suas cadeiras, poltronas e sofás, os intérpretes não encontravam apoio em seus respectivos interlocutores, ficavam soltos no espaço e para que os braços imóveis ao longo do corpo não dessem a penosa impressão de perplexidade, viam-se na obrigação de preencher o vazio com gestos, cuja gratuidade contribuía para ressaltar ainda mais esse vazio" (p. 408).

As técnicas do corpo que aparecem na descrição dos primeiros filmes de Mauro ganham maior significado quando se avolumam num único ator, Máximo Serrano. Em *Tesouro Perdido* ele é Pedrinho, o jovem simplório, que se sacrifica para salvar a vida da mocinha das garras dos

---

26. A expressão é de Marcel Mauss em "Noção de Técnica do Corpo", *Sociologia e Antropologia*, [1950], São Paulo, CosacNaify, 2011. Para um uso sistemático das noções do sociólogo francês ver os comentários de Gilda de Mello e Souza sobre Almeida Jr. (cf. Gilda de Mello e Souza, "Pintura Brasileira Contemporânea: Os Precursores", *Discurso*, n. 5, São Paulo, 1974). É possível supor que a orientadora tenha recomendado a leitura ao orientando que, como de hábito, teria incorporado a referência a sua maneira.

vilões. A análise contrastiva com o modelo norte-americano, no caso o filme *Tol'able David* (1921), de Henry King, dá maior relevo às características do ator e do tipo que ele encarna. Paulo Emilio apresenta o filme de Henry King como uma referência evidente para Mauro, que o estudara junto com seu segundo mestre Pedro Comello. O filme de King conta a história de David, um jovem que busca a todo custo se tornar homem, mas sempre é lembrado de sua condição adolescente. Depois de vingar sua família de um grupo de bandidos, David prova a toda a cidade sua maturidade e passa a ocupar o lugar social do irmão morto, o carteiro. As semelhanças entre esse filme e *O Tesouro Perdido* são diversas, começando por sua arquitetura, que divide a trama em apenas dois polos, o sítio onde habita David e sua família, e a mansarda onde se escondem os bandidos. O bestiário é o mesmo, com o cão sendo sacrificado nas mãos do bandido e o gato servindo também para caracterizar a maldade dos assassinos. Recursos técnicos também aproximam os dois filmes, *flash--backs* reforçam a coragem e a inocência do polo do Bem, os rostos dos bandidos invadem a tela na luta final, sem falar na montagem alternada bastante utilizada em ambos os filmes. A comparação com *Tol'able David* salienta ainda mais a particularidade da personagem de Máximo Serrano, que se identifica inteiramente com o universo infantil dos meninos judiando do sapo, assim como não se constrange ao ser tratado como inferior. Destacadas as semelhanças entre alguns motivos e pormenores, podemos concluir que *O Tesouro Perdido* se inspira em *Tol'able David* e por isso é um filme segundo, na medida em que a referência é por demais evidente. Entretanto, como toma de empréstimo as lentes do filme norte--americano para enfocar a Mata mineira, ele é um filme primeiro[27] e, neste sentido, se compararmos as duas personagens, a de Máximo Serrano possui uma verdade sociológica mais forte do que a condição genérica de um adolescente no meio oeste americano. A personagem é tão marcante que não mais deixará o ator e se repetirá em outros filmes de Mauro. E

27. Utilizo como referência principal o célebre ensaio de Antonio Candido, "De Cortiço a Cortiço", *op. cit.*

para caracterizar essa verdade sociológica, Paulo Emilio elabora de filme para filme a caracterização do tipo. Vejamos como ele aparece ao crítico em *O Tesouro Perdido*.

> Acontece porém que a expressão *fragilidade* não me satisfaz, eu preferiria o sinônimo *debilidade*, desde que não fosse por demais sublinhado o sentido corrente do termo. Seria excessivo definir Pedrinho como um débil mental, mas não há dúvida de que sua figura e a maneira como os outros o tratam constrói um tipo apoucado, diminuído até ao limite do mal-estar. A fisionomia de Pedrinho anterior aos gestos de luta e sacrifício certamente não foi obtida de maneira inteiramente consciente e calculada por Humberto Mauro, mas derivou espontaneamente do intérprete, Máximo Serrano, cuja plástica, conjugada a algum eventual dom dramático, condenava-o a ser ator de um tipo só. Não se trata aqui de avaliação crítica: Pedrinho nos interessa – e Máximo Serrano em seus sucessivos papéis continuará nos interessando – porque esse rapaz que exala desimportância, possui um tom verdadeiro e brasileiro que nosso cinema provavelmente ainda não conhecera (p. 155).

Na análise de *Braza Dormida* a compreensão do tipo se aprofunda ainda mais. Neste filme, Máximo Serrano é submetido à violência do perverso gerente da usina, e sua principal característica é a passividade. Paulo Emilio identifica em seu comportamento a figura do agregado (o termo é do crítico), e a particularidade da personagem gera um problema para o diretor, que se viu forçado a incluir *après coup* no genérico inicial do filme a definição de "enteado", dado o lugar singular que a personagem ocupa no filme.

> É sobretudo através das personagens interpretadas sucessivamente por Máximo Serrano que isso ocorre, cabendo aqui insistir num traço definido por ocasião de *O Tesouro Perdido*: a expressão frágil e insegura do ator que tão bem condensa no sofrimento pessoal o *subdesenvolvimento social* (p. 238) [grifo meu].

No filme seguinte, *Sangue Mineiro* (1929), o ator encarna o primo do mocinho, um jovem simplório que vive no ambiente rural. A recorrência do tipo faz pensar em uma realidade que ultrapassa os enredos convencionais e resvala em questões profundas de um mecanismo social, no caso a condição de agregado, um tipo característico das relações de dependência paternalista, herança da família rural colonial[28].

Mas a melhor forma de sentir o trabalho da prosa em *Humberto Mauro, Cataguases, Cinearte* é se deixar levar pela descrição que, sem pressa alguma, revela pormenores, destaca detalhes e peça por peça vai montando o quadro analítico. Ambientes, personagem por personagem, intérprete por intérprete, sequência por sequência, a procedência da cópia em análise, a recepção crítica. "Nessas imagens, o que acontece não tem a menor importância, o que importa precisamente é o não-acontecer" (p. 149). Não poderíamos trocar "imagens" por "palavras" e usar esse comentário sobre as primeiras cenas de *Tesouro Perdido* para realizar uma caracterização primeira e apressada do próprio livro de Paulo Emilio? "Não vejo, entretanto, motivo para precipitar a busca e a fixação do estilo de Humberto Mauro [Paulo Emilio]. Não tenho a menor pressa e a prudência aconselha o método de pacientes e sucessivas aproximações". (p. 148). Não é possível apresentar aqui os movimentos lentos, a descrição (ecfrasis), as interpretações que se constituem aos poucos, sem explicitação, sem recursos exteriores que amparem a investigação. Tudo é feito em um tempo próprio, um tempo de meias voltas e, muitas vezes, a impressão é a de que não se sai do lugar. O que não significa que não haja transformação e avanço. Sem recorrer a especializações, Paulo Emilio procura captar uma matéria brasileira numa manifestação artística pobre de significações estéticas, mas estimulante para se pensar os movimentos da sociedade e se concluir que a forma não é apenas uma prerrogativa da

---

28. A problemática em torno da condição do agregado é ampla e diversas são as contribuições. (cf. Gilberto Freyre, *Sobrados e Mucambos*, Rio de Janeiro, Nova Aguilar, 2000, (Intérpretes do Brasil, vol. 2); Maria Sylvia de Carvalho Franco, *Homens Livres na Sociedade Escravocrata*, São Paulo, Kairos, 1983; Roberto Schwarz, *Ao Vencedor as Batatas*, São Paulo, Duas Cidades/Editora 34, 2000).

grande arte, especialmente depois do advento do cinema[29]. Para isso, a concentração nos materiais, no concreto, é de grande valia, na medida em que uma depuração da descrição, sem jargões, desvela as especificidades históricas dos elementos analisados, sejam eles a paisagem provinciana, o detalhe de uma vestimenta ou a sequência de um mau filme. A proximidade quase sem mediações com esse universo não possui o ímpeto vanguardista de revelação do mundo pela proximidade com as coisas, mas busca captar o movimento da sociedade justamente no que o concreto encobriria para uma análise do gênero pão pão queijo queijo.

E esse apego ao concreto é particularmente sensível na leitura de *Na Primavera da Vida*. O filme não mais existia, e por isso exigiu do crítico um grande esforço para a reconstituição, solicitando o cruzamento de diferentes métodos. A descrição do filme lança mão de recursos de análise social, estéticos, imaginativos, para configurar uma leitura dos únicos trinta fotogramas remanescentes, dos depoimentos dos participantes e de um resumo de dezesseis linhas publicado na imprensa da época. O crítico não esconde seu contentamento ao revelar um filme para a história do cinema brasileiro. Os detalhes dos ambientes são destacados: cortinas de algodão estampado, sofás e poltronas de vimes, uma singular escrivaninha com dossel e madeira lavrada, samambaias dependuradas, o conjunto formando um típico interior burguês da província brasileira, onde homens de bem "ocupam os lazeres". O isolamento de um motivo é sempre o destaque de sua dimensão simbólica, o que sugere uma concepção em que as formas portam sentidos precisos, referindo-se a um período, a uma classe, religião etc. Mas ao invés de uma concepção do cinema como forma simbólica, Paulo Emilio concentra sua atenção no vínculo essencial entre o cinema e a realidade física, cristalizando processos sociais[30]. Vistos como parte periférica em relação ao centro da obra, esses pedaços são ao mesmo tempo "descobertos" e "inventados"

---

29. Para uma reflexão sobre a exposição da "matéria brasileira" em diferentes registros de prosa cf. Roberto Schwarz, *Duas Meninas*, São Paulo, Companhia das Letras, 1997.

30. Para uma aproximação sugestiva sobre o papel do motivo cf. Erwin Panofsky, *Significado nas Artes Visuais*, São Paulo, Perspectiva, 1979.

pelo olhar agudo que os reorganiza na investigação de uma realidade social. Em contraposição ao polo do bem, tem-se um "boteco tosco", frequentado por indivíduos de "má catadura". A descrição procura fazer o material render ao máximo, e os detalhes redimensionam a história banal. Ao invés da oposição bem e mal, sugerida pelo melodrama que inspira o filme, o que temos na análise de Paulo Emilio é a descrição de camadas sociais indicadas historicamente. A atenção ao recorte exige um decentramento da própria análise e o que era periférico, particular, local, dá acesso a uma interpretação mais ampla. E aqui há uma passagem fundamental, pois a análise de um fragmento, que ajuda a revelar estilos, também permite o encaixe histórico maior. A descrição dos detalhes se enriquece na medida em que revela a originalidade do cineasta e o olhar do crítico para fazê-los "falar". Não sei de nenhum conhecedor de cinema, do brasileiro muito menos, que tenha feito ou faça uso consequente de material tão escasso. E, para esse tipo de disposição, o detalhe ganha um peso preponderante, que só encontro um paralelo no trabalho do historiador da arte Daniel Arasse. Porém, o trabalho crítico de Paulo Emilio não se reduz à datação histórica do detalhe, mas lança mão de recursos literários para comentar elementos da obra, servindo-se da memória e da experiência para recompor o que o tempo e a negligência desfizeram.

Ao tentar demonstrar a visada metodológica do livro, é fundamental destacar como a própria prosa participa dessa construção. Um caso concreto é a descrição dos primeiros gestos do bandido Manoel Faca, que não depende de letreiros para expressar sua crueldade, ele simplesmente "[...] levanta, apanha um relho e dá uma lambada no gato que foge pela janela" (p. 156). Um comentador mais tradicional nunca usaria os termos "relho" ou "lambada", no máximo uma "pancada". Outro exemplo significativo dessa incorporação da atmosfera dos filmes está na descrição do momento em que Hilário, o pai adotivo de Pedrinho e Bráulio, sabe do sequestro de Suzana. Paulo Emilio mostra seu conhecimento do tipo do modelo de representação, em que a exterioridade se relaciona diretamente com a psicologia das personagens, um tipo de realismo atmosférico já bastante banalizado pelo cinema[31]. Diz ele: "Na mesa posta, a toalha, a louça, o vidro de remédio e uma frigideira participam de forma pungente da modéstia e da desolação do velho"(p. 163). Esse tipo de absorção do estilo dos filmes pela prosa crítica é mais perceptível quando atentamos para a própria disposição dos materiais ao longo do livro. Não se trata de um modelo externo imposto a um conteúdo, mas a argumentação se desenvolve a partir do material e dispõe os dados de forma que o conteúdo se reverta em linguagem, como se ao crítico coubesse apenas o papel de rearranjar os materiais apresentados pelos filmes. Na descrição de *Sangue Mineiro*, por exemplo, percebemos o recurso do "escurecimento" (*fade in*) utilizado de maneira escolar. E quando o crítico se desvia por um instante de seu objeto, ele mesmo não hesita em utilizar a indicação equivalente para voltar a seu tema. "A carga de erotismo mórbido que o voaierismo encerra, possui aspectos da primeira obra-prima de Humberto Mauro, *Ganga Bruta*, que escapa ao âmbito do presente trabalho. Escurecimento para mudar de assunto" (p. 416). Mas tudo isso é apenas a superfície de um estilo, que se adensa conforme se apropria dos materiais.

O acontecimento Eva Nil, a protagonista de *Na Primavera da Vida*, ilustra perfeitamente a maneira como a exposição do filme a partir de suas ruínas busca recuperar elementos por meio da investigação histórica. E nesse caso, imaginação não supõe a arbitrariedade demiúrgica, mas se baseia no fato para recompor de maneira possível seus significados. No caso de Eva Nil, cujo nome verdadeiro é Eva Comello, a narrativa abandona a descrição dos fatos para expor em imagens o impacto da silhueta da atriz. Vejamos o estilista em ação:

> Não existe mais nenhum dos filmes em que Eva Nil trabalhou. Minhas impressões a seu respeito são alimentadas sobretudo pelo grande número de suas fotografias e pelas informações dos contemporâneos. Mas é preciso

---

31. Cf. Erich Auerbach, "Na Pensão de La Mole", *Mimesis – A Representação da Realidade na Literatura Ocidental*, São Paulo, Perspectiva, 1998, pp. 405-442.

acrescentar que durante vários encontros que tive com Dona Eva Comello, mais de quarenta anos depois de encerrada a sua carreira cinematográfica, procurei e até certo ponto consegui afastar a camada do tempo e enxergar Eva Nil. Eu chegara à noite a Cataguases para ver um filme e deveria partir no dia seguinte de manhã[32] Antes da sessão passei em sua casa sem prévio aviso e ela, que fazia companhia à mãe enferma, não pôde me receber. Através da janela atendeu-me rapidamente de uma sala com a lâmpada apagada, iluminada apenas por dois focos, um vindo de dentro da casa, provavelmente do corredor de entrada, outro assegurado pela iluminação bruxuleante da rua. Como o tempo alterou pouco o conjunto de seu porte e apenas as linhas básicas do rosto se impunham à relativa obscuridade, pude durante alguns minutos conversar com uma Eva Nil saída diretamente das fotografias antigas e apenas desfocada. Nas vezes seguintes em que a vi à luz do dia ou da iluminação direta, aquela comovente aparição noturna foi o meu melhor guia para escrutar o passado (p. 102).

A citação extensa auxilia na caracterização da forma como o crítico conduz sua interpretação. A partir da reunião dos materiais disponíveis é possível a liberação da imaginação, que complementa, sem corromper a investigação com literatice ou jogos de estilo. "Algumas vezes a mutilação é tão pronunciada que somos levados a fazer *restaurações teóricas* através da análise interna, da informação externa ou mesmo da imaginação" (p. 146). Neste caso, o impulso tem algo de vanguardista, na medida em que a silhueta é descrita como uma espécie de palimpsesto, num quadro que ora expõe uma época ora outra, como num romance surrealista onde as coisas cheiram a crepúsculo. Por outro lado, esse tipo de *mémoire involontaire*, que entrecruza reminiscência e envelhecimento, faz o passado refletir no instante úmido de orvalho, cujo choque doloroso do rejuve-

---

32. O filme em questão é *O Anunciador, o Homem das Tormentas*. Paulo Emilio relata a viagem a Cataguases e a sessão em que viu o filme de Paulo Bastos Martins. Fato curioso é que, segundo o crítico, o jovem cineasta cataguasense também é obsedado por uma "idade de ouro" (cf. Paulo Emilio Salles Gomes, "Cataguases Cosmos 70", Carlos Augusto Calil e Maria Teresa Machado (orgs.), *Paulo Emilio: Um Intelectual na Linha de Frente*, Rio de Janeiro, Embrafilme/Ministério da Cultura/Brasiliense, 1986.

nescimento o condensa irresistivelmente, como disse Benjamin sobre Proust. A luz prestigiosa e mágica faz renascer a imagem do fundo da memória, do tempo; das distâncias das associações, da lembrança.

Tal procedimento parece ter servido também à invenção ficcional que se seguiu ao estudo de Mauro. Nas primeiras páginas de *Três Mulheres de Três Pppês*, o protagonista e narrador Polydoro depara-se em Águas de São Pedro com seu primeiro e último mestre, o Professor Alberto, acompanhado de sua mulher, Helena. Como já haviam se passado trinta anos desde o último encontro, Polydoro não reconheceria de chofre o casal não fosse a singular luz que pairava numa pracinha do balneário, repleta de estátuas de anões, e que delineava conservando as figuras que há décadas intrigavam o narrador. Esse encontro surpreendente, cheio de revelações para a história, nos apresenta o ponto de vista do narrador que tenta escrutar o passado, observando-o de um ponto de vista privilegiado. Diz ele sobre seu antigo mestre:

> Se o reconheci na distância de alguns metros foi devido à relativa obscuridade da praça que me transmitiu apenas a silhueta que me era familiar justamente por não vê-la há trinta anos e nela pensar diariamente. Encontrando-o de chofre em plena luz, só o teria reconhecido com esforço. Ao dizer meu nome, esboçou um gesto como se fosse me apresentar Helena, que só então reconheci. Contrariamente ao que sucedia com o Professor, era sobretudo de longe que ela se tornara irreconhecível, uma sombra com os membros recolhidos, intimidados pelo reumatismo. A face, vista de perto, permanecia lisa e próxima do original antigo desfocado pelo tempo.

Os elementos são os mesmos, o delineamento dos corpos, o contra--luz, as fisionomias transformadas, cujo turvamento das feições permite o cotejo temporal, e tudo recoberto pela paisagem da província. A se crer em Paulo Emilio, os livros foram escritos concomitantemente[33]. Quan-

---

33. "E imagine que escrevi há alguns anos atrás até ficção. São umas novelas que a editora Perspectiva já está anunciando e que se chamam *Três Mulheres de Três Pppês*. Em matéria de escrita nada me dá mais prazer do que escrever ficção. Mas ainda não tive ocasião de

to às prosas, a crítica e a ficcional, elas também possuem afinidades no aparente tradicionalismo narrativo para descrever um "pequeno mundo antigo". O paralelo, que para por aqui, parece ser benéfico para o fim de descrever o construtivismo do trabalho do crítico. Entretanto, para além das semelhanças literárias, o procedimento apresenta em Mauro um recurso que sugere a visada maior do livro. Quando Paulo Emilio vislumbra Eva Nil em sua janela, uma janela que parece confiná-la em sua intimidade, marcada pelo recolhimento interior, assim como pela presença da morte (a doença da velha mãe), a imagem fantasmagórica lembra um palimpsesto e se constitui como um limiar entre o passado vibrátil da atriz, a solidão crepuscular do presente e o prenuncio obscuro. O rosto de Eva Nil é uma máscara mortuária cheia de cicatrizes. Esse movimento crítico, em que diferentes temporalidades se cruzam sem se opor, numa permanência inegável, parece apontar para o coração da investigação de Paulo Emilio que, se estou correto, sugere a fixidez, e tudo o que ela implica econômica e artisticamente, como elemento significativo da história do cinema brasileiro. Esse procedimento crítico usado para apresentar o impacto da aparição Eva Nil parece se apropriar da embocadura da tese, na medida em que vê num detalhe do presente, o indivíduo e uma outra época, valendo-se de uma reminiscência informada.

A revelação de *Na Primavera da Vida* parece ter marcado o tipo de investigação desenvolvido por Paulo Emilio, na medida em que fez culminar um impulso crítico e criativo. A *restauração teórica* do filme deixa transparecer o contentamento do crítico que revela uma obra para a história. Um salto para fora de *Humberto Mauro, Cataguases, Cinearte* em

---

testar se o leitor terá o mesmo prazer em ler. Se isso acontecer com essas novelas, tenho a impressão de que vou ficar muito agitado e escreverei outras. Sei lá. Nunca me senti criador e o prazer de criar por si só não é nada" (grifo meu). Como a entrevista é do fim do ano e a tese de maio de 1972, podemos no mínimo supor que à escrita de uma deu-se a da outra (cf. Paulo Emilio Salles, "Paulo Emilio e a Literatura do Nosso Cinema", *Última Hora*, 7.11.74. Entrevista concedida a Norma Leão).

direção a uma rápida leitura de *Festejo Muito Pessoal* confirma a importância de *Na Primavera da Vida*[34].

Em *Festejo Muito Pessoal* – um panorama particular do cinema brasileiro que completava 80 anos – o filme de Mauro ocupa um lugar de destaque e evidencia a investigação que parte do dado mais concreto para tecer generalizações surpreendentes. Como uma história de ruínas, plena de estilhaços, a história do cinema brasileiro requer um exercício multidisciplinar. Não basta apenas a erudição que acumula dados em arquivos, mas também a intuição para conceber a síntese e a imaginação que permite ultrapassar as ausências que a história se encarregou de jogar na lata de lixo. O crítico demarca bem a ordem desses elementos indispensáveis para se contar essa história: "lembrança-fantasia-erudição". Esse tipo de interpretação não busca uma história factual, que arrola datas e nomes, mas a síntese original que, a partir de um ponto determinado, visa o todo. Uma proposta que, partindo de um ponto determinado, procura uma história "total" e não uma história "geral", marcadamente panegírica. Trata-se assim de um descentramento qualitativo da história tradicional que favorece a identificação de elementos de uma realidade social retidos pela forma. E por isso, *Na Primavera da Vida* é um "[...] filme que emana de nós, é pessoal, local, regional, nacional, stop – interrompendo aqui para evitar o universal, que no subdesenvolvimento iguala ao estrangeiro". A interrupção da passagem para o universal evidencia a não realização da síntese prometida. O filme em questão, cuja ação do crítico foi decisiva para a sua reconstituição, é "Mauriano, cataguasense, matense, mineiro, brasileiro [...]". Vemos assim enunciado o interesse em Mauro como vontade de uma compreensão de um processo de larga significação, em que a ideia de forma desempenha papel fundamental,

---

34. Cf. Paulo Emilio Salles Gomes, "Festejo Muito Pessoal", em Carlos Augusto Calil e Maria Teresa Machado (orgs.), *Paulo Emilio: Um Intelectual na Linha de Frente*, São Paulo/Rio de Janeiro, Brasiliense/Embrafilme, 1986. O livro reúne textos com comentários sobre as diferentes facetas do crítico. Meu trabalho não teria sido possível sem essa contribuição que organiza e aprofunda a reflexão de Paulo Emilio.

não tomando como acessório a vida social e a biografia, avançando sempre com cautela e sem conexões apressadas.

Voltando ao livro, de maneira geral, podemos concluir que em *Humberto Mauro, Cataguases, Cinearte* a cautela na avaliação favorece a compreensão de seu objeto e seus movimentos contraditórios que o localizam na história. A disposição para alargar o uso dos procedimentos técnicos correntes no cinema norte-americano não permanece isolada na obra de Mauro, sendo apenas um de seus momentos que, gradativamente, cede espaço para o domínio mais elaborado do código. A liberdade de manuseio de um código definido, que encontramos em alguns momentos de *O Tesouro Perdido*, contrasta com algumas sequências do mesmo filme, em que a obediência é inquestionável. E esses momentos parecem conformar a originalidade de Mauro a convenções externas a seu estilo. Essa tensão existe desde os primeiros experimentos e em *Tesouro Perdido* parece se equilibrar, com o ambiente rural impondo uma adaptação dos procedimentos correntes no cinema popular norte-americano e exigindo novas soluções. Mas essa tensão se acentua e o movimento pendular diminui em favor do domínio de uma gramática cinematográfica conforme a carreira de Mauro se desenvolve, conforme a influência de *Cinearte* se faz sentir. Vemos o crítico apresentar os atos de vilania de um personagem de *Braza Dormida*, ou o convencionalismo do baile no mesmo filme. O contentamento juvenil dos personagens de *Sangue Mineiro* também parece seguir de perto o modelo difundido pela revista carioca. Já vimos no episódio do "susto do automóvel" a postura do adolescente Mauro diante dos poderosos locais, e esse respeito aparece de alguma forma na série de "mestres" que influenciaram seu trabalho. Aos olhos do jovem interiorano, o jeito moderno de ser de Adhemar Gonzaga se impunha e se tornava a forma mais precisa de se adequar ao movimento progressista do cinema brasileiro. O futuro veio demonstrar o acerto de Mauro, que ao se integrar relativamente à ideologia de *Cinearte*, se transformou no primeiro cineasta profissional da história do cinema brasileiro, e o prestígio conquistado permitiu uma carreira estável, onde o documento ocupa um lugar central.

Antes de passarmos a uma nova etapa para tratar do assunto, me concentro na descrição desses momentos de internalização de procedimentos do cinema narrativo, que significam para o todo do cinema brasileiro um momento de acumulação. Em *Tesouro Perdido*, um desses momentos é a própria escolha temática do tesouro, que já revela seu vínculo com determinada tradição. Paulo Emilio relaciona a opção ao "[...] grande fundo literário infantil e popular que o cinema herdou [...]" (p. 145), mas talvez essa conexão não seja assim tão unívoca, pois é certo que a mania do ouro (cultivada no filme por Tio Tomaz), permaneceu por muito tempo na imaginação mineira. O que é exterior ao drama é o impulso que o tema do tesouro imprime à narrativa, acelerando os acontecimentos em um mundo tranquilo. A décima sequência, em que aparece a personagem de Manoel Faca, o "facínora de muitas mortes", interpretado pelo próprio Mauro, também revela a fidelidade ao tipo de caracterização da personagem e sua prolongação no ambiente. A "lambada" no gato já apresenta suas disposições morais, a barba malfeita se comunica com as paredes sujas. Tudo é precário e imundo. "Dir-se-ia que o local solicita a morte e o fogo purificador" (p. 144). O que de fato acontecerá na sequência final. A harmonia entre espaço e personagem se diferencia do despojamento da granja onde se concentra o polo do bem. Como vimos, na granja há uma certa distensão da encenação e o próprio ambiente externo permite um quadro mais livre, mais disposto ao imprevisto. A cabana de Manoel Faca é asfixiante, a janela por onde o gato escapa é exígua, os gestos do bandido são bruscos, e o detalhe do bandido comendo de garfo e faca revela o quanto a opção tem seus limites em relação ao realismo. A organicidade da sequência faz com que ela permaneça na cabeça do espectador, constituindo-se como o polo oposto à granja, mesmo se o tempo dedicado ao *habitat* de Manoel Faca é muito mais reduzido.

A força dessa sequência se deve à exatidão, ao respeito com que segue uma convenção. "É como se nada tivesse sido deixado ao acaso, a direção e encenação exercendo seu poder coercitivo" (p. 155). E essa fidelidade ao modelo norte-americano é o resultado das lições aprendidas com Adhemar Gonzaga, como o confirmam a correspondência entre o redator chefe de *Cinearte* e o cineasta[35]. Mas essa relação não é pautada apenas por submissão e complacência, ela é conflitiva e, apesar de se evidenciar de filme para filme, não impede que haja uma tensão, que se abranda, mas uma tensão mesmo assim.

A figura de Carmem Santos encerra o tipo de evolução que sofrera o estilo de Mauro no contato com *Cinearte*. Se o caráter intempestivo de Eva Nil em *Na Primavera da Vida* foi decisivo para Paulo Emilio entender o tipo de transformação do modelo norte-americano que atravessa os filmes de Mauro, o tipo de Carmen Santos é a confirmação da adoção da "estética do falseamento"[36] de *Cinearte*. Com sua beleza artificial, seus gestos pouco expressivos e a total ausência de espontaneidade, Carmen Santos confirma o empenho em seguir as lições de Adhemar Gonzaga. A atriz é a encarnação da "ley dos tipos" promulgada pela revista. A fisionomia da atriz é

> [...] revestida com pudicícia, a gola bem fechadinha por três botões, subindo um pouco pelo pescoço de maneira a encobrir totalmente a sua raiz. Isso é mais do que impedir qualquer vislumbre, é uma tentativa de afastar a própria ideia de seios e o objetivo deve ter sido atingido pois neste momento em que escrevo me sinto incapaz de decidir se Carmen os tem (p. 409).

A revista Cinearte ocupa assim um lugar duplo na narrativa de *Humberto Mauro, Cataguases, Cinearte*. Ao mesmo tempo em que defende um tipo determinado de cinema para o Brasil, também busca congregar os interessados para o aperfeiçoamento do cinema brasileiro. Essa "central carioca do cinema brasileiro" faz parte do fenômeno no qual Mauro está incluído como peça fundamental.

O livro de Paulo Emilio não se empenha na mitificação de um autor nacional, na glorificação de um mestre esquecido do subdesenvolvimen-

---

35. Parte dessa documentação encontra-se nos arquivos da Cinemateca Brasileira, enquanto que a outra metade faz parte do acervo da Cinédia.

36. O termo é de Ismail Xavier em *Sétima Arte: Um Culto Moderno* (São Paulo, Perspectiva, 1978).

to, não se esforça por atribuir a ele a paternidade do cinema moderno, como o fez o Cinema Novo e especialmente Glauber Rocha. As razões de Glauber são diversas das de Paulo Emilio. Quando o jovem realizador elege Mauro como pater do cinema brasileiro moderno, ele se refere a Humberto Mauro de maneira genérica, sem se deter na filigrana, visto que seus propósitos são constituir uma tradição, daí o caráter de manifesto de seu livro[37]. E os exemplos da objetividade crítica de Paulo Emilio aparecem ao longo de todo o livro, destacando técnicas fílmicas, descrevendo invenções, cenas e caracterizações. Não há em nenhum momento um rompante nacionalista, um ufanismo que busque alçar Mauro aos píncaros dos mestres do cinema mundial, não há nada do gênero. O notável no estudo é a descrição minuciosa do material, e as observações críticas sempre partem dele, sem se deixar contaminar por discursos de segunda mão. A tônica parece ser mesmo a do perito interessado menos na teoria ou na história estabelecida do que na prática da arte[38]. Um caso é a descrição da "garrucha que pende" em *O Tesouro Perdido*. Quando Pedrinho, o herói da fita, invade a choupana de Manoel Faca e dispara contra o outro vilão, o Dr. Litz, vemos apenas a arma e depois o facínora caindo. Não vemos o disparo. Rigoroso na descrição e cauteloso na interpretação, o crítico afirma:

> Baseados exclusivamente nas cópias deterioradas de *O Tesouro Perdido* que chegaram até nós, é exatamente assim que os acontecimentos se processam, isto é, não testemunhamos o momento exato em que Pedrinho atira como também não há imagens do bandido recebendo o impacto do tiro. Quando a garrucha pende da mão o tiro já partiu e o movimento seguinte do vilão é de quem já recebeu a bala: estaríamos assim diante de uma elipse bastante requintada num tempo em que se aguçava o gosto pelo ato de atirar e pela

---

37. Para uma análise de *Revisão Crítica do Cinema Brasileiro*, cf. a introdução de Ismail Xavier à segunda edição do livro pela CosacNaify (2002).
38. Tomo emprestado a noção de "perito" de Gilda de Mello e Souza, que discutirei em seguida.

reação da vítima no instante da penetração da bala. Mas é possível que nos enganemos (pp. 164-165).

Alguém apressado em descobrir um gênio brasileiro encontraria nessa elipse um invento sem precedentes na história do cinema. E nosso crítico, bem poderia ver na cena um sinal de "incompetência criativa em copiar"[39], mas a prudência e a humildade diante de seu objeto simplório certificam mais uma vez a argúcia. Três décadas depois, a prudência da frase "mas é possível que nos enganemos", faz com que reconheçamos que, de fato, o crítico se enganava ao ver nos planos da garrucha uma inovação maureana. O historiador norte-americano Tom Gunning, ao descrever o contexto econômico dos filmes realizados por Griffith na companhia produtora Biograph, ressalta uma sequência de *The Usurer* (1910) em que o mesmo procedimento é utilizado: uma elipse de um disparo cuja intensificação dramática é maior com a interrupção da ação[40]. E, como muitos dos procedimentos sistematizados por Griffith, este também foi rotinizado pelo cinema narrativo norte-americano.

Quando decide se concentrar no trabalho de Mauro, Paulo Emilio está diante das grandes obras do cinema brasileiro moderno, mas opta por um cineasta que incorpora os rudimentos do cinema clássico, assumindo com isso a precariedade como parte constitutiva desse cinema. E a precariedade é o que é. No caso de Mauro, a precariedade não se refere apenas ao material, mas a sua própria escassez, que impõe ao crítico desafios de ordem variada.

39. O termo é utilizado para caracterizar a vontade de imitar o original (no sentido de obra primeira e não obra superior) estrangeiro, mas na impossibilidade de transpor tal qual uma expressão, em razão do "problema de filiação de textos e de fidelidade de contextos" (Antonio Candido) o artista brasileiro termina por fazer uma cópia (no sentido de obra segunda), que em alguns casos é bem sucedida por marcar diferenças e ampliar significados (cf. Paulo Emilio Salles Gomes, "Cinema Trajetória no Subdesenvolvimento", *Argumento*, n. 1, out. 1973).

40. Tom Gunning, "Weaving a Narrative Style and Economic Background in Griffith's Films", em Thomas Elsaesser e Adam Barker, *Early Cinema – Space, Frame, Narrative*, London, British Film Institute, 1990, p. 355.

COLEÇÃO POLÍTICAS CULTURAIS

1.3 A CENTRAL CARIOCA DO CINEMA BRASILEIRO

Cinearte (1926-1942) é um desdobramento de *Para Todos...*, ambas publicações do grupo de *O Malho*, cuja edição de uma série de revistas de alcance popular o faz "[...] ser considerado como a primeira indústria cultural brasileira" (p. 455). Enquanto a segunda é um periódico mais amplo, voltado especialmente para as manifestações literárias, a primeira é fruto da transformação do cinema em fenômeno de massa. Já em seu primeiro ano *Cinearte* congrega as duas penas mais importantes da crônica de cinema da capital federal: Adhemar Gonzaga, que já era colaborador de *Para Todos...*, e Pedro Lima, antigo articulista de *Selecta*. Os dois críticos desenvolvem uma campanha inédita em favor do cinema brasileiro, cujo *slogan* era "Todo filme brasileiro deve ser visto". Junto com esse engajamento há o policiamento moral e estético da produção. *Cinearte*, muito voltada para o cinema norte-americano, apesar da atenção ao cinema europeu, participa diretamente do mercado cinematográfico e procura definir sua orientação como um todo. Em razão de sua vasta rede de distribuição, sua editoração moderna, com muitas ilustrações e textos ligeiros, a revista se transforma (especialmente no período de 1926 a 1930, quando sua periodicidade é semanal) no principal veículo de divulgação do cinema no Brasil. Como meu intento aqui é destacar apenas sua função dentro da argumentação de Paulo Emilio limito-me a uma descrição sumária de alguns aspectos[41].

Com um discurso supostamente imparcial, *Cinearte* aborda o cinema em suas diversas propostas nacionais, mas o destaque vai para Hollywood, como modelo a ser seguido. A crítica orienta, faz comentários, sugere e censura sempre tendo em vista a referência da grande produção industrial. O espaço exclusivo para o cinema brasileiro é pequeno mesmo se muito significativo do ponto de vista histórico. Engajada na divulgação do cinema norte-americano como modelo, *Cinearte* ao mes-

---

41. Para uma descrição mais aprofundada de sua intervenção e de sua ideologia cf. Ismail Xavier, *Sétima Arte: Um Culto Moderno*.

60

mo tempo centraliza o debate do cinema brasileiro, julgando a produção local, aproximando os realizadores dispersos pelo território nacional e criando referências comuns. A posição da revista é sem dúvida de "patrocínio e patronato" (p. 305) do cinema que a duras penas se manifestava. No princípio da campanha de *Cinearte* em prol do filme brasileiro, o dado local, a paisagem, o tipo humano, os elementos que remetiam à dinâmica da sociedade brasileira, tudo isso era visto positivamente como um "aspecto característico". Mas com a imersão na estética desenvolvida por Hollywood, com seus ambientes burgueses e uma caracterização cristalizada das personagens (o estrelismo), os redatores de *Cinearte* buscam promover um cinema urbano e luxuoso cada vez mais livre da referência imediata às mazelas sociais que se via (e se vê!) ao se dobrar a esquina.

> Ora vejam se até não tem graça deixarem de filmar as ruas asphaltadas, os jardins, as praças, as obras de arte etc, para nos apresentarem aos olhos, aqui, um bando de cangaceiros, ali, um mestiço vendendo garapa em um purungo, acolá um bando de negrotes se banhando num rio, e cousas desse jaez (p. 310).

O texto não deixa dúvidas sobre o conservadorismo estético que se traduz em verdadeiro racismo ao longo da revista. A confusão é generalizada e não há uma linha definida na campanha pelo cinema brasileiro. As dificuldades de se erigir um cinema industrial no Brasil ora se deve à amoralidade de alguns cineastas, ao mau gosto de outros que insistem em filmar documentários, quando a norma a ser seguida é o filme de enredo. Até os projecionistas são inculpados pelo fracasso do filme brasileiro junto ao público. Porém, é burrice ver no empenho de Adhemar Gonzaga e Pedro Lima apenas ilusão e falsa consciência; pelo contrário, em seu tempo, eles foram os responsáveis por formular as questões e refletir sobre elas sem qualquer amparo de pesquisas ou balanços gerais.

Adhemar Gonzaga e Pedro Lima aprenderam tudo na raça, tendo como referência maior o cinema norte-americano e criticando os filmes brasileiros que lhes chegavam aos olhos. A vontade de orientação, a perseverança em acompanhar determinados autores e a descoberta de Mauro já tornaria o esforço desses pioneiros em objeto de interesse para o historiador do cinema brasileiro. Mas eles fizeram mais ainda, pois enquanto comentavam determinado realizador brasileiro eles o incluíam no grupo dos interessados em cinema no país e ajudavam a esboçar uma tradição.

A leitura cuidadosa dos comentários suscitados por *Do Rio a São Paulo para Casar* (1922), *A Gigolette* (1924), *O Segredo do Corcunda* (1926), *Paulo e Virginia* (1924), *Hei de Vencer* (1924), *O Dever de Amar* (1925), *A Esposa do Solteiro* (1925) e *Quando Ellas Querem* (1925) permite assistir às etapas do lento e difícil processo de penetração nos problemas estéticos. [...] O processo vivido era harmonioso pois esses filmes, produzidos no Rio, em São Paulo e Minas, de 1923 e 1926, ao mesmo tempo que ofereciam oportunidade para os críticos esclarecerem ideias para si próprios e seus leitores, significavam juntamente com algum outro campineiro, pernambucano ou gaúcho – apesar da precariedade de todos – os marcos do renascimento do cinema brasileiro de enredo (p. 325).

Nesse sentido, *Cinearte* se constitui como uma espécie de esfera pública em forma reduzida ou doméstica do cinema brasileiro. Me parece evidente como a revista ocupa um lugar central no livro, o que afasta inteiramente a ideia de uma biografia parcial de Mauro. E também põe por terra a falsa conclusão de que o livro se organiza de maneira maniqueísta, tendo de um lado Cataguases e, de outro, a revista. Ambos compõe um movimento em que se destaca a obra de Mauro que, apesar da precariedade organiza o influxo externo para melhor vislumbrar o influxo interno, para usar aqui os termos de Machado de Assis. O que temos com Humberto Mauro, Cataguases e *Cinearte* é a constituição de um processo onde a obra do cineasta se sobressai pelas razões históricas e estéticas que apontamos acima. O que se vê ao longo do livro de Paulo Emilio é o delineamento dessa situação histórica, desse processo, desse... desse... sistema cinematográfico, que ultrapassa as manifestações isoladas para centralizar o debate e promover a interrelação. Quando comenta os aspectos singulares de um projeto inacabado como *Os Três Irmãos* (1926), Paulo Emilio chama atenção para o fato de que esse tipo de melodrama não encontra relação com o que se fazia na época no cinema mundial. O paralelo mais evidente é com *O Valle dos Martyrios* (1927), de Almeida Fleming e *A Filha do Advogado* (1926), de Jota Soares. Entretanto, a conexão entre esses filmes não evidencia uma comunicação orgânica que se constitui como diálogo e referência. Diz o crítico:

> O aparecimento em *O Valle dos Martyrios* e *A Filha do Advogado* dos ingredientes mais típicos de melodrama que continha *Três Irmãos* – mortes falsas e substituição de identidade através de barbas – indicam como essas obras pertencem à mesma família cultural. O interesse pelo fenômeno aumenta quando lembramos que os grupos de Cataguases, Ouro Fino e Recife se ignoravam, uns nunca assistiam aos filmes dos outros e muito menos tomavam conhecimento de projetos frustrados. Os grupos ilhados começavam cada um *de per se* a estabelecer contatos com a central carioca do cinema brasileiro encarnada em Adhemar Gonzaga e Pedro Lima, mas em 1925-26 esse conjunto de relacionamentos ainda não constituíra a tessitura cultural comum que só existiu algum tempo depois, no ápice da campanha sistemática da revista *Cinearte* em favor do cinema brasileiro. Em 1925-26 *Os Três Irmãos*, *O Valle dos Martyrios* e *A Filha do Advogado* eram em seus extremos melodramáticos a expressão de uma cultura local retardada, nada devendo sob esse aspecto aos filmes estrangeiros, mesmo porque os eventuais enterrados vivos ou as barbas da vanguarda francesa e alemã não chegavam até aqui (pp. 91-92).

É evidente que a vontade de compreender um processo é o norte do livro e o papel de *Cinearte* é fundamental para se entender sua configuração particular e os limites dessa vontade de fazer cinema brasileiro, que estabelece tantos compromissos com o mercado cinematográfico norte-americano. Não é preciso lembrar quem eram os principais anunciantes de *Cinearte*. Essa atenção para o debate público na imprensa parece ser um traço no tipo de método desenvolvido por Paulo Emilio. Tomo aqui ao pé da letra a noção de método, que em seu sentido etimológico significa procura. A atenção para o debate público e a participação da imprensa já aparece em Paulo Emilio em seu estudo sobre Jean Vigo. No primeiro capítulo do livro francês[42], concluído em 1952, que depois se transformou no estudo *Vigo, Vulgo Almereyda*[43], temos também a reflexão sobre a consolidação de uma imprensa do movimento operário francês. Claro, a função principal do capítulo não é descrever o papel da imprensa revolucionária na III República francesa, e sim delinear a figura histórica do anarquista Miguel Almereyda para se entender sua presença na imaginação de Jean Vigo mas, ao longo do livro, percebemos o tipo de intervenção que ameaçava o poder estabelecido e que vai se configurando como uma "contra-esfera pública"[44], mesmo se depois o impulso revolucionário se abranda e se converte em seu contrário.

Anos depois, já durante a feitura do doutorado, Paulo Emilio realizou três panoramas, com o intuito claro de balizar o debate sobre a história do cinema brasileiro, mas direcionados a diferentes públicos. Esses panoramas, resultados do desempenho em sala de aula, são esquemas didáticos, mas dada a indigência dos estudos históricos do cinema brasileiro eles permanecem ainda hoje como as principais abordagens sobre o tema, e são considerados por alguns como pilares de uma "historiografia clássica". O nome é um tanto pomposo, e para mim eles são apenas esboços

---

42. O livro foi publicado originalmente em francês apenas em 1957, pela Seuil.

43. *Vigo, Vulgo Almereyda* é a versão original do primeiro capítulo do estudo sobre Jean Vigo, que não foi incluída no livro publicado. Décadas depois, o texto foi redescoberto por Olga Futemma, que pacientemente reuniu página por página enquanto organizava o arquivo pessoal de Paulo Emilio. *Vigo, Vulgo Almereyda* foi recolhido por Carlos Augusto Calil, que acrescentou notas históricas de Edgar Carone e o publicou pela Edusp em 1990. Para mais detalhes, ver capítulo V.

44. Para uma crítica da noção de "esfera pública clássica" cf. Terry Eagleton, *A Função da Crítica*, São Paulo, Martins Fontes, 1991. No âmbito de nossa discussão, o trabalho de Mirian Hansen traz contribuições importantes para se entender como o próprio cinema forma uma "esfera pública antagônica". Inspirando-se na crítica de Oskar Negt e Alexander Kluge ao conceito estabelecido por Habermas, a autora destaca o cinema da primeira década do século XX, um cinema voltado para o público norte-americano recém-imigrado, como uma espécie de contraposição à "esfera pública industrial-comercial" (cf. Miriam Hansen, *Babel & Babylon: Spectatorship in American Silent Cinema*, Cambridge, Harvard University Press, 1991).

de uma história do cinema brasileiro, e aqui interessam por destacarem o decênio de 1920 como um período importante em que a produção, até então caracterizada por manifestações isoladas, passa a ter mais organicidade. Em *Pequeno Cinema Antigo*, o crítico é mais explícito ao afirmar que

> Paulatinamente esses diversos grupos estabelecem contatos através de jornalistas do Rio e de São Paulo que se interessam de forma militante pelos nossos filmes, delineando-se assim, pela primeira vez, uma *consciência cinematográfica nacional*. Um ou outro diretor consegue trabalhar com certa continuidade. Há uma progressão orgânica de filme para filme e surgem obras que atestam um incontestável domínio de linguagem e expressão estilística[45].

Como se vê, a escolha de Mauro se deve ao encaixe de uma situação mais ampla, que não se restringe ao juízo de gosto do crítico. É por ser peça importante no adensamento do debate do cinema brasileiro que Mauro se torna o centro dessa história. O aparecimento de uma crítica consciente, que anseia por um cinema nacional, e o reconhecimento de pares por parte dos cineastas engendra uma tradição que promove o avanço artístico dos filmes. Mas para que essas observações deixem de ser generalidades, hipóteses construídas a partir de uma consulta parcial aos documentos, é necessário que se reconstitua toda uma época,

---

45. Paulo Emilio Salles Gomes (1969). "Pequeno Cinema Antigo", p. 31, *Cinema: Trajetória no Subdesenvolvimento*, Rio de Janeiro, Paz e Terra/Embrafilme, 1982. Outro plano geral é *70 Anos de Cinema Brasileiro* (1966) e o último é *Panorama do Cinema Brasileiro* (1970). O primeiro é uma intervenção na revista italiana de cultura *Aut Aut*. O texto apresenta dados da história do cinema brasileiro e o papel do imigrante italiano. O segundo e o terceiro, com pequenas diferenças em torno de datas e sentenças, são praticamente o mesmo texto. O segundo é um panorama de divulgação feito para compor um álbum distribuído em bancas de jornal. Além do texto de Paulo Emilio, a publicação contém imagens preciosas advindas do acervo de Adhemar Gonzaga. Já o terceiro é um manual para alunos de graduação da ECA-USP. Apesar da brevidade e dos públicos sem familiaridade com a história do cinema brasileiro, esses textos destacam um termo marcante no subdesenvolvimento: "as decadências prematuras", que impedem o contato entre as diferentes fases do cinema brasileiro, o que impossibilita a criação de uma tradição e uma continuidade.

em primeiro lugar o ambiente provinciano que permitiu o surgimento do cineasta e depois sua relação com o meio cinematográfico da capital. Após a descrição desses dois momentos, surge uma dialética psicossocial em que Cataguases não é sinônimo de pureza nacional, e *Cinearte* tampouco é a corrupção cosmopolita. A filigrana da investigação revela os matizes dessa relação tensa, em que até as dificuldades na escrita dos redatores de *Cinearte* se convertem em dado positivo em razão do modesto meio cinematográfico local. Definitivamente, não se trata de uma interpretação ligeira, de um esquema fácil, para se enquadrar Mauro e seus filmes. Questionado no lançamento do livro sobre toda a obra do cineasta o crítico respondeu: "A vida e a obra de Humberto Mauro é assunto demais para uma pessoa só. Eu sou especialista no assunto até 1930, só". Ao que o entrevistador complementa: "O comentário é seguido de uma gargalhada"[46].

Apesar da gargalhada, Paulo Emilio deixou algumas viúvas encarregadas de investigarem toda a carreira de Mauro.

A embocadura do livro de Paulo Emilio sobre Mauro supera a concentração exclusiva dos filmes produzidos em Cataguases, não se trata de enfocar um único "ciclo". A noção de ciclo foi convencionada pela historiografia para construir uma periodização e o próprio Paulo Emilio recorreu à ideia em seus panoramas. Entretanto, se lermos com mais calma esses trabalhos introdutórios, veremos como a velha noção de ciclo (na natureza, na sociedade e na cultura), que Focillon trouxe e desenvolveu para a história da arte, tem um sentido preciso em Paulo Emilio. Nesses panoramas, o ciclo, a época, a fase, o surto, todos expõem uma ideia de descontinuidade como marca indelével de todo o processo; são as já mencionadas "fases de decadência prematura". Lendo os panoramas de Paulo Emilio, mais do que a descontinuidade, o que parece marcar essa história é a interrupção, o estancamento, o fim abrupto que impede o acúmulo e impõe o recomeçar. E se essa história está sempre recomeçan-

---

46. Paulo Emilio Salles Gomes, "O Cinema de Mauro por um Doutor em sua Obra", *O Globo*, 30.4.1975. Entrevista concedida a João Resende.

do, o que dá a impressão de fixidez, é possível uma síntese que abarque os fenômenos, desde que a escolha recaia em um ponto determinado e significativo[47].

É preciso frisar que, nos dias que correm, o abandono de uma visada totalizadora como esta abriu espaços para recortes mais circunscritos, descritos em sua filigrana. Ou seja, com o abandono de uma perspectiva ampla, que buscava entender o passado e apresentar suas conexões com o tempo presente, o exercício da história do cinema brasileiro se tornou um exercício de erudição.

1.4 A CARREIRA DA OBRA

Na época de seu lançamento, *Humberto Mauro, Cataguases, Cinearte* foi alvo de inúmeros comentários, resenhas e artigos. Os elogios se dividem em duas frentes, na grande imprensa (na pequena apenas um) e no meio acadêmico. Vejamos primeiro a recepção jornalística, que configura um acolhimento do livro um tanto esquemático, com o tom geral sendo de exaltação pela recuperação de um pioneiro esquecido, de um cinema artesanal, bem brasileiro, pobre e criativo[48]. Dos vários comentários destacam-se a insistência no caráter inacabado da emprei-

---

47. "Mas como resolver o problema da síntese? Uma única vida parece curta demais para sequer alcançar as condições preliminares. O trabalho em grupos organizados, tão útil para outros fins, não oferece aqui uma saída. A síntese histórica que temos em mente, apesar de só fazer sentido quando fundada sobre o entendimento científico do material, é um produto da intuição pessoal – logo, só podemos esperá-la de um indivíduo. Levada à perfeição, ela é simultaneamente um feito científico e uma obra de arte. Até mesmo a descoberta de um ponto de partida [...] é fruto da intuição; e a realização final é um processo criativo que deve ser unitário e sugestivo se quiser alcançar o que se espera dele". Erich Auerbach, "Filologia da Literatura Mundial", *Ensaios de Literatura Ocidental*, São Paulo, Duas Cidades/Editora 34, 2007.

48. Inúmeros são os textos de imprensa. Grande parte apenas divulga o livro e resume a grosso modo seu assunto. Além dos textos comentados, lê-se com interesse: Iglesias Francisco, "Primeiro Tempo de Humberto Mauro", *Suplemento Literário*, Belo Horizonte, 16.11.1974; José Carlos Avellar, "Cataguases, Cinearte e Nós", *Jornal do Brasil*, 20.4.1974; Antonio Lima, "Em Livro, a Audácia de Ser Mauro", *O Jornal*, 27.4.1974; Acyr Castro, *Na Área Estética, uma Tese sobre Cinema Brasileiro*, s.d. (depositado na Cinemateca Brasileira: PE/HE. 0676).

tada (apenas parte da carreira do cineasta) e a perda da inocência com o advento de *Cinearte*. Essas parecem ser as duas principais conclusões gerais da gama de comentadores. O primeiro deles foi o crítico cultural da *Folha de S. Paulo*, Nogueira Moutinho, que se entusiasmou com *Humberto Mauro, Cataguases, Cinearte*, considerando-o um marco para o cinema brasileiro. Moutinho voltou ao livro pelo menos duas vezes. Na primeira oportunidade, quando da defesa do doutorado, comparou o método do livro ao do estudo sobre Jean Vigo, que ganhava na época uma tradução inglesa. A atenção ao pormenor, a erudição e o amor são expressões usadas pelo comentador para caracterizar o livro. Para ele, o "ensaio de Paulo Emilio Salles Gomes está para a história do cinema brasileiro assim como a *Formação da Literatura Brasileira* de Antonio Candido está para nossos estudos literários, ou o *João Caetano* de Décio de Almeida Prado está para a história de nosso teatro: é a resposta coletiva que a geração de *Clima* profere, trinta anos depois, ao desafio que na mocidade suscitou a sua aglutinação"[49]. Apesar do acerto da observação sobre o grupo, que com os livros mencionados consolida um trabalho coletivo acadêmico, há que se ter proporções na comparação com o livro monumental de Antonio Candido, e com o estudo de Décio de Almeida Prado, uma biografia bem documentada em seu caráter tradicional. Em seu segundo artigo, a sensibilidade literária do erudito, que notaria em seguida a originalidade das *Três Mulheres de Três Pppês*[50], registra de passagem o cuidado com a escrita.

> Porque há um aspecto que me parece não haver sido suficientemente enfatizado no "caso" Paulo Emilio Salles Gomes. Refiro-me à grandeza do escritor que há no crítico. Dono de um estilo que adere limpidamente aos temas, isento de qualquer jargão esoterisante, antes revelador em alto grau das reflexões e das tensões, Salles Gomes exerce sobretudo o discernimento intelectual nas suas formas mais poderosas e sutis[51].

49. Nogueira Moutinho, "A Revelação dos Gênios", *Folha de S. Paulo*, 26.11.1972.
50. *Idem*, "Três Mulheres do Sabonete Araxá", *Folha de S. Paulo*, 29.5.1977.
51. *Idem*, "P. E. Salles Gomes: Humberto Mauro", *Folha de S. Paulo*, 28.4.1974.

A respeito da atenção à minúcia, aparece no artigo a menção a Proust, que já fora referido duas vezes na defesa do doutorado.

Muitos foram os articulistas que se dedicaram ao livro e seria enfadonho repetir aqui seus argumentos e louvações, como os do veterano do Chaplin Club, Octavio de Faria, que lamenta o fato do livro se deter apenas na primeira parte da carreira de Mauro e de não ter tido "toda a repercussão que indiscutivelmente merecia"[52]. Uma resenha mais aprofundada é a de Wilson Martins[53]. Mesmo assim, o comentário do crítico literário permanece na dúvida sobre a escolha de Mauro. "Se leio corretamente nas entrelinhas, Salles Gomes prefere, por motivos, digamos, de autenticidade nacional e espiritual, o tosco, aliás, anacrônico primitivismo de Humberto Mauro ao programa internacionalizante e industrialista de Adhemar Gonzaga [...]." Além disso, chama o estudo de "biografia profissional" e opõe Cataguases e *Cinearte*. "A tese de Salles Gomes é a de que Adhemar Gonzaga foi uma força descaracterizadora e inautentificante na evolução cinematográfica e, por isso, mesmo, espiritual." A recepção na imprensa insistiu na "biografia incompleta", "um estudo bem escrito" e um "lamento nacionalista pelo aburguesamento do cineasta".

A recepção acadêmica foi mais diversificada, com avaliações de aspectos relevantes e sugestões importantes para se entender a surpresa com o livro singular. Começo por um artigo inédito de Ismail Xavier, que na época do lançamento do livro, quando o contrato de Paulo Emilio com a USP ameaçava ser rompido por razões obscuras, realizou um depoimento a ser incluído num livro, caso o afastamento se concretizasse[54]. Diante da ameaça, Paulo Emilio colocou a boca no trombone, o afastamento não saiu e o texto permaneceu na gaveta. Apesar de não ter sido divulgado,

---

52. Octavio de Faria, "Paulo Emilio e o Cinema Brasileiro", *Última Hora*, 27.11.1974. Octavio de Faria além de literato, autor de *Tragédia Burguesa*, participou da experiência do Chaplin Club que, entre outros, tinha como participante Plínio Sussekind Rocha, o "mestre Plínio" que introduziu Paulo Emilio na estética do cinema e de quem o crítico sempre se disse discípulo.

53. Wilson Martins, "De Cataguases a Cinearte", *Jornal do Brasil*, 16.11.1974.

54. Agradeço a Ismail o relato do episódio e a indicação do texto.

trata-se de um documento curioso a respeito do impacto de *Humberto Mauro, Cataguases, Cinearte* sobre uma geração infectada pelo "sarampão estruturalista". Para Ismail, o livro é a culminância do processo de desenvolvimento dos estudos de cinema no Brasil, nos quais Paulo Emilio se destaca pela obra e pelo empenho, organizando os Encontros de Pesquisadores do Cinema Brasileiro (o primeiro encontro data de 1969), que em 1974 foi incluído na Sociedade Brasileira para o Progresso da Ciência, quando esta concentrava o debate em torno do conhecimento nacional. Foi num dos encontros desses pesquisadores que surgiu o Centro de Pesquisadores do Cinema Brasileiro. Além da conexão com o estado da pesquisa sobre o cinema brasileiro, o pequeno texto de Ismail traz uma interpretação mais aprofundada de *Humberto Mauro, Cataguases, Cinearte*, rompendo com a oposição redutora entre o meio e a revista. Para o jovem pesquisador, o estudo tem dois movimentos internos: um evolutivo, no aspecto técnica/competência/domínio dos recursos; outro contraditório, no aspecto estético/ideológico/vital. A relação dialética resulta em concentração do debate cinematográfico, mas também em empobrecimento, na medida em que promove um tipo exclusivo de estética. O que salta aos olhos de Ismail é a investigação "[...] a partir de dados concretos e documentação em torno de algo que nos diz diretamente respeito, ajudando a quebrar o círculo vicioso de delimitações abstratas com base somente em conceitos gerais, sejam da revista *Communications*, da Escola de Frankfurt ou da sociologia funcionalista". Para alguém até então habituado à análise teórica de corte estruturalista, o retorno ao concreto promovido pelo livro de Paulo Emilio impressionaria de maneira positiva, sem nunca marcar profundamente.

Outros comentários saíram da própria banca examinadora, composta por Walnice Nogueira Galvão, Ruy Coelho, Alfredo Bosi e Francisco Luiz de Almeida Salles, além da orientadora Gilda de Mello e Souza, que fez um depoimento importante sobre o companheiro de geração. Na arguição, transformada em artigo alguns anos depois, Gilda de Mello e Souza destaca o papel do amigo para o contato com as grandes obras do cinema, que na seção da revista *Clima*, como todo o grupo, preferia a análise das obras ao invés da discussão teórica abstrata, e o que particularizava o crítico era que nele, essa preferência, se tornava um *estilo*[55]. Outro aspecto de Paulo Emilio, lembrado por D. Gilda é seu gosto pela mediania, pelos artesões, pela expressão não-consagrada. Neste sentido, Paulo Emilio se aproximaria do "perito" descrito por Lionelo Venturi. "Mas o que é o perito?", pergunta a autora para responder em seguida:

> [...] é o homem cuja carreira deriva menos de um sistema ou teoria, que da prática da arte. Possui conhecimento exaustivo de um período dado, em cujo contexto focaliza a obra; sabe confrontar e distinguir, de modo crítico, a *escola*, a *personalidade*, o *estilo* do artista; tem por objetivo final estabelecer ou retificar através da análise comparada, do cotejo estilístico, a atribuição.

De fato, essa disposição parece se aproximar bastante do método que vimos descrevendo até aqui. Porém, me parece que o "método" de Paulo Emilio possui particularidades conforme o momento (*Clima, Jean Vigo, Humberto Mauro*), fato que a autora não ignora evidentemente, e que a concentração em Mauro se deve não exclusivamente ao intuito de revelar com exatidão um realizador desconhecido e sim pensar a história do cinema brasileiro em um momento de concentração de suas "constantes estruturais", para usar e deslocar o termo de José Antônio Pasta Jr. Por fim, a autora passa em revista a descrição que Paulo Emilio faz dos aspectos históricos e fílmicos, sem mencionar uma única vez o nome de *Cinearte*. Para o olhar da analista das artes plásticas, o estilo de Paulo Emilio revela um investigador atento ao pormenor, sem deixar de lado

55. "A revista é eclética e, no início, sem muita unidade, mas seus colaboradores mais chegados apresentam uma característica comum: fazem uma crítica apoiada na análise das obras e não na discussão das posições teóricas. Isso é verdade mesmo no caso da seção de cinema que, embora sendo a mais inovadora, só discutia os problemas de montagem, enquadramento, ritmo da imagem, valor expressivo do *close-up* – conceitos muito em voga na época – se estes decorressem da análise de um filme determinado", Gilda de Mello e Souza, "Paulo Emilio: A Crítica Como Perícia", *Exercícios de Leitura*, São Paulo, Duas Cidades, 1980. A afirmação precisa ser matizada, pois relendo hoje os escritos de Paulo Emilio em *Clima* encontramos um forte gosto pelos teóricos da vanguarda.

sua verdade histórica. Para isso, ela recorre às definições do editor francês que definira na orelha o jeito crítico de Paulo Emilio: "paciente como um explorador, metódico como um egiptólogo, desconfiado como um detetive e sutil como só ele".

Outros dois documentos foram produzidos na defesa do doutoramento de Paulo Emilio. O primeiro deles que destaco permanece em estado de manuscrito (depositado na Cinemateca Brasileira) e foi realizado por Almeida Salles. O célebre crítico de cinema é outro companheiro da geração *Clima*, com contribuições poéticas na famosa revista, apesar das diferenças políticas, como se sabe Almeida Salles foi integralista. No texto em questão, a arguição de Almeida Salles, com seu estilo de bacharel, destaca a originalidade do estudo, sua interdisciplinaridade e o rigor detalhista que, do alto de sua erudição, o crítico do *Estado de S. Paulo* e grande defensor da Vera Cruz também qualifica de "proustiano". O julgamento tão favorável reflete a proximidade com o arguido, seja na defesa incondicional da Cinemateca Brasileira, seja na divulgação nacional e internacional do cinema brasileiro.

Outro arguidor, Alfredo Bosi[56], foi mais incisivo e suas observações são estimulantes, na medida em que tocam em aspectos importantes do estudo, mesmo se de um ponto de vista turvo, o que me fornece a possibilidade de repassar argumentos e concluir o capítulo. Para Bosi, o aspecto imaginativo da tese de Paulo Emilio toma conta de toda a descrição de Mauro e dos filmes, e mais uma vez a referência nobre ao nome de Proust parece enquadrar o estilo de nosso autor. Não se trata unicamente de recorrer à *evocação* para recuperar um passado desprezado pela história dos vencedores, mas rico em significados históricos. A maneira como se dá essa evocação, inspirada no estilo de Mauro, escolhendo um tipo de prosa aparentemente tradicional que reagrupa os materiais trazidos pelo cineasta, rearticulando-os de maneira que evidenciem a verdade da melancolia de Mauro, sua fixação em uma "época de ouro", fixação que diz muito sobre um mundo destruído por uma moderniza-

---

56. Cf. Alfredo Bosi, "Arguição a Paulo Emilio", *Discurso*, n. 8, 1978.

ção perversa, essa recuperação ultrapassa o jogo simbólico para articular um raciocínio histórico.

O crítico literário também louva o tipo de descrição do fundo histórico, ressalta a maneira como se dá a articulação de subjetividade e contexto e, mais uma vez, atribui outra referência enobrecedora: Sartre. Apesar de destacar o valor e a importância das "primeiras setenta páginas da tese", Bosi lamenta que os elementos apresentados no princípio do trabalho não se explicitem quando Paulo Emilio entra propriamente na análise dos filmes, cabendo ao leitor as conexões possíveis. Diz o arguidor:

> Se essa hipótese é também a sua, e se os episódios arrolados no início têm, na sua mente, uma função que vá além do anedótico, como creio firmemente que têm, então faltaria talvez à tese um pouquinho de insistência nesses nexos. O ceticismo em relação a todo discurso de causa-efeito, a aversão à linguagem probatória, me parece que foram levados um pouco longe; daí a impressão, injusta decerto, de um empirismo excessivo, de um descritivismo sem freio.

A crítica é nuançada, entre a admiração e o ímpeto de insubmissão, apesar de aguda e bem informada. Mas antes de verificarmos a validade da ressalva ao "descritivismo", a menção a Sartre merece desenvolvimento. Por duas vezes o filósofo é citado e o título mencionado é o *Baudelaire* (1947). A geração *Clima* não foi indiferente à coqueluche existencialista, especialmente Paulo Emilio, que acompanhou de perto as proposições do filósofo empenhado na revitalização do marxismo. Mas a conexão com o *Baudelaire* me parece recorrer a um Sartre errado, mas vivo na medida em que a origem desse estudo aponta para uma conexão mais produtiva. Sartre interessa a essa geração de críticos menos pelo seu trabalho teórico do que por sua tentativa de superação do marxismo vulgar e a pretensão de encontrar as mediações entre o concreto singular (a vida, a luta, a pessoa) a partir das contradições mais gerais. *Questão de Método* (1957) é uma referência incontornável para o pensamento de esquerda e seu "método progressivo-regressivo", certamente despertou interesse em quem discutia as possibilidades e manifestações de um socialismo mais heterodoxo de base marxista. No caso particular de Paulo Emilio, que já redigira seu *Jean Vigo* (este sim, influenciado por *Baudelaire*, assim como pelo *Da Vinci*, de Valéry), a reconstrução sintética de um todo revelado por uma de suas partes teria confirmado um caminho a ser desenvolvido. *Baudelaire* é uma das consequências, em que um aparato teórico, rico em analogias, procura desdobrar-se sobre o sujeito e a obra a partir de um momento biográfico de cisão, a famosa *fêlure* do poeta. Uma outra consequência, acredito que mais significativa, é um instante em que o singular é radicalmente entendido como um singular universal, que além do homem e da obra, abarca também a época. Por isso, pelo método e especialmente pela exposição singular, mais do que *Baudelaire* uma referência mais apropriada seria Gustave[57]. Mas, por dificuldades óbvias de transporte aéreo, isso não poderia ser uma conjectura do arguidor. Por isso, é melhor deixarmos de ilações e voltarmos para a ressalva ao "descritivismo".

Quando Bosi reclama do excesso de descrição e a ausência de um comentário, ele expõe seu incômodo com um tipo de investigação não probatória. Parece-me evidente que a descrição do ambiente de Cataguases auxilia em muito a compreensão dos primeiros filmes e cria uma espécie de substrato onde eles irão florescer. Isso é tão evidente, e é o próprio Bosi quem o afirma: "[...] elas [as primeiras setenta páginas da tese] falam de uma idade de ouro que ele [Mauro] irá tematizar direta ou obliquamente nos seus trabalhos de cineasta". O que desagrada ao crítico é a maneira como os dados históricos e sociais, recuperados pela investigação, não se evidenciam na descrição dos filmes. Ou melhor, como eles não são reiterados claramente por Paulo Emilio. Em minha opinião, não está em jogo o princípio evangélico apontado por Bosi do "quem tiver olhos, veja", e sim que a leitura exige um esforço de reflexão sobre cada dado levantado. O contexto não é apenas tematizado direta ou obliquamente, ele é incorporado pelos filmes, se transforma em dado estético e,

---

57. Ver Jean-Paul Sartre, *L'Idiot de la Famille*, Paris, Gallimard, 1971.

como vimos com a montagem alternada, ele incrementa a forma importada do cinema norte-americano e a transfigura. Não basta abrir bem os olhos, é preciso argúcia para acompanhar a investigação. Neste sentido, melhor seria uma outra máxima, mais jovem e mais laica: "não ensino, narro." Para que a conexão entre personagem e fundo se realize é preciso que o leitor mantenha sua atenção nos detalhes, pois neles residem elementos importantes para se entender o indivíduo Humberto Mauro, mas também as questões que o atravessam e para as quais Paulo Emilio está mobilizado.

Bosi não está atento ao debate específico e não vislumbra as funções do estudo para uma concepção da história do cinema brasileiro, enfatizando o momento específico de modernização ideológica e artística. Para ele, a modernidade de *Cinearte* e o tipo de modernismo "neopopular" de Mauro comporiam um modernismo mais abrangente, ampliando as facetas já bem estudadas da polêmica literária. Porém, o trabalho aponta para algo mais ambicioso, não exclusivo do momento histórico descrito; e o "jeito *Clima* de ser moderno" não é algo assim simples de ser descrito em um parágrafo[58].

Mais do que se concentrar no sujeito-autor, o interesse da investigação é o todo que atravessa os primeiros filmes de Mauro e envolve a revista *Cinearte*. A biografia é sempre vista com certo distanciamento. Não há a proximidade com o indivíduo como em *Jean Vigo*. Não há nunca uma intimidade maior, como se os dados pessoais tivessem um peso relativo para a tese geral do livro. Ao contrário do que acontece no livro sobre Jean Vigo, em que a descrição da infância e da adolescência do cineasta francês ocupa os primeiros capítulos e será importante para se entender o inconformismo do adulto, que retoma elementos da imagem idealizada do pai revolucionário, no livro sobre Humberto Mauro poucos dados de sua infância e adolescência são apresentados e ficamos conhecendo muito mais seu mundo social. Não se penetra em *Zero em Comportamen-*

---

58. Discutiremos no próximo capítulo as particularidades do grupo *Clima* e as dificuldades de um único enquadramento para essa geração de críticos tão diversos.

to sem a revelação da infância de Vigo, passada no anonimato da adoção de um nome postiço, sem a experiência severa do internato de Millau. Assim como não é possível se compreender a personagem do Pai Jules, em *Atalante*, sem retomar a imagem do adolescente Vigo investigando o passado de lutas de seu pai, o anarquista Miguel Almereyda. Instalado no filho, o pai é matéria-prima para os filmes. Em *Humberto Mauro, Cataguases, Cinearte* o enredo banal e o domínio dos rudimentos do cinema revelam uma realidade social em que a cultura popular ainda faz frente à indústria cultural, mas o processo é avassalador e de filme para filme há o domínio técnico na mesma medida em que há a domesticação da referência social. Não se trata de uma oposição entre um Brasil pré-burguês (Cataguases) e um país moderno (*Cinearte*), mas sim de uma tensão como elemento formador para Mauro, constituinte. É no contato com a referência do cinema norte-americano que o cineasta conseguirá simbolizar sua experiência de província. Por isso, não se trata de positivar um dos polos, e sim verificar o uso de técnicas modernas para representar um mundo arcaico, transformando assim as primeiras e revelando elementos inesperados do segundo. Enfim, uma fase de acúmulo, mas que não encontra desenvolvimento em razão de sua condição à reboque de uma realidade externa. Por isso, Paulo Emilio não é um "nacionalista por subtração", como Bosi parece supor, interessado no elemento "neopopular" soterrado por uma modernização perversa. Se assim fosse, o estudo de Paulo Emilio avançaria até a ruptura de Mauro com *Cinearte* e chegaria ao momento em que ele estuda a língua tupi, se torna o cineasta oficial do Instituto Nacional do Cinema Educativo, onde faz filmes como *Meus Oito Anos* (1956), retornando à paisagem e ao universo de *O Tesouro Perdido*. O processo Cataguases-*Cinearte* na formação de Mauro não é tão simples, mas marcado por recuos e avanços, e recuos novamente, conforme o ponto de vista assumido pelo cineasta dentro de uma estrutura definida por *Cinearte*. Repito, o resultado desse embate entre moderno e pré-moderno não é visto de maneira positiva mas crítica. *Cinearte* não pode ser reduzida a polo corruptor, já que como "central carioca do cinema brasileiro", a revista é decisiva para a formação de um circuito de recepção dos filmes de Mauro e também de difusão de ideias a respeito do cinema brasileiro.

Humberto Mauro, Cataguases, Cinearte apresenta um estimulante modelo para se pensar a história do cinema brasileiro, a partir de um ponto singular, a partir de um momento de acumulação. O leitor dos panoramas de Paulo Emilio sabe que a marca dessa história é interrupção abrupta e como cada fase começa sem aprender com os erros cometidos no passado. Por isso, compreender um dos raros momentos em que houve um aprendizado, em que uma consciência nacional cinematográfica se esboçou, apesar dos limites da condição de seus agentes, pode revelar questões caras a essa história de repetições[59].

É hora de expor com mais clareza a referência constante de *Formação da Literatura Brasileira* e sua avançada embocadura interpretativa, que aparece para Paulo Emilio como modelo a ser seguido. Nesse livro clássico, o Arcadismo e o Romantismo são destacados como "momentos decisivos" para a constituição de um sistema que congrega produtores, receptores e transmissores, formando assim uma tradição artística. Neste sentido, o Arcadismo e o Romantismo, tão diferentes entre si, possuem organicidade ao contribuírem para a coesão da literatura brasileira enquanto fato social e para explicitar uma lógica particular da experiência brasileira que congrega a referência cosmopolita com o dado local.

A noção de "formação" procura apreender um dinamismo específico, distante do tradicionalismo de uma história geral que arrola de maneira erudita fatos e nomes. Esse modelo de investigação estética e social, que destaca determinado período para extrair consequências mais gerais, se relaciona com uma tradição crítica de interpretação do Brasil e remete à

---

59. "Se subordina os fatos anedóticos à totalidade (de um movimento, de uma atitude), é através deles que quer descobri-la. Em outras palavras, dá a cada acontecimento, além de sua significação particular, um papel de revelador: já que o princípio que preside a pesquisa é o de procurar o conjunto sintético, cada fato, uma vez estabelecido, é interrogado e decifrado como parte de um todo; *é sobre ele*, pelo estudo de suas insuficiências e de suas "sobre-significações" que se determina, a título de hipótese, a totalidade no seio da qual reencontrará sua verdade", Jean-Paul Sartre, *Questão de Método*, trad. Bento Prado Jr., São Paulo, Difusão Europeia do Livro, 1966.

linhagem do ensaio histórico-sociológico retomado no período modernista, em que se prioriza a síntese e a interpretação da cultura brasileira a partir de uma perspectiva não-especializada de uma escrita que mescla criação literária e pesquisa científica. Na tese de Paulo Emilio, *Cataguases e Cinearte na Formação de Humberto Mauro*, o termo está relacionado com a figura de Humberto Mauro, mas como o que está no indivíduo também está na sua época, é possível inferir daí que se tratava de uma menção a uma tradição crítica, que nosso autor fez questão de excluir na passagem de tese para livro, pois o termo pode ter-lhe sugerido problemas de método. Vejamos como a história do cinema brasileiro, a partir do caso Mauro, coloca algumas questões para o sentido da formação.

Vale lembrar que em *Cinema: Trajetória no Subdesenvolvimento* esses momentos de acumulação, em que o ocupante se solidariza com o ocupado, eles não são a regra. Em um debate, Antonio Candido resume o impasse do texto de Paulo Emilio ao qual está sujeito qualquer intelectual atento às idiossincrasias da experiência brasileira. Para ele,

[...] o brasileiro não pode deixar de viver pendurado no Ocidente e ele deve tentar não viver pendurado no Ocidente. Ele tem que tentar fazer uma cultura dele, mas a cultura que ele pode fazer é uma cultura pendurada no Ocidente. [...] Nós somos o outro e o outro é necessário para a identidade do mesmo[60].

Mas como a dialética do Mesmo e do Outro não se realiza praticamente na história do cinema brasileiro, significa então que essa história é a permanência do Mesmo. Por isso, a condição do cinema no subdesenvolvimento não é um estágio, mas um estado. Portanto, não há acúmulo, não há sistema na experiência cinematográfica brasileira. A dialética do local e do universal não se harmoniza, colocando em xeque a ideia de uma formação. Tenho sugerido até aqui que a escolha de Mauro se deve à

60. Antonio Candido, intervenção num debate sobre "Cinema: Trajetória no Subdesenvolvimento", *Filme e Cultura*, n. 35/36, Embrafilme, 1980.

sua inserção num processo em que a fidelidade à norma do cinema norte-
-americano lança uma luz nova sobre o dado local, e a recepção crítica
amplia e legitima o avanço. Entretanto, esse processo parece emperrado
em razão das contradições internas e especialmente da dependência externa, cuja lógica é a do mercado norte-americano que, de maneira im-
perialista importa seus produtos para o subdesenvolvimento. Assim, a
dialética do local e do cosmopolita não se configura e aponta para uma
história de manifestações cinematográficas, uma história de recomeços,
de reposição dos impasses, uma história sem avanços, enfim, uma história
sem história. Quando comenta as histórias da Índia e da China, sociedades "sem história", Hegel destaca que a dissolução é sempre extrínseca,
as durações são bruscamente interrompidas e a marca dessas ruínas é a
permanência[61]. Seria mero acaso que o ensaio de Paulo Emilio comece
pela comparação com as sociedades japonesa, árabe e a indiana? Como
nos outros panoramas, em *Cinema: Trajetória* a marca também é a "prematura e prolongada decadência tão típica do subdesenvolvimento". Praticamente nenhum ciclo se beneficia do acúmulo anterior, se esgotando
antes mesmo de sua configuração. A chamada Bela Época é vista como
o primeiro momento em que a expressão local ganhou o primeiro plano
e engendrou um sistema de produção em que distribuidores e exibidores também produziam[62]. Entretanto, já sabemos que a noção de Bela

61. "[...] essa História é essencialmente sem História, pois nada mais é do que a repetição e
uma mesma ruína (*Untergang*) majestosa. O elemento novo, com que a coragem, a força
e a magnanimidade substituíram o antigo esplendor, percorre o mesmo caminho da decadência e da ruína. Esta não é uma verdadeira ruína, pois todas essas transformações in-
cessantes não produzem progresso algum. O novo elemento, que substitui o que pereceu,
perece também por sua vez; não há progresso algum, e toda essa inquietação só leva a uma
História a-histórica." G. W. F. Hegel, *A Fenomenologia do Espírito* (apud Paulo Eduardo
Arantes, *Hegel – A Ordem do Tempo*, São Paulo, Hucitec/Polis, 2000, p. 207. A atenção ao
caráter estático de nossa história me surgiu com a leitura do trabalho de José Antonio Pasta Jr., especialmente o seu *O Ponto de Vista da Morte*, em que o autor fixa alguns aspectos
estruturais e constantes da cultura brasileira em momentos de crise. José Antonio Pasta
Jr., "O Ponto de Vista da Morte", *Revista da Cinemateca Brasileira*, n. 1, set. 2012).
62. A correspondência entre Paulo Emilio e Vicente Paula Araújo, autor de *Bela Época do Cinema Brasileiro*, São Paulo (Perspectiva, 1976), revela que o título do livro em questão foi
sugerido pelo próprio crítico.

Época ou idade de ouro possui um aspecto mitológico. Outro momento significativo é a Chanchada, que apesar dos resultados econômicos e da proximidade com a Bela Época (o grosso da produção era realizado por uma cadeia exibidora), a vitalidade sociológica encontrada nesses filmes revela o elemento local ainda aparecendo de forma precária, lembrando assim o cinema indiano e seu culto da Mother India. Já o Cinema Novo, a terceira fase desse processo, pretendeu superar sua condição de ocupante e buscou integrar o ponto de vista do ocupado, no que teve êxito e produziu obras permanentes. Porém, não ultrapassou sua própria camada social e permaneceu voz isolada, finalmente extinguida com as pressões políticas. Apesar de sua desintegração, com seus membros desenvolvendo carreiras individuais, o Cinema Novo ainda se desdobrou no Cinema do Lixo, cuja vocação suicida marcou o desespero juvenil. O Cinema Novo ainda permaneceu no tipo de documentário com viés antropológico, empenhado em descrever a vida material e espiritual das formas arcaicas da vida nordestina. A última tendência, que não chega a se configurar como momento (o texto é de 1973), é destacada por sua produção contínua que confronta o produto estrangeiro. O filme caipira e o de cangaço encerram as manifestações cinematográficas avaliadas no texto, que termina em tom de desesperança em relação ao apoio estatal, anseia pela reorganização do Cinema Novo enquanto grupo, e combate o interesse gratuito pela expressão estrangeira, mesmo a de nível intelectual e artístico.

Reproduzi os principais sintagmas do texto para dar a ideia da dimensão de intervenção que possui. Publicado no primeiro número de uma revista de esquerda que em breve seria impedida de circular, sua aposta é na continuidade, e a contribuição das diferentes tendências, como o filme histórico, seja ele voltado para o espírito cívico o mais oficial, ou para a expressão mais crítica do passado e do presente[63]. Esse investimento

---

63. Apesar de não citar um título sequer, e todo o texto se referir a momentos de maneira geral, fica evidente nessa passagem que se trata de *Independência ou Morte* (1972), de Carlos Coimbra, e *Os Inconfidentes* (1972), de Joaquim Pedro de Andrade. Ainda é possível reconhecermos a alusão a outro título, *Floradas na Serra* (1956), de Luciano Salce, na frase: "O

no futuro, estabelecido por uma visão histórica ampla que reconhece o peso das conjunturas, exprime um sentimento geral dos envolvidos com o cinema moderno, como atesta o manifesto *Luz e Ação*, assinado pelos principais integrantes do Cinema Novo no mesmo ano do texto de Paulo Emilio[64]. Por parte do crítico, essa investida no futuro é o diagnóstico cruel de que mais um ciclo se encerrava, mais uma fase não se realizava, apesar do investimento intelectual e da transmissão artística inéditos. Se levarmos em conta que o crítico é um dos agentes mais significativos entre outros do campo do Cinema Novo, a consciência de derrota e morte é ainda mais impactante. É diante desse presente sombrio que o crítico busca realizar sua história do cinema brasileiro, escolhendo apenas um momento para discutir os problemas estruturais do todo. Para tal procedimento, evidencia-se sua vinculação com a tradição crítica da geração de *Clima*, ao buscar o olhar crítico da tradição, e revela uma particular noção de forma.

Como afirmei mais acima, Paulo Emilio, ao escolher o cineasta para sua história, não apenas trata do mais avançado realizador brasileiro do período silencioso, como também enfoca um ciclo cumulativo em que a fidelidade simultânea ao dado local e ao modelo norte-americano do cinema clássico se articula ao esboço de um sistema que reúne filmes e cineastas espalhados pelo país. Esboço de sistema que se constitui graças ao papel determinante de *Cinearte* ao retirar o cineasta mineiro do isolamento e incluí-lo no debate por um cinema nacional. Ao escolher analisar os filmes de Mauro realizados em Cataguases, nosso autor está interessado em avaliar um ciclo cumulativo, sua constituição, estrutura e as contradições internas desse mesmo ciclo que impedem sua configura-

---

ocupante foi tratado, em geral, de maneira respeitosa pelo cinema mudo, foi gozado pelo Chanchada e fustigado pelo Cinema Novo, ao mesmo tempo que uma *tendência nascida do malogro industrial paulista se interessava pelo tédio existencial do ocupante ocioso*" (grifo meu). A indiferença em relação a *Floradas na Serra* se deveu aos conflitos que envolveram o I Festival Internacional de Cinema do Brasil (Cf. Capítulo VI).

64. Para a discussão do texto de Paulo Emilio, em contraste com a *Revisão Crítica* de Glauber, cf. Ismail Xavier, "O Cinema Brasileiro Moderno", [1995], *O Cinema Brasileiro Moderno*, Rio de Janeiro, Paz e Terra, 2001.

ção definitiva. Assim, a escolha recai sobre um momento em que as transformações qualitativas alteram o curso regular e dependente do influxo externo lhe contrapondo elementos de uma tradição formada por esse referido processo[65]. Esse modelo possui grande abrangência, ao lançar luz e estudar detalhadamente um momento preciso de uma história em andamento, além de servir para uma interpretação total.

Sem a revista *Cinearte*, a obra de Mauro não teria rompido as fronteiras da Zona da Mata; por outro lado, foi com *Cinearte* que ela deixou de desenvolver pontos promissores, como a aclimatação do código do cinema narrativo e a organicidade entre homem e paisagem. Foi em *Cinearte* que os cineastas, isolados em todos os sentidos, começaram a se perceber enquanto grupo, com um projeto a ser realizado. As questões que preocupam os críticos da revista, sua campanha em prol do cinema nacional, são um desdobramento das implicações literárias de um país periférico que Antonio Candido abordou em sua *Formação da Literatura Brasileira*. Entretanto, ao mesmo tempo em que se constitui como uma espécie de espaço público para o cinema brasileiro, a revista também exerce a função de divulgador e rotinizador das ideias que compõem o código do cinema narrativo. É por meio da influência de Adhemar Gonzaga que Mauro vai moldar, com eficácia, seu cinema ao modelo vigente. Nas palavras de Paulo Emilio, o diagnóstico:

> O progresso evidente que se manifesta de *Tesouro Perdido* até *Sangue Mineiro* é acompanhado de um empobrecimento igualmente evidente. A primeira fita possui uma agilidade e, sobretudo um frescor, que diminuem consideravelmente em *Braza Dormida* e que desaparecem em *Sangue Mineiro*. Tudo se passa como se essa seiva que animava o primeiro filme se esvaísse no segundo até desaparecer completamente no terceiro. Essa seiva seria constituída pelos dados do mundo humilde de Mauro e que pulsam através de todo o *Tesouro Perdido*, insinuam-se ainda sub-repticiamente em *Braza Dormida*, mas que não tem vez

65. Baseio-me nos argumentos de Paulo Arantes, *Sentimento da Dialética na Experiência Intelectual Brasileira*, Rio de Janeiro, Paz e Terra, 1992. E Otília e Paulo Arantes, *Sentido da Formação*, Rio de Janeiro, Paz e Terra, 1997.

em *Sangue Mineiro*. A fórmula para definir o fenômeno é dizer que no conflito que se manifesta dentro de Humberto Mauro entre Cataguases e *Cinearte*, esta tinha levado a melhor (p. 454).

O isolamento de Mauro é negativo e positivo ao mesmo tempo, pois se não lhe oferece referências cinematográficas mais avançadas, ao mesmo tempo permite que se sirva e invente a partir do molde do cinema clássico. O atraso de Mauro o libera para trabalhar com materiais advindos não apenas do cinema norte americano, mas também do melodrama local (cf. *Os Três Irmãos*) e sobretudo o coloca diante dos materiais que a história oferece, e assim o dado local ganha um peso mais forte em seu cinema provinciano, menos afeito ao tom de franca reverência ao progresso urbano que anima filmes como *A Filha do Advogado, O Segredo do Corcunda* e *São Paulo, a Sinfonia da Metrópole* (1929). O resultado dessa soma de rusticidade e civilidade é a incorporação da referência griffithiana, retrabalhada e somada aos materiais colhidos no chão histórico de uma sociedade que passa por um processo que abala suas estruturas histórico--sociais e adentra hesitante na modernização conservadora. Mauro elogia o progresso e lamenta a perda de um passado arcaico e idealizado. E essa dualidade cria uma situação limiar onde a fé no futuro e o apego ao passado engendram a figura da melancolia. Mas o contato com *Cinearte* transforma essa relação, na medida em que enfatiza ambientes luxuosos como cenário, o aparato do estúdio, as caracterizações burguesas, tudo em dia com o modelo de Hollywood. Ao momento de transfiguração da norma, momento de aclimatação da referência norte-americana, segue--se a suplantação da expressão social característica, confirmando que a dialética do local e do universal não se realiza. Assim, o esquema da formação e sua promessa de síntese se problematiza. A investigação de Paulo Emilio vê Mauro sob o signo da dialética do local e do universal, mas sem solução harmonizadora, na medida em que o próprio estilo não se desenvolve em razão da imposição de uma ideologia estética e em razão da condição subalterna do país, que impede a constituição de uma tradição cinematográfica. Não coube a Paulo Emilio dar o passo além nessa dialética do local e do universal, mas sua problematização parece ter se configurado na análise do caso Mauro[66].

Quanto à disposição crítica, vimos como o instrumental do homem culto comparece para por em evidência a miopia das compartimentações, e embora as percorra uma a uma, o faz para ultrapassar todas e se concentrar exclusivamente em seu objeto e nas fontes que emanam diretamente dele. Para o campo dos estudos de cinema, que se formava muito influenciado com a voga teoricista do estruturalismo, essa atitude rumava na contracorrente. Mas essa experiência não fecundou outras, e apesar das pesquisas sobre o cinema de diversas localidades do país terem resultado em um levantamento esclarecedor, a busca da síntese ainda está por ser feita. No caso de Paulo Emilio, a singularidade de Humberto Mauro, um bom ponto de partida, permitiu a investigação minuciosa de um momento e também de sua irradiação no presente. É como se Paulo Emilio, consciente do atraso dos estudos de cinema no Brasil, buscasse saltar da acumulação de dados que só o trabalho organizado de grupos inteiros permite, para realizar uma síntese baseando-se em uma intuição combinatória de entendimento científico do material e muita imaginação.

---

66. Roberto Schwarz, "Duas Notas sobre Machado de Assis", [1979], *Que Horas São?* São Paulo, Cia. das Letras, 1987.

2
Vanguarda amazônica
* * *

2.1 Soldado da Borracha

Na abertura de *Humberto Mauro, Cataguases, Cinearte*, Paulo Emilio menciona um encontro com o cineasta em 1940, mas na época o fato não o marcou, pois o cinema brasileiro não despertava na época o menor interesse. O encontro pode ter acontecido num dos corredores do Instituto de Cinema Educativo (INCE), onde Mauro realizava filmes sob a tutela de Roquette-Pinto. O acaso reuniu por um instante o grande nome do cinema silencioso brasileiro e o seu maior analista. Aos olhos do crítico neófito, interessado nas inovações do cinema moderno, o maduro cineasta deveria parecer uma figura convencional, representante de um cinema oficial de propaganda e de mau gosto. Por sua vez, aos olhos do cineasta, o jovem atrevido devia lembrar o tipo característico do citadino arrogante, cheio de regras prontas e com um cinema definido na cabeça. Apesar desses motivos razoáveis para a desconfiança mútua, a conversa deve ter sido amistosa e instrutiva, já que marcou o jovem para sempre. Na época, Paulo Emilio se dividia entre o engajamento político de esquerda e a reformulação da crítica cinematográfica realizada nas páginas da revista *Clima*, sem relacionar uma com a outra a não ser quando a análise o exigisse.

Com o gosto voltado para questões formais, cinema para Paulo Emilio era a junção de imagem e som, a alusão criada por duas imagens, o poder da objetiva em devolver às coisas seu valor real. Ao mesmo tempo, para ele, a análise da realidade necessitava a transformação dos referenciais teóricos e o adensamento do conhecimento histórico para se compreender as forças políticas do presente e suas potencialidades para o futuro. Em 1943, quando essas duas concepções se cruzaram na realização de um filme, ao invés de uma prevalecer sobre a outra, maior deve ter sido o convívio conflitante.

O filme que Paulo Emilio realizava na época era de uma campanha; o único filme dirigido por ele era um filme militante, uma encomenda do SEMTA (Serviço Especial de Mobilização de Trabalhadores para a Amazônia). Em 1942, criou-se no país uma Coordenação de Mobilização Econômica de enorme poder político, um super ministério, com licença para intervir nas diversas frentes da economia nacional. O presidente nomeado foi João Alberto, o tenente da Coluna Miguel Costa-Prestes e um dos líderes da Revolução de 1930, um velho conhecido dos paulistas, interventor que governou o estado com mão de ferro. O pai de Paulo Emilio, um médico reconhecido por seu trabalho contra a lepra e secretário da Educação e Saúde na gestão de João Alberto, deve ter facilitado sua entrada no SEMTA[1]. O fato é que no princípio de 1943, o rapaz estava a serviço do órgão no norte do país com a incumbência de realizar um filme de divulgação.

---

1. Para mais informações sobre o SEMTA cf. José Inácio de Melo Souza, *Paulo Emilio no Paraíso*, Rio de Janeiro, Record, 2002. Bem documentado e vasto, o trabalho de José Inácio é indispensável para o interessado na vida do crítico. Ainda sobre o SEMTA, cf. Adelaide Gonçalves, Eurípedes Antonio Funes e Pedro Eymar (orgs.), *Mais Borracha para a Vitória*, Fortaleza, Edições Nudoc, 2008. O livro é dividido em duas partes, com análises históricas sobre o tema e os desenhos de Jean-Pierre Chabloz. Os desenhos se dividem entre a propaganda do paraíso verde e a descrição eugênica dos tipos nordestinos. O documentário *Soldados da Borracha* (2004), de Wolney Oliveira, traz depoimentos reveladores dos participantes do esforço de guerra.

Não é difícil imaginar a agitação de Paulo Emilio, jovem e militante socialista, empenhado na feitura de um filme de propaganda contra as forças do eixo. O país acabara de definir sua posição e apoiava os Estados Unidos, se empenhando em produzir mais borracha. A inocência política não tem lugar e o interesse estético no filme deve ser medido em igual proporção com a formulação de um socialismo independente. Apesar da propaganda, imaginava-se um filme de vanguarda, ou seja, engajado político e esteticamente. Ao menos é isso que depreendemos nos vestígios desse filme. Se até o maior cineasta, Eisenstein, não hesitara em se posicionar contra a ameaça alemã com seu filme *Aleksander Nievski* (1938), porque não fazer de uma encomenda oficial, uma encomenda social? As ideias atravessavam a cabeça de Paulo Emilio, planos célebres, sequências de impacto, montagem intelectual, tudo que uma obra política deveria conter para alcançar uma "arte proletária provisoriamente utilitária"[2]. Diante da natureza indômita o mais certo era destruir para criar uma outra, mais plástica e conflitiva, mais devastadora e mítica, e o homem, minúsculo, oprimido entre a contemplação do êxtase da mata e a exploração de seu trabalho. Filas de nordestinos extraindo borracha, mal paramentados e muito pouco hábeis em razão da pouca familiaridade com esse tipo de trabalho e com a novidade de estar diante de uma câmera. Os documentos depositados nos arquivos da Cinemateca Brasileira revelam filmagens realizadas durante o transporte e a chegada dos homens na região. Aglomerações no porto, rostos da gente pobre escorraçada da cidade do Rio ou vinda do Nordeste miserável, pés rachados, braços pendidos, corpos vergados, a indolência arrogante do pária carioca, a resignação nordestina diante do olho mecânico da câmera e das instruções bem ditas pelo rapaz agitado, que gritava bem alto para que ninguém olhasse para a objetiva. A postura certamente devia ser sempre austera e concentrada, porém o tempo e o contato com os trabalhadores

---

2. A expressão é de Mário Pedrosa em sua conferência histórica proferida no Clube dos Artistas Modernos em 1933. A conferência seria um marco para a crítica de arte no país (cf. Mário Pedrosa. "As Tendências Sociais da Arte e Kathe Kollwitz", Otília Arantes (org.), *Política das Artes*, São Paulo, Edusp, 1995).

logo permitiria um clima mais descontraído nas filmagens, o que viria a abrasileirar as lições eisensteinianas aprendidas nos filmes vistos e revistos e nas páginas de Moussinac[3]. Os brabos, como eram chamados os soldados da borracha pela população local, chegavam em centenas toda a semana. De início a situação devia parecer caótica aos olhos do jovem, que de noite anotava os afazeres para o dia seguinte, afazeres da coordenação dos trabalhos de extração da borracha e os afazeres com o filme. A responsabilidade era enorme, assim como os atributos. Em carta, ninguém menos do que o ministro João Alberto previne o rapaz: "Só depois de conhecidos os elementos que V. me fornecerá, poderei ajustar minha imaginação à realidade"[4]. Mal sabia o velho tenente que, com o filme, o rapaz pretendia também ajustar a realidade à imaginação.

2.2 CARNET I

A prática da anotação em um caderninho reunia as forças do jovem extenuado com o corre-corre diário que, sem tempo de afeitar-se, deixava a barba crescer e experimentava uma silhueta mais russa[5]. O recolhimento noturno dava alento para seguir adiante, enfrentando os mosquitos e o calor escaldante do norte do país. As ideias saiam num fluxo constante. A mão editava o que a câmera captara à luz do dia. As anotações sistemáticas esboçam uma organização, a elaboração de uma metodologia.

---

3. Léon Moussinac interessava por sua consciência social e o gosto pelas vanguardas. Seu *Naissance du Cinéma* (1925) é a vulgarização das teorias de Canudo, com destaque para as noções de ritmo e de montagem. Seu segundo livro, *Le Cinéma Sovietique* (1928), é uma vibrante homenagem à escola de Eisenstein, da qual Moussinac se tornou o principal propagador em Paris, exibindo o *Encouraçado Potemkin* num cineclube, quando o filme fora completamente censurado. No livro, a produção capitalista que domina as telas do mundo é devidamente desancada.

4. João Alberto, *Carta a Paulo Emilio*, São Luiz, 17.4.1943 (PE/CP. 0324).

5. Segundo Antonio Girão Barroso, Paulo Emilio usou barba durante a experiência do SEMTA. Cf. Darcy Costa, *Carta a Jean-Claude Bernardet*, Fortaleza, 8 de setembro de 1978 (PE/CT.0192). Não posso deixar de apontar a estranheza da imagem do jovem que sempre se fez fotografar imberbe.

Numa folha de um caderninho depositado em seu arquivo temos a seguinte proposta de planos:

Tirado do lado mais baixo da Garganta

1. Desastre. Panorama – movimento de câmera começando com a pergunta com um fundo de céu e acompanhando o trem até perto da locomotiva descarrilhar.
2. Baldeação. Homens carregando bagagens.
3. A câmera retoma o percurso da garganta até onde a abandonou e alcança até a locomotiva do trem de socorro.
4. [Palavra ilegível] lado mais alto da garganta. Movimento mostrando o rio e em seguida a locomotiva descarrilhada.
5. Foguista em cima das lenhas dando sinal de partida.
6. Trem em movimento tirado de fora.
7. Trem em movimento tirado de dentro (3 vezes).
8. A mesma uma quarta vez. Grande volta.

Com a portátil
[corinta]
2 tomadas dos grupos esperando almoço
Um *close-up* de uma cabeça

A opção por um registro documental é marcante, com a descrição do transporte dos trabalhadores e um acidente de percurso. O tom parece ser o didático, já que um letreiro apresenta uma pergunta. Como era um filme de propaganda, é razoável supor que se tratasse de uma pergunta sobre os motivos do engajamento na Amazônia. Apesar dos pontos 6, 7 e 8 apresentarem uma variação de foco, ora dentro do trem, ora fora, o que evidencia um princípio de montagem mais criativo do que a mera descrição, o tom documental prevalece e a ideia de que nada pode deter o empenho desses homens fica sugerida. As tomadas com a máquina portátil também reforçam a ideia de um filme documental de propaganda. Entretanto, anotações posteriores não fornecem elementos para uma conclusão definitiva sobre as pretensões de Paulo Emilio.

Para o jovem saído das fileiras modernistas da década de 1930, em que o experimentalismo fazia par com o engajamento político, a aventura amazônica certamente inspirava um laboratório criativo dos mais radicais. A descoberta do cinema russo pelas mãos de Plínio Sussekind Rocha, o "mestre Plínio" que apresentara a Paulo Emilio o cinema de vanguarda e as sessões no *Cercle du Cinéma*[6], os ensaios vanguardistas com viés teórico (Moussinac, Faure, Schwob, Cendrars) da década de 1920, tudo isso eram referências importantes para o jovem curioso, que descobrira o frenesi dos congressos políticos em sua primeira viagem à França (1937-39). Essas referências vão pontuar os ensaios publicados na revista *Clima* e é muito provável que o tenham acompanhado, e até guiado, em sua opção de se transformar num dos soldados da borracha. As anotações soltas do caderninho reforçam tal hipótese, na medida em que avançam uma proposta mais voltada para o conflito entre as imagens, mais do que sua continuidade espaço-temporal. Uma outra página do caderninho apresenta bem essa tensão. Vejamos:

Pirapora (Askania)

1. Os homens no navio (ilegível)
2. O cais de Pirapora. A negra velha atravessa
3. Vista de uma rua saindo do cais. Em primeiro plano um barco seco com garotos
4. *Close-ups* de garotos sentados no cais, assistindo preparativos da partida
5. Série de imagens da partida

1º. Dia de viagem

1. Carneiro sendo esfolado (2)
2. Movimento de máquinas (no fundo a roda)

---

6. O *Cercle du Cinéma* é o embrião da Cinemateca Francesa. Fundado em 1935 por Henri Langlois e Georges Franju, o cineclube passava exclusivamente filmes silenciosos, e substituiu o habitual debate ao fim da sessão por uma apresentação histórica.

TRAJETÓRIA DE PAULO EMILIO

3. Movimento da roda (2 tomadas)
4. Chaminé e grande céu (crepúsculo gaspariano).

Tais anotações, especialmente a primeira série, apresentam uma vontade de documentar a partida do navio. O embarque dos trabalhadores no cais de Pirapora é deixado de lado apenas para dar passagem à negra velha. Com exceção dessa mulher vincada pelo trabalho ininterrupto, tudo evidencia uma descrição simples dos preparativos para o trabalho organizado e patriótico. Porém, na segunda série, o "1º Dia de viagem", a ordem das anotações parece sugerir uma intervenção mais criativa por parte do anotador. A esfola do carneiro se fundindo com o movimento das máquinas, o detalhe da roda e a chaminé imponente apontam para o conflito entre as imagens, criando assim conceitos abstratos de exploração do homem. Não parece haver nenhum tipo de distinção hierárquica entre os elementos, e o contraste das imagens busca o impacto sensorial, contrações musculares nos rostos do espectador do cinema brasileiro pouco habituado com esse tipo de violência e expressividade. A sobreposição dessas ideias cria um tipo de simultaneidade, que enfatizaria a fisicalidade, tensionada por um possível corte, uma interrupção e a colisão. Essas duas séries de anotações parecem conter uma tensão entre o utilitarismo e a agressividade, e isso me leva a considerar o experimento muito mais do que propaganda oficial, revela um princípio construtivo[7].

2.3 CARNET II

A vontade artística diante desse material de propaganda aliada parece ainda mais forte quando se analisa um certo *Scenario*. O documento provavelmente não foi redigido por Paulo Emilio, pois o título já evidencia o galicismo que o crítico de *Clima* não cometeria[8] e a escrita não se asse-

---

7. Não deixa de ser significativo que Paulo Emilio não fizesse parte do Departamento de Propaganda do SEMTA (cf. José Inácio de Mello Souza, *op. cit.*, p. 184).
8. Em uma nota de rodapé, o crítico de *Clima* afirma: "Uma vez por todas fica entendido que 'cenário' é a tradução de *screenplay* e não tem nada que ver com *décors*. Cenário é o

melha com a de nosso autor[9]. Trata-se de um documento datilografado, de sete páginas, descrevendo o material na ordem em que ele foi filmado. Todo o itinerário da viagem aparece descrito nesse documento. O descarrilhamento do trem na estação Arrojado Lisboa, entre o Rio e Belo Horizonte. A chegada a Pirapora e o embarque na gaiola "Raul Soares" com os trabalhadores fazendo o v da vitória, o que evidencia a encenação. O v era um dos temas da campanha do SEMTA, que distribuía cartazes e cartilhas com ilustrações de Jean-Pierre Chabloz. (A imagem do nordestino estropiado e a do mendigo carioca fazendo o v da vitória numa gaiola devia ser do mesmo gênero das imagens que espantavam os redatores de *Cinearte*.) O transbordamento do Rio São Francisco dificulta a viagem e obriga a espera de outra gaiola para a reposição do combustível. A cidade de São Francisco toda alagada. O "Raul Soares" atraca em Carinhanha, onde um dos tripulantes, desobedecendo às ordens, mergulhou no rio e foi comido por piranhas. O encalhe do "Raul Soares" perto da cidade de Rio Branco obrigou alguns trabalhadores a mergulharem para retirar os detritos que impediam a movimentação da gaiola. Mais uma vez o encenado V. A passagem por Petrolina, Ouricuri e Juazeiro, onde a estátua do Padre Cícero é contemplada e manifestações religiosas são captadas. Um grupo de flagelados surge e parece se somar aos cruzados do "Raul Soares". Na cidade do Crato, toda a caravana toma um trem com destino a Fortaleza. Em seguida, há o desfile da tropa pelas ruas de Sobral. Das janelas e alpendre, os sobralenses aplaudem respeitosos. No sertão piauiense há o embarque em caminhões rumo a Teresina, até que se chega ao sertão maranhense. O trajeto é enorme e o documento é rico em detalhes. Mesmo com seu aspecto puramente descritivo, destacando autoridades e planos monumentais, o *Scenario* não confirma o que dizia

---

estado intermediário entre o argumento e o filme – a história escrita na forma em que vai ser filmada" (cf. Paulo Emilio Salles Gomes, "Tobacco Road", *Clima*, n. 3, São Paulo, 1941. Posteriormente publicado em Carlos Augusto Calil e Maria Teresa Machado (orgs.), *op. cit.*, p. 132).

9. José Inácio de Mello e Souza atribui a autoria do documento ao cinegrafista (cf. "Paulo Emilio no Paraíso", *op. cit.*, p. 185).

a cartilha do SEMTA sobre uma viagem "feita sem atropelos, sem perigos ou preocupações"[10].

O jovem paulista, filho de secretário de Estado, com interesse político e vontade artística penetrava no Brasil profundo. O impacto da miséria e as imagens da natureza exuberante, se fundiam no misticismo popular. O representante da companhia norte-americana envolvida no esforço de guerra, a Rubber Development Co., Thiers Martins Moreira, usou a seguinte imagem para definir o personagem: "[...] um espadachim romântico, amando a Cristo e a Lênin"[11].

O *Scenario* fornece informações importantes sobre este momento intenso. As dificuldades de manipulação do chassis, que vez ou outra emperrava, a queda da câmera em Sobral, a escolha dos tipos populares, os animais, as paisagens. As constantes anotações sobre as dificuldades das filmagens, detalhes preciosos para se entender o resultado final do trabalho, mas também as pretensões de Paulo Emilio sobre material tão carregado de verdade. Para quem o roteiro era estágio intermediário entre o argumento e o filme, o tipo de anotação que vimos mais acima parece ser posterior ao *Scenario*, parece selecionar imagens, extrair trechos, escolher personagens que poderiam compor um jogo de referências contrárias à lógica temporal, à economia narrativa dominante no cinema. Nessa hipótese, essas anotações são extrações de um roteiro, elas são uma reelaboração, enfim uma primeira edição antes da revelação da película. O impacto das imagens do carneiro sendo esfolado e a movimentação das máquinas criam uma continuidade particular. A indicação de "2 tomadas" para o movimento da roda sugere a repetição da imagem em pontos de vista diferentes e, por que não, a singular passagem do tempo, um tempo retardado e onipotente. As anotações soltas sobre o descarrilhamento do trem, junto com essas indicações do carneiro e as máquinas, indicam uma seleção que não sugere em nada uma aproximação com o material

---

10. SEMTA, *Trabalhador Nordestino Aliste-se no SEMTA Hoje Mesmo*, p. 8.
11. Thiers Martins Moreira. *Carta a Paulo Emilio*, Rio de Janeiro, 29. 4.1943 (PE/CP. 0327).

de divulgação da Campanha da Borracha, nem com as fotografias da ABA FILM[12], e muito menos com os desenhos oficiais de Chabloz.

Como o acontecimento era gigantesco para um filme tão amador, o resultado era quase sempre frustrante, mas mesmo a produtividade sendo baixa, ao menos se fazia um ou outro plano de impacto. Havia duas câmeras à disposição, uma portátil para planos mais próximos dos trabalhadores e planos mais livres das convenções, enquanto que uma velha Askania fora providenciada para a confecção de planos gerais, grandes panorâmicas da natureza, das máquinas e do conjunto de homens. Não sabemos muito sobre o cinegrafista Armin Edwin Gaspar, apenas que se tratava de um estrangeiro que se expressava em francês, que era conhecido de "mestre Plínio" e que em 1944 teve sua licença de jornalismo caçada[13].

2.4 O CHAMADO DO BRASIL PROFUNDO

As filmagens duraram pouco mais de dois meses, já que em março Vinicius de Moraes escreve este que é o único testemunho do filme inacabado de Paulo Emilio. A crônica é o meio escolhido, e o bom humor deixa entrever a desaprovação completa. O humor algo revanchista certamente se devia à querela em torno do cinema mudo versus cinema falado que o poeta promovera. Em plena década de 1940, Vinicius aproveita a presença de Orson Welles para lançar a polêmica da arte da imagem contra o comércio falante[14]. Paulo Emilio se coloca pouco no debate, mas quando o faz chama Vinicius de mau professor, cujo forte não era explicar. "Ele não sabe por um argumento depois do outro, ligá-los, tirar uma conclu-

---

12. O livro citado, *Mais Borracha para a Vitória*, traz algumas fotografias realizadas pela a ABA FILM. Na década de 1940, a produtora de Ademar Bezerra de Albuquerque é uma das principais do Nordeste. Os únicos registros em imagens em movimento de Lampião foram captados por Benjamin Abraão, na época a serviço da produtora.

13. *O Diário Oficial da União*, 24.1.1944, apresenta o cancelamento da licença de jornalista para Gaspar.

14. Para a descrição da polêmica cf. José Inácio de Melo e Souza, *A Carga da Brigada Ligeira: Intelectuais e Crítica Cinematográfica, 1941-1945*, São Paulo, ECA-USP, 1995 (Tese de doutoramento).

são. Vinícius é um homem eternamente grávido e que está eternamente dando à luz, Vinícius nasceu grávido e dando à luz. Vinícius está sempre fecundado desordenadamente pelas coisas do mundo, pelas crianças, pelo cinema, pela guerra, pelos passarinhos"[15]. A imagem telúrica não deve ter agradado muito ao poeta que, meses depois, revidou com a crônica que transcrevo na íntegra por sua importância documental, mas também por reter uma imagem de Paulo Emilio.

O nome de Paulo Emilio Salles Gomes não deve ser estranho aos leitores do Brasil. O jovem escritor paulista redigia na revista *Clima* a secção de cinema, e com um zelo raro num homem do seu temperamento, Paulo Emilio é um turbulento. Um caudilho, na feliz expressão de Moacir Werneck de Castro. Ainda recentemente, quando se começou a fazer essa onda de reconquista da Amazônia, Paulo Emilio largou seus pagos, fez uma mexida e arranjou de ir com um cinegrafista e uma câmera para filmar o movimento de investida e a arrancada final sobre o grande rio. Estive com ele aqui no Rio, em vésperas de sua partida, sempre às voltas com seus sonhos, dentro daquele ar altivo de rapazinho heroico, que em tempos de revolução trepa no alto da barricada, dá um viva à pátria e cae trespassado pelas balas inimigas. Anteontem Plinio Sussekind Rocha me telefonou dizendo que já havia celuloide na costa e seria feita uma exibição na Sala do Serviço de Divulgação da Prefeitura (aí, meu Deus, que saudade da Amélia!) do "copião", o material em bruto, ainda sem corte nem nada.

Fomos e mesmo Rubem Braga que é inimigo do cinema foi! Parecia até sessãozinha do meu debate silencioso. Lá estavam físicos, matemáticos e literatos num total que não chegava a uma dúzia, mas em compensação que qualidade! E passavam a fita de Paulo Emilio. Quadro após quadro, vai passando a fita de Paulo Emilio. Quadro após quadro. Quando acabou de passar havia um ar geral de insatisfação, menos em três pessoas das quais eu era uma. Realmente o cinegrafista que deram a Paulo Emilio era pífio. Mas

---

15. Paulo Emilio Salles Gomes, "Notícia sobre a Polêmica do Rio", *Clima*, n. 10, jun. 1942. Republicado em Carlos Augusto Calil e Maria Teresa Machado (orgs.), *op. cit.*, p. 167.

que importa um fotógrafo, no final das contas, quando uma real tomada de cinema cria a impressão de profundidade e de silêncio que Paulo Emilio conseguiu em tantas cenas filmadas? Com um Edgar Brasil, Paulo Emilio teria feito um grande filme da sua primeira aventura de direção. Quem sabe ainda não está em tempo de lhe mandarem outro homem de câmera, para pegar a chegada dos trabalhadores no Amazonas, que isso sim seria uma coisa de fazer água na boca a um "Eisenstein"[16].

A imagem do jovem "sempre às voltas com seus sonhos, dentro daquele ar altivo de rapazinho heroico, que em tempos de revolução trepa no alto da barricada, dá um viva à pátria e cae trespassado pelas balas inimigas" me parece ser uma caricatura, um chiste, mais do que um retrato fiel. Esse tipo de revolucionário, cujo exemplo típico é o jovem Lukács discursando em pleno front sem temer o fogo inimigo na revolução de Béla Kum, não parece se adequar aos ímpetos do militante socialista independente, consciente de sua condição burguesa. Em todo caso, a imagem, assim como a do "espadachim romântico", ajuda a delinear o perfil do ativista político, corajoso, capaz de persuasão e eloquência.

Não deixa de ser significativo que seja Vinicius, crítico respeitado na década de 1940, um dos convidados para ver o copião. E também é curiosa a presença de Rubem Braga, um "inimigo do cinema", levado talvez por um Vinicius com expectativas de convencer o amigo sobre as potencialidades da sétima arte. Imagino que o convite a "mestre Plínio" também indique as pretensões do jovem discípulo. Mas tudo foi em vão, já que o material sofreu brutalmente com os problemas devidos às condições técnicas e climáticas.

Depois do relato de Vinícius, pouca coisa foi dita sobre o filme. Paulo Emilio deve ter se desiludido profundamente, pois nunca mais tocou no assunto. A frase de Cendrars bem serviria de consolo: "os melhores filmes são os que não fizemos". Cada plano incrível, cada panorâmica, mo-

16. Vinícius de Moraes, "Em sua Crônica de Hoje Vinicius de Morais Comenta uma Exibição Privada a que Assistiu na Sala de Projeção do Serviço de Divulgação da Prefeitura", *A Manhã*, Rio de Janeiro, 25.3.1943, p. 5.

mentos de real beleza e força expressiva, uma *trouvaille* atrás da outra. E tudo desperdiçado, tudo jogado fora. Todo o trabalho de direção daquela multidão de trezentos homens de um albergue da Boa Vontade ligado a D. Darcy Vargas, tudo em vão, tempo perdido em razão de problemas técnicos. Dada a baixa qualidade da impressão na película, o material deve ter sido abandonado pelo diretor. Mas algo me diz que ele foi picotado e alguma coisa foi reaproveitada como material de campanha para o SE-MTA. Sei lá, um dia junto uns cobres, meto o *Scenario* debaixo do braço e vou parar em Fortaleza, cidade sede do serviço de mobilização. Quem sabe se lá alguém não me mostra um dos filmes de propaganda que conterá algum dos planos *trop recherchés* de Paulo Emilio.

O fato é que a experiência frustrou enormemente Paulo Emilio que, de alguma forma, fez chegar seu descontentamento ao cinegrafista. No mês seguinte, mais precisamente no dia 24, um dia antes da única exibição, Armin Gaspar envia uma carta cordial, redigida no Rio mesmo e em francês, justificando todos os problemas técnicos. Gaspar começa lembrando a Paulo Emilio o quanto os preocupou a ausência de qualquer tipo de teste com os filmes. Diz ainda que sabe que até o Ministro João Alberto e outras autoridades foram convidados para assistir à exibição "do copião bruto" (em português no original). Mas todos julgariam melhor o filme, caso soubessem das informações técnicas que apresenta em uma folha anexa. A carta termina com a sugestão de refilmagem das cenas mais importantes no Nordeste e a complementação das filmagens na Amazônia. A tal folha anexa traz dados técnicos para explicar o malogro[17]. A ausência de um fixador, o cálcio anídrico, impediu uma melhor qualidade das imagens. Mesmo com os insistentes pedidos desse material, não foi possível obtê-lo a tempo. Ao calor escaldante também foi atribuído a responsabilidade da péssima qualidade das imagens, que apresentavam

---

17. Armin Gaspar, se referindo às autoridades presentes na sessão, declara: "Ces autorités naturellement n'ont pas été renseigné sur la verité que vous trouverez expliqué dans la feuille ci-jointe." Estou convencido que essa folha anexa ao documento é a única descrição existente do material e dos problemas da revelação no arquivo de Paulo Emilio. Entretanto, essa descrição foi datilografada em uma máquina diferente da carta (cf. PE/CT. 0175).

uma neblina vaporosa. A película adquirida também parecia estar fora de validade, na verdade se tratava de dois tipos de película (Dupont e Kodak). Por fim, os testes feitos ainda no Rio saíram perfeitos, o que isenta o cinegrafista de qualquer responsabilidade sobre o resultado final. O arquiteto e cineclubista Henrique Mindlin é citado como alguém que já autorizara recurso para mais filmes, para uma iniciativa futura.

Diante das ideias mal impressas, o jovem parece ter esquecido a aventura cinematográfica frustrante para se concentrar nos trabalhos de organização dos soldados da borracha. A distinção de classe, a altivez apontada por Vinícius, destaca o personagem como líder no comando de seu batalhão. Em um depoimento, Antonio Candido narra uma história, certamente contada pelo próprio Paulo Emilio, que em determinado porto, como os homens hesitavam em partir para a selva na gaiola do SEMTA, o jovem militante tomou a responsabilidade do comando e proferiu um discurso corajoso e comovente, que termina em aplausos e no embarque de todos. A imagem que me vem à cabeça é a de John Reed desnorteado em plena revolução mexicana, buscando fazer literatura e discernir politicamente os sentidos da convulsão social.

As tarefas eram diversas, ocupando intensamente a cabeça de Paulo Emilio, e a responsabilidade enorme. Na carta citada, João Alberto informa sobre as necessidades de se implantar em Altamira um estabelecimento comercial, para suprir a população local, mas sem fazer uma concorrência desleal ao comércio já existente. Uma linha de transporte também deveria ser estabelecida, com o itinerário Altamira-Vitória. Em Almerim, seria preciso criar a conexão com algum correspondente, assim como em Vitória. Uma estação de rádio também seria estabelecida. Quanto ao comando dos trabalhadores, o super ministro sugere prudência.

> Os homens que estão à sua disposição serão empregados da forma que você achar mais prático. Os mais capazes poderiam ser mandados para os seringais afim de aprenderem o ofício; outros, dois ou três pequenos grupos de cinco homens com um chefe, poderão ser mandados para pontos do alto rio, considerados de grande importância para as futuras expedições.

[...]

Em relação aos trabalhadores que acompanham você faça-os trabalhar. Quando não haja serviço da expedição, encarregue-os de arranjar estradas, construir casas, olarias etc. De modo algum criar funcionalismo.

Quanto aos homens mais capazes que sirvam para missões especiais de confiança, ou sejam capazes de dirigir outros homens, eles deverão receber gratificações mas sempre em função da capacidade, esforço e trabalhos executados. Aqueles que você julgar mais fracos deverão ser dispensados e entregues ao trabalho próprio nos seringais, objetivo primordial que os trouxe aí. No fim, você selecionará um grupo reduzido e capaz de servir de cerne para os empreendimentos futuros.

Com a concentração de poder, Paulo Emilio torna-se uma referência para os trabalhadores, desiludidos com as promessas de dinheiro fácil e carentes de recursos básicos para a sobrevivência. O rapazote simpático, mas enérgico, que falava alto e conversava bem, era alguém a quem recorrer em caso de precisão. Os trabalhos continuavam com intensidade e a ideia de fazer um filme foi ficando para trás. A missão agora era assumir o posto de Altamira e organizar os trabalhos de dominação do território. Os sobressaltos, as condições precárias, o tumulto entre os homens, as doenças tropicais, que vitimaram grande parte dos soldados da borracha, tudo parecia criar dificuldades para o trabalho sistemático e produtivo. Porém, as cartas atestam um convívio amistoso com os brabos e o aprendizado devia ser mútuo, afinal todos eram estranhos no lugar e a incerteza era o pão de cada dia. A melancolia do nordestino decepcionado com a realidade dura que a propaganda dos cinejornais e dos desenhos de Chabloz encobria também devia contagiar Paulo Emilio, que nas noites de descontração entoava com os trabalhadores a canção oficial:

– É notícia de última hora
– Fui convocado
– De dia eu vou embora
– A minha fantasia de cetim

– Dê a meu mano mais moço

– Que se divirta por mim.

A voz de barítono certamente era motivo de chacota entre os brabos. Mas no dia seguinte, o trabalho, o calor, os relatórios, as ordens e a hierarquia destacavam o jovem de seus subordinados, que o respeitavam como a um doutorzinho. Cartas revelam a boa impressão do jovem nos trabalhadores, que escrevem pedindo atenção e a intervenção em casos delicados. Não deve ter sido fácil para o socialista a constatação do fracasso do SEMTA e o momento de seu discurso para aquela gente pobre e hesitante deve ter lhe obsedado por muito tempo.

O contato com a gente humilde numa situação tão particular faz lembrar a situação do presídio Maria Zélia, quando, em meados da década de 1930, Paulo Emilio permaneceu encarcerado por quase dois anos. A prisão, que se deveu às atividades políticas, aconteceu depois da tentativa de um levante comunista em 1935. A repressão que se seguiu foi intensa, atingindo tanto um escritor do porte de Graciliano Ramos como o estudante Paulo Emilio. Foi no presídio Maria Zélia, quase dez anos antes dos acontecimentos na Amazônia, que nosso autor travou contato com operários, anarquistas, militantes dos extratos sociais os mais diferentes. A educação burguesa lhe permitiu ministrar cursos de línguas para os presos e também favoreceu o contato direto e o interesse franco, pois já sabia que "qualquer vidinha é um mundo"[18]. As cartas desse período também apresentam um convívio amistoso, com trabalhadores agradecendo algum tipo de auxílio.

Para fechar esse parêntese, é preciso lembrar que além da solidariedade de classe, também data desse período na prisão a descoberta fisiológica para uma disposição crítica. A série de cartas enviadas à mãe, solicitando toda semana um menu diferente e farto: peixes, ovos, macarrão, ensopados, carnes e pães. A insistência dos pedidos confirma que, mesmo jovem, Paulo Emilio possuía pelo menos três estômagos, caracterís-

---

18. Paulo Emilio Salles Gomes, *Cemitério*, São Paulo, CosacNaify, 2007, p. 33.

tica indispensável para o bom crítico. Mas deixando de lado esse outro momento fundamental, voltemos ao fim das atividades junto ao SEMTA.

A conclusão da expedição Xingu-Tapajós, marca o fim da participação de Paulo Emilio no SEMTA. Mas o retorno a São Paulo não foi imediato, pelo contrário, foi lento e produtivo. Devia ser muito curioso ver aquele galalau, zarolho e falante com sua risada bonita, viajando em lombo de burro, comendo o que aparecesse e encontrando todo tipo de gente. Através das populações ribeirinhas, por entre sítios, locas, capoeiras e roçados, Paulo Emilio penetrava no Brasil e descobria um novo mundo, uma nova sociedade, uma língua desconhecida, a língua errada do povo, a língua certa do povo. A viagem foi longa e, conforme uma declaração do diretor do SEMTA, ele deixou o serviço em pleno 15 de novembro em Belém, mas ainda o encontramos no Ceará em meados de dezembro. Em Fortaleza, graças a Antonio Girão Barroso, conhece os artistas Aldemir Martins, Antonio Bandeira e Aluísio Medeiros. A coleção de artesanato popular, da qual parte se encontra em seu arquivo na Cinemateca, foi formada nas andanças por esse Brasil de meu Deus. Antonio Candido narra como Paulo Emilio encontrou meses depois um de seus ternos do Adams (um alfaiate paulista caríssimo) no meio de uma bolsa repleta de boizinhos[19].

O mesmo Antonio Candido não hesita em explicar a presença de Paulo Emilio na Batalha da Borracha como um gesto natural da militância antifascista[20], enquanto José Inácio interpreta o projeto como um fiasco total. Não há dúvida de que a disposição em lutar na Amazônia é consequência da militância política de esquerda e da tentativa de formulação de um marxismo independente[21], assim como do gosto pela aventura do jovem que, por pura provocação, urinava em mictórios integralistas. Amigo e biógrafo, ambos estão corretos, mas prefiro pensar que ao inte-

19. Antonio Candido, *Memória Paulo Emilio*, São Paulo, Cinemateca Brasileira/Museu da Imagem e do Som, 1988.
20. *Idem*, "Informe Político" em Carlos Augusto Calil e Maria Teresa Machado (orgs.), *op. cit.*, pp. 67-68.
21. *Idem*.

resse político se ligava o artístico, e que a sucessão de fiascos também teve consequências significativas para toda a vida, entre elas o conhecimento *in visu* do próprio país.

Em setembro de 1943, enquanto finalizava a papelada da expedição Xingu-Tapajós e arrumava as malas para partir, Paulo Emilio redigiu uma análise da elite intelectual da nova geração brasileira, destacando as principais tendências segundo seus pressupostos. Trata-se das respostas ao questionário enviado por Mário Neme, para quem nosso autor confirma o recebimento das perguntas em carta de 21.9.43. O jornalista e escritor reunia na época depoimentos de jovens intelectuais para a publicação no jornal *O Estado de S. Paulo*. Por razões políticas, o depoimento de Paulo Emilio não foi publicado no jornal, mas, em 1945, Neme reuniu o conjunto de 29 depoimentos e os publicou pelas Edições da Livraria do Globo, com o título *Plataforma da Nova Geração*. O questionário proposto por Neme buscava uma avaliação crítica da geração anterior e procurava delinear o perfil cultural da nova geração, assim como exigia um posicionamento em relação ao presente. O livro primava pela diversidade de pontos de vista, ultrapassando as personalidades literárias e dando voz a jovens que despontavam no debate da cultura brasileira, como Lourival Gomes Machado, Ruy Coelho, Rubem Braga, Mario Schenberg, Antonio Candido, Miroel Silveira, entre outros.

Paulo Emilio elaborou com cuidado seu depoimento, relendo-o e reescrevendo-o muitas vezes. Em seu arquivo, algumas versões do texto permitem o comentário e revelam o impacto da experiência amazônica. São pelo menos quatro versões distintas das respostas enviadas a Mário Neme, todas com diferenças significativas umas das outras. O que se percebe de texto para texto é a virulência da crítica ao presente, que vai se refinando e tornando-se menos personalista para destacar tendências. Paulo Emilio inicia uma das versões do depoimento para *Plataforma* chamando atenção a uma polêmica entre "um jovem crítico mineiro com formação universitária paulista" e "um romancista da geração de 22", quando o primeiro clama pelos princípios éticos do ato crítico, o segundo rebate acusando o jovem de simplificação e vendo na afirmação uma "fórmula

TRAJETÓRIA DE PAULO EMILIO

literária de fórum"[22]. Não há dúvida de que se trata da crítica inaugural de Antonio Candido para a *Folha da Manhã*, assim como é evidente que o tal romancista é Oswald de Andrade, o cabeça de turco da geração *Clima* nos depoimentos da *Plataforma*[23].

Em seguida, o jovem depoente destaca a importância de suas viagens pelo país, dos encontros com as classes pobres, viagens que, sem influências populistas (*narodnosz*), proporcionam o conhecimento verdadeiro de uma realidade e oferecem instrumentos concretos para transformá-la. Comenta sobre sua geração a partir da própria experiência:

> Eu tenho vivido em companhia da minha geração atravez de longas viagens pela geografia e pela escala social do Brasil. Tenho encontrado essa humanidade brasileira, entre pouco menos de 20 anos e pouco mais de 30, nos quadros dos trabalhadores do Rio, de Fortaleza, e do sertão Nordestino que partiram para o Amazonas, entre os peregrinos esfarrapados que viajam semanas a pé ensanguentado para chegar à gruta da Catedral de Bom Jesus da Lapa nas margens do Rio São Francisco ou à igreja do Padrinho Cícero no Joazeiro do Ceará. Não será difícil provar que esses nossos irmãos pela condição de homens, pela idade, pela língua, pela pátria, e para muitos deles e para alguns de nós, pela religião, não será difícil provar que no mundo social em que vivem não há "geração". Os párias, frequentemente tão sutis, ingênuos e nobres, são simplesmente párias, são filhos e netos de párias. Mas acontece que os jovens intelectuais citadinos do sul, do litoral, e dos andares médios ou altos da pirâmide social, resolveram conhecer o

22. Cf. Antonio Candido, "Notas de Crítica Literária – Ouverture" em Vinícius Dantas (org.), *Antonio Candido – Textos de Intervenção*, São Paulo, Editora 34/Duas cidades, 2002.
23. Em seu depoimento na *Plataforma da Nova Geração*, Antonio Candido sentencia: "'A sua geração lê desde os três anos', escrevia Oswald de Andrade no n. 5 de *Clima*. 'Aos vinte anos tem Spengler no intestino. E perde cada coisa!' Garanto-lhe que não, meu caro Oswald. O negócio não é assim tão simples. É preciso entender que o surto dessa tendência do estudo corresponde em nós a uma imposição da necessidade social de crítica. É a necessidade de pensar as coisas e as obras inclusive as que você e seus companheiros fizeram, sem compreender bem o que estavam fazendo, como é de praxe". Antonio Candido, "Depoimento" em Mário Neme (org.), *Plataforma da Nova Geração*, Porto Alegre, Edições da Livraria do Globo, 1945.

povo de que participam. E depois dessa revelação fecunda e humilhante, não é mais possível, sob pena de esterilização e desonra, deixar de solidarizar nossa geração intelectual ao destino de nosso povo. Pela preocupação com nossos problemas econômicos e pela solução pela ação política. Em uma palavra – divulgar a ideia de que o Brasil é habitado por pessoas humanas e que é escandalosamente imoral que essas pessoas humanas vivam e morram como vivem e morrem. Sem esse sentimento de fraternidade, que encontro às vezes nos jovens de minha geração preocupados com as cousas do espírito, me parece difícil que possamos dentro de nosso tempo nos exprimir mesmo no plano artístico. E é preciso notar que essa comunhão fraterna nada tem de comum com o paternalismo aristocrático por nossa terra que se insinua no pensamento do sociólogo Gilberto Freyre ou do ensaísta Afonso Arinos de Melo Franco[24].

O contato com diversas regiões do país fortaleceu o inconformismo e aumentou ainda mais a vontade de ação política, esfera alçada à única possível para o presente. Quem sabe essa unção da política não se deva também à frustração com o experimento cinematográfico. Na versão publicada em livro, muito mais refletida e balanceada, no lugar do chamado à luta política e da crítica a algumas personalidades, temos o arrazoado sobre as diferentes correntes de pensamento em vigor para sua geração e o detalhamento das tendências à esquerda. Depois do descrédito em relação à direita e ao catolicismo, inexpressivo do ponto de vista teórico (os verdadeiros seguidores de Maritain são os monges isolados em conventos), há uma série de considerações sobre a esquerda brasileira a partir de sua relação com a Rússia. A reflexão, por seu caráter pessoal, ajuda na caracterização do jovem Paulo Emilio, de quem persigo um retrato, alguém em profunda transformação e prestes a constituir ideias centrais para seu projeto intelectual.

24. Paulo Emilio Salles Gomes, *Depoimento*, Belém, set. 1943. O documento se encontra na Cinemateca Brasileira com a classificação PE/PI. 0097.

Esses jovens intelectuais, cuja história estamos contando, tinham chegado aos anos decisivos para uma formação. Alguns viajaram, todos mais ou menos se lançaram pelos vários caminhos do conhecimento científico e artístico, da física à psicanálise, da pintura ao cinema. Conheceram o amor. Foram independentes, foram mais do que isso. Conheceram a gratuidade e a disponibilidade, com as facilidades que lhes permitiam as suas condições de classe. Puderam se dar ao luxo de usar o processo de conhecimento que consiste em acreditar-e-depois-não-mais-acreditar naquilo pelo que momentaneamente se está interessado. Assim foi feito com Spengler, o neotomismo etc. E o que complicaria a análise de uma situação dessas é que a palavra frivolidade não teria aqui cabimento. Através desse processo contraditório, esses jovens intelectuais adquiriram uma seriedade e eficácia de pensamento que os diferencia logo em relação ao tom boêmio de Vinte-e-Dois.

A comparação das citações acima, duas versões de um mesmo depoimento, além da elaboração intelectual visível de um para outro, revela o jovem inquieto, entre o engajamento voluntarista mais chão e o analista que mede sua geração a partir da própria biografia. A vontade de enxergar com os próprios olhos, sem a mediação dogmática, uma realidade que singulariza uma experiência histórica é uma das conclusões mais importantes. A marca de ambos os depoimentos é a vontade de ruptura com a geração anterior, a tomada de posição política e o esforço teórico de renovação dos pressupostos enrijecidos do marxismo partidário. A contradição como mola propulsora singulariza o segundo depoimento e assume como coerência a investigação interior constante que o senso comum vê como inconsequência. Depois do autoquestionamento, do acelerado processo de desenvolvimento intelectual, a impressão de uma reflexão coletiva em torno do marxismo é intuída, o que remete à própria experiência brasileira que, enriquecida com "uma revisão progressista do marxismo", seria reavaliada à luz de novos materiais históricos e a interpretação correta dos existentes. O impacto do livro de Caio Prado Jr., *Formação do Brasil Contemporâneo* (1942), se faz notar[25]. A escrita e a reescrita do depoimento para a *Plataforma* refletem a busca por um caminho próprio, da geração e do indivíduo, e a opção pela política. Depois da redação do depoimento, Paulo Emilio conclui os serviços no SEMTA e volta lentamente para São Paulo, onde voltará a publicar na revista *Clima*. A aventura na Amazônia foi sem dúvida uma experiência crucial.

Escurecimento para mudar de assunto.

25. "Observando-se o Brasil de hoje, o que salta à vista é um organismo em franca e ativa transformação e que não se sedimentou ainda em linhas definidas; que não 'tomou forma'. É verdade que em alguns setores aquela transformação já é profunda, e é diante de elementos própria e positivamente novos que nos encontramos. Mas isso, apesar de tudo é excepcional. Na maior parte dos exemplos, e no conjunto, em todo caso, atrás daquelas transformações que às vezes nos podem iludir sente-se a presença de uma realidade já muito antiga que até nos admira de aí achar e que não é senão aquele passado colonial." Caio Prado Jr., *Formação do Brasil Contemporâneo*, São Paulo. É sabido que para comentar a vida material do passado colonial, o autor percorreu regiões do país conferindo *in visu* a persistência do passado.

3
A biblioteca de Paulo Emilio

* * *

> *Mais la vérité et la vie sont désordre;*
> *les filiations et les parentés*
> *qui ne sont pas surprenantes ne sont pas réelles...*
> Paul Valéry, "Stendhal" em Varieté II.
> Trecho grifado por Paulo Emilio.

3.1 Biblioteca-ruína

Paulo Emilio tinha fascínio por livros, desde menino acumulava diferentes edições das obras completas de Eça de Queiroz, volumes de literatura brasileira romântica, literatura francesa e espanhola, além dos tradicionais manuais de direito e de medicina, sem contar as inúmeras revistas culturais. Na sua primeira estada na França (1937-1939), gastava quase todo o seu dinheiro enviado pelos pais com livros obscuros de política e livros sobre o cinema de vanguarda e Chaplin. Em sua segunda estada (1946-54) não foi diferente, e os pequenos trabalhos que lhe rendiam alguns cobres, como o de locutor da Radio Paris Mondial substituindo Di Cavalcanti, além de uma bolsa de estudos do governo francês, complementavam o orçamento. Paulo Emilio lia ao longo de toda a madrugada, dormia pela manhã e de tarde dividia o tempo entre a compra de livros e as visitas à Biblioteca Nacional e à Cinemateca de Langlois. Quando voltou ao Brasil em 1954, assim como seu ilustre homônimo – que, após a vitória, transportou toda a biblioteca do rei da Macedônia –, Paulo Emilio trouxe toda sua biblioteca sendo obrigado a pagar uma *grosse amende* por excesso de bagagem. Seu retorno ao Brasil foi marcado pela definição de um grande projeto intelectual: uma cinemateca fortalecida, o desenvolvimento dos estudos históricos do cinema local e o comentário emancipado do cinema contemporâneo. Projeto que se traduz na grande biblioteca, diversificada e cheia de curiosidades sobre o seu titular e sua época. No início de 1962, para armazenar parte dessa biblioteca foi necessário alugar um apartamento na rua Mário Cardim, próximo à Cinemateca Brasileira, pessimamente instalada no Parque do Ibirapuera. Escritório-biblioteca, "os sapos", como foi batizado o apartamento, era um lugar de retiro para a concentração e a tranquilidade da Vila Mariana favorecia a introspecção. A constante atualização bibliográfica especializada exigia uma série de encomendas, que as notas fiscais do arquivo pessoal confirmam.

O trabalho em torno de uma biblioteca é uma incursão de um livro para outro, um caminho que vai se realizando e sem que se dê conta, que se transforma e redesenha paisagens inteiras. A investida é marcada por errâncias labirínticas, árduas passagens que podem dar em nada, mas que também podem desembocar em momentos de grande júbilo intelectual.

Sem dúvida, trata-se de um aprofundamento nos diferentes caminhos da memória e do conhecimento, em que o jogo livre da digressão funda um lugar de encontros utópicos, anacrônicos e ucrônicos, que revelam afinidades eletivas, divergências, escolhas, recusas e opções definidas. Enfim, pela sua história, organização, ordem e público que escolhe, toda biblioteca traz consigo uma concepção da cultura, que informa sobre a sociedade que a gerou.

Mas toda biblioteca também encerra um conjunto de segredos de seu fundador: indo de uma estante a outra e tecendo entre os livros uma proximidade estranha aos volumes que os separam, estabelecendo uma ordem que um terceiro não poderia jamais penetrar ou reproduzir. Por isso, minha ideia aqui é traçar algumas linhas, conexões entre autores e a permanência de certas ideias na obra de Paulo Emilio. Como nos informa Enis Batur, uma biblioteca não permite que um leitor se equipare a ela. Daí que o esforço não é ler tudo o que leu nosso autor, o empenho é incluir sua biblioteca como elemento revelador de seu trabalho. Claro está que ninguém jamais poderia ler um livro como Paulo Emilio o leu, como ele o viveu. O que nos interessa é procurar influências que mostrem entradas pouco utilizadas na análise da obra do crítico. Como o saber é cumulativo e se sustenta no que o precede, na tradição, a biblioteca necessita de uma exploração contínua que a impulsione para o presente.

Tal como a conhecemos hoje, a biblioteca de Paulo Emilio não é apenas uma coleção de livros, ela também é um catálogo de problemas. Quando Ernst Cassirer falou coisa parecida sobre a Biblioteca Warburg, ele não se referiu à série de temas que os milhares de volumes encerravam, mas à maneira como diferentes linhas de pensamento se entrecruzavam e se interpenetravam, vinculando-se a um único centro ideal. Mudando o que se deve mudar, a maior dificuldade de quem percorre as estantes da biblioteca de Paulo Emilio é estabelecer conexões, nexos, relações, "leis de boa vizinhança" que criem sentidos e que auxiliem na decifração do pensamento de seu titular. Numa espécie de montagem de atrações, essa biblioteca é um conjunto de associações que geram uma nova imagem ou um texto novo.

Para isso, uma breve descrição desse acervo, com a dose de subjetividade que a tarefa envolve, permite que nos aproximemos de algumas preferências de seu titular. O leitor pode se perguntar qual a validade dessa enumeração de obras sem um critério muito seguro. Pode se perguntar qual a validade desse tipo de observação, pois muitas vezes temos livros que nunca chegamos a ler. Terá Paulo Emilio lido esse ou aquele livro? Será que tal autor é mesmo significativo para uma exegese? Sem dúvida, é difícil afirmar, e por isso a proposta possui uma considerável carga de arbitrariedade. Porém, a influência de alguns autores é evidente, enquanto que outros são pontos significativos em determinados momentos da biografia de nosso autor. Uns são peças importantes para desvendar a constituição do estilo, outros são documentos que informam sobre as referências históricas para determinadas investigações. Quanto à questão se Paulo Emilio leu ou não todos os livros de sua biblioteca, poderíamos responder com as palavras de Anatole France que, inquirido sobre o mesmo problema, teria respondido: "Nem sequer a décima parte. Ou, por acaso, o senhor usa diariamente sua porcelana de Sèvres?"

O que importa aqui é a presença de determinados títulos, pois ela já evidencia a topografia bibliográfica de toda uma época. Certamente, essa biblioteca, por sua história singular, abriga um grande fantasma, um número espectral de ausências que também importam, mas que são impossíveis de serem recuperadas. Resta-nos trabalhar com os títulos que sobreviveram até os dias de hoje e interrogá-los. Apesar da grande dose de acaso, a tarefa procura algum realismo e objetividade.

A biblioteca de Paulo Emilio é tomada aqui como porta de acesso ao seu pensamento. As características dos livros informam um programa de leituras e formas de estudo. Os volumes guardam marcas importantes, rastros de um leitor criterioso, que deixou traços de caminhos percorridos e indicações de desvios. Folheando essa biblioteca é muito comum encontrarmos, no final de cada volume, anotações dos números das páginas mais significativas. Esse sistema de referência indica não somente a leitura atenta, mas também uma forma de remeter para um lugar já visitado, o que facilita a releitura. O livro como retorno. Outro indício desses livros são os grifos e as anotações marginais, estas últimas, raras e, por isso mesmo, significativas. Paulo Emilio tinha grande zelo por seus livros, um zelo de colecionador, que faz indicações na página com muita parcimônia. As páginas cortadas com precisão também mostram o cuidado pelos livros. Aqueles não lidos ou os parcialmente lidos, com apenas parte das páginas cortadas, também são numerosos.

Os cinco mil volumes que chegaram até nossos dias são apenas parte de uma biblioteca que um dia teve por volta de trinta mil volumes. Esse pedaço, esses livros remanescentes têm uma história marcada pelos percalços de seu titular, mas também pela particularidade da instituição que a abriga, a Cinemateca Brasileira. Quando o crítico retornou ao Brasil, em 1954, após longa estada na França, um de seus propósitos era fortalecer a instituição financiada por Ciccilo Matarazzo. Entretanto, uma cinemateca é bem cara, sobretudo uma brasileira, onde tudo estava pra ser feito. Todos os esforços para sensibilizar o poder público e conseguir uma dotação compatível com suas necessidades deram com os burros n'água. A penúria era compensada pelo grande entusiasmo, de Paulo Emilio e de toda equipe que o carisma do crítico conquistava para a causa do desenvolvimento da cultura cinematográfica local. Nessas condições, ele doou praticamente toda a sua biblioteca de cinema para a instituição, afinal a Cinemateca era quase uma continuidade de sua residência. A biblioteca continha o que havia de melhor no mercado editorial sobre cinema: os pioneiros da história do cinema[1], as principais revistas[2], as biografias de cineastas e astros, os grandes nomes da teoria[3]. E junto com os livros de cinema, também estava uma biblioteca de ciências humanas, constituída a partir dos anos de 1930 e repleta de volumes de história, política, sociologia e literatura. No início da década de 1960, Paulo Emilio, empenhado como estava na transformação do cinema local em todas as suas dimensões (público, produção, crítica), doou para o historiador Edgar Carone grande parte dos livros de história do movimento operário europeu que acumulara na época de sua intensa militância política e quando

---

1. Cf. os três livros de Georges-Michel Coissac: *Histoire du Cinématographe: De Ses Origines à nos Jours* (Paris, 1925), *Les Coulisses du Cinéma* (Paris, 1929); Georges Charensol, *Panorama du Cinéma* (Paris, 1930); Ettore Margadonna, *Cinema Ieri e Oggi* (Milão, 1932); Maurice Bardèche e Robert Brasillach, *Histoire du Cinéma* (Paris, 1935); Carl Vincent, *Histoire de l'Art Cinématographique* (Paris, 1939); Francesco Pasinetti, *Storia del Cinema dalle Origini a Oggi* (Roma, 1939); Carlos Fernandez Cuenca, *Historia del Cine* (Madrid, 1949); Marcel Lapierre, *Les Cents Visages du Cinéma* (Paris, 1948).
2. *Revue du Cinéma, Sight and Sound, Bianco e Nero* entre outras de menor relevo.
3. Eisenstein, Moussinac e os teóricos da *avant-garde*, Bazin, Morin, Kracauer, Leyda, Mitry etc.

realizava o estudo sobre os Vigo. Carone precisou realizar várias viagens de jipe para transportar esses livros[4]. O que ficou na Cinemateca eram as principais referências do discurso cinematográfico, ao lado de livros sobre os socialismos, obras de Paul Valéry, Karl Marx, André Gide. Entretanto, com o passar dos anos e o aprofundamento da crise da Cinemateca na década de 1970, o crítico foi forçado a doar, por meio de um convênio, grande parte desse acervo ao Museu Lasar Segall, antes que ele se deteriorasse completamente em razão das péssimas condições de seu armazenamento.

Assim, em 1974, a Cinemateca Brasileira transferiu ao Museu Lasar Segall quase todo o seu acervo bibliográfico de cinema, restando apenas algumas obras de referências, duplicatas das obras enviadas ao museu, e todos os livros de ciências humanas que sobraram após os jipes de Carone. Em 1977, com a morte de Paulo Emilio, Lygia Fagundes Telles doou todo o arquivo pessoal do crítico para a Cinemateca, toda sua produção intelectual, correspondência, recortes de jornais e todos os livros que estavam na Cinemateca, nos "sapos" e na residência do crítico. Na década de 1980, a Cinemateca iniciou a sistematização do arquivo pessoal do crítico, e os livros de cinema foram separados dos demais que, a partir de então, passaram a ocupar um lugar reservado, recebendo o nome de Biblioteca Pessoal de Paulo Emilio, um acervo destacado da biblioteca especializada em cinema, que foi absorvida pela biblioteca da Cinemateca. Como tal, permaneceu como um material praticamente sem consultas e, à exceção dos poucos técnicos da própria Cinemateca que iniciaram um inventário e depois a catalogação em base de dados, leram alguns volumes, ninguém nunca se deteve nesse conjunto. Em meados de 2008, ao começar a descobrir esses livros, encontrei uma carta de Antonio Candido entre páginas muito deterioradas de Proust; em outro volume de gramática francesa achei um pequeno bilhete de um companheiro anônimo do Presídio Maria

---

4. Em uma entrevista (31.1.2002), Carone me narrou o desprendimento de Paulo Emilio: "Adoraria relê-los para lembrar a sensação que tive quando os descobri. Mas isso seria *pécuchice*. Vá, leve o que quiser, jovem." O termo *pécuchice* certamente se refere ao romance inacabado de Flaubert.

Zélia; em um livro sobre a história do socialismo (Max Beer) me deparei com um marcador de páginas anunciando obras de Lênin, sem falar nas anotações, grifos, páginas indicadas no final dos volumes, marcas de café e, numa página de Gide, a própria impressão digital de Paulo Emilio que, por acidente ou falta de hábito, molhou o dedo com tinta de caneta esferográfica e gravou uma folha em branco com sua marca pessoal.

Folhear esses livros, trinta e três anos depois do contato de Paulo Emilio, foi uma experiência que fundiu curiosidade com fascínio, nem sempre de maneira equilibrada.

3.2 LETRAS E NOMES

Em comentário sobre a amizade com Oswald de Andrade, dez anos após sua morte, Paulo Emilio relembra a própria curiosidade insaciável que, de alguma forma, nunca o abandonou. Diz o crítico: "Lá pelos dezoito anos tudo, com exceção do cinema e de qualquer ciência exata, me interessava tão vivamente quanto confusa e superficialmente: política, literatura, psicanálise, teatro, arquitetura, sociologia, pintura. O critério era um só: Tudo que me parecesse moderno tinha valor"[5]. E nessa fome de conhecimento entrava um cipoal de referências. O aspecto caleidoscópico positivo, espécie de samba do crioulo doido do espírito, é fruto de uma época de engajamento artístico-político e de fascínio pelas novidades das ciências humanas na Universidade de São Paulo, disposições que permanecem ao longo dos anos e que se refletem também em sua biblioteca.

Como marca da província, essa biblioteca apresenta certo atraso de gosto que se mescla à novidade. No meio de tantos volumes de Eça de Queiroz e Romain Rolland, surgem André Gide, Jean Paul Sartre, Antonio Candido e uma coletânea de estudos estruturalistas. A presença de Du Bos, Taine, Anatole France, Valéry Larbaud e Paul Bourget também trazem a marca do atraso, já que esses autores nada mais significam para

5. Paulo Emilio Salles Gomes, "Um Discípulo de Oswald", *Crítica de Cinema no Suplemento Literário*, Rio de Janeiro, Paz e Terra, 1981, vol. 1.

nosso tempo e envelheceram irremediavelmente. A ideia aqui não é realizar uma descrição exaustiva do acervo, mas apenas destacar alguns autores para compor uma descaracterização criativa.

A biblioteca de Paulo Emilio constitui um mapa de sua geografia espiritual e intelectual, o desenho e a trama do caminho percorrido, com inúmeras bifurcações, cheio de novas pistas. Ao mesmo tempo, ela é uma espécie de topografia bibliográfica do mundo intelectual brasileiro das décadas de 1940 a 1970. A grande presença de autores franceses é um fato em toda biblioteca de um intelectual brasileiro do período, e a marca do existencialismo, a "paixão pela Rússia", o modernismo, os mitos literários estrangeiros e a vontade de abarcar a cultura ocidental em sua vastidão, se fazem presentes. Aos nossos olhos contemporâneos de "especialistas", para quem a tão apregoada interdisciplinaridade só fez delimitar melhor as fronteiras de cada área de conhecimento, essa biblioteca demonstra um leitor eclético demais, sem a personalidade definida que uma obra coesa exige. Mas no exame dessa biblioteca, o que se percebe é a ligação entre cada estante, cada livro, que ora remete a um aspecto preciso, ora a questões gerais de interesse para a análise. A descrição dos volumes acompanha a biografia e, muitas vezes, remete à obra.

O alcance de uma biblioteca também pode ser delineado por suas revistas. Segundo Benjamin, elas compõem as orlas prismáticas de uma biblioteca. Preciosidades como a revista *Ion*, do místico Isidore Isou – que também comparece com sua *Introduction à une Nouvelle Poésie et à une Nouvelle Musique*. Claro, a revista *Clima* faz parte desse acervo. Como leitor atento ao debate intelectual de sua época, Paulo Emilio acompanhou tanto as revistas *Les temps modernes*, de Sartre, como a *La France libre*, de Raymond Aron; tanto *Maintenant*, do socialista Henri Poulaille, como *Esprit*, do filósofo "personalista" Emmanuel Mounier. O bastião da moderna literatura francesa, a revista *Mercure de France*, a modernista *Klaxon*, a paulista *Anhembi*, em que Paulo Emilio escreveu seus primeiros textos em sua volta definitiva ao Brasil. A *Revue d'Ésthétique*, do professor Etienne Souriau, a *Communications*, dos estudos estruturalistas, a *Table ronde*, editada por uma casa editorial que abrigou os *hussards* (Nimier, Blondin etc.), que defendiam posições bem direitistas e antiexistencialistas. A *Civilização Brasileira*, a mais importante revista da década de 1960 e espaço dos cinemanovistas, a *Revista Brasiliense*, de Caio Prado, a *Tempo Presente*, de Nicola Chiaromonte, discípulo de Andrea Cafi, todos esses periódicos encontraram em Paulo Emilio o leitor versátil, interessado na cultura brasileira e no debate contemporâneo.

Quanto aos livros, autores como Anatole France, Jacques Bainville, Maurice Barrès, Henri Barbusse e Maurice Bardéche, são exemplos que reiteram essa noção ampla do trabalho do crítico da cultura. Paulo Emilio provavelmente encontrou em Anatole France a cumplicidade em torno dos livros. Como bom filho de livreiro-editor, France soube transpor essa paixão para seus romances. Em *O Crime de Silvestre Bonnard*, o protagonista viaja para muito longe, apenas para consultar um manuscrito raro. Em *La Rôtisserie de la Reine Pédauque* há a ambientação na grande biblioteca "Astaracienne", que termina consumida pelo fogo. Já em *A Revolta dos Anjos* também uma biblioteca é um espaço importante para o drama. Por sua vez, Bainville, o conservador historiador da França e militante da Action Française, serve para a definição do universo de Almereyda. O mesmo acontece com Maurice Barrès. O escritor do "culto do eu" interessa tanto quanto o publicista de extrema direita. Homem muito representativo de seu tempo, muito lido no fim do século XIX até sua morte em 1924, Barrès, "o príncipe da juventude", foi uma influência forte para os renovadores da literatura francesa. De Henri Massis a Breton e Aragon, de Mauriac a Maurras e Léon Blum, os admiradores de Barrès formavam legiões e, em 1921, quando os dadaístas da revista *Littérature* desferiram um de seus ataques contra a ordem, foi Barrès o "réu" do julgamento fictício. Sua primeira trilogia *O Culto do Eu*, publicado na década de 1880, era marcada por um individualismo radical e anárquico, em que a descoberta da vida social se dá por meio da vida interior, o "pensar solitariamente conduz a pensar solidariamente". O desdobramento desse egocentrismo desemboca no nacionalismo que, com o caso Dreyfus, revela sua disposição xenófoba, se aproximando de Maurras. Em *Les Déracinés* (1897) aparece plenamente o culto ao solo pátrio, as injustiças sociais, o antiintelectualismo, a partir de uma narrativa íntima das desventuras em Paris de migrantes da Lorena. Tudo é envolvido por uma prosa entusiástica e inteligente. A projeção nacional torna-o uma referência e cada vez mais a política vai ofuscar a literatura. Com o advento da Grande Guerra, participa da campanha nacionalista generalizada e como símbolo de sua ação concreta escreve artigos diários no jornal *L'Echo de Paris*. A reunião desses escritos receberá o nome de *Chronique de la Grande Guerre* (1919), em que prevalece o aspecto documental, em detrimento da literatura. Barrès foi um escritor de renome em vida – muito traduzido na Alemanha – e sua ideologia proto-fascista foi bastante cultuada pela extrema direita francesa. Com o fim da Guerra confirmou, segundo Maurras, sua "incessante metamorfose", ao adotar o ideário republicano de Clemenceau. Para entender seu pensamento e sua importância no mundo de Almereyda, Paulo Emilio se serviu de comentadores como Henri Massis, em seu *Jugements*.

Bardèche, por sua vez, aparece com alguns volumes que tratam de política e literatura. Co-autor de uma importante história do cinema[6], Bardèche se afastou gradativamente da sétima arte, para se consagrar ao fascismo e produzir biografias de grandes literatos, entre eles uma das preferências de Paulo Emilio: Stendhal. Já Henri Barbusse encontra-se no outro lado da trincheira e interessa menos o escritor do que o polemista, autor de uma biografia de Stálin e um relato comovente sobre a experiência histórica do comunismo russo.

Os livros seguem essa lógica, ora apontam para questões específicas do trabalho de Paulo Emilio, ora revelam dados significativos para se entender sua obra, mas também indicam momentos precisos de sua trajetória, como é o caso da *Historia do Socialismo e das Luctas Sociaes*, de Max

---

6. A *Histoire du Cinéma*, de Maurice Bardèche e Robert Brasillach, escrita principalmente pelo último, surgiu em plena Ocupação e em sua primeira edição (1943) há opiniões antissemitas. Na edição de 1964, essas referências foram excluídas por Bardèche, já que o segundo foi fuzilado em 1945 em razão de seu colaboracionismo.

Beer, publicado em dois volumes pela Livraria Cultura Brasileira e lido no ano de seu aparecimento, 1934. O mesmo acontece com René Fülöp Miller e seu *Espírito e Physionomia do Bolchevismo: Descripção e Crítica da Vida Cultural da Rússia Soviética* (Porto Alegre, Globo, 1935) e também com *A Rússia dos Soviets* (1925), do português José Carlos Rates. O livro de Fülöp Miller reúne uma série de impressões vagas sobre a arte na Rússia no princípio dos anos 1920. Ele teve um curioso destino no Brasil, pois publicado originalmente em 1925 ou 1926, descreve o auge do movimento de vanguarda nas artes, que logo se arrefeceu com o stalinismo. Publicado no Brasil em 1935, quando o movimento de vanguarda já se descaracterizara inteiramente, ligava grotescamente, na cabeça de reacionários e revolucionários, o stalinismo com a arte avançada[7].

A "paixão pela Rússia" de que fala Paulo Emilio em seu depoimento para a *Plataforma da nova geração* abrange não apenas os livros de e sobre a Revolução de Outubro (Max Eastman, Max Beer, Isaac Deutscher, entre tantos outros), mas também a arte produzida nesse país. Além dos clássicos da história da literatura russa (Dostoievski, Gogol, Puchkin, Lermontov, Turgêniev, Saltykov, Korolenko, Garshin, Sologub, entre outros), constam também autores contemporâneos da grande convulsão social, como Alexandre Blok, cuja miséria material aparece num dos mais inspirados textos do *Suplemento Literário* (*Revolução, Cinema e Amor*). Essenin, Maiakovski e Bábel, todos são fundamentais para o delineamento de Eisenstein e seu contexto.

Agripino Grieco e Lucio Cardoso foram lidos no contexto dos anos de 1930, onde esses autores aparecem no campo oposto do modernismo que Paulo Emilio frequentava. Do primeiro, há na biblioteca a *Evolução da Prosa Brasileira*, em que se louva um tipo de prosa mais intimista em contraposição ao romance social. Do segundo, destacam-se *Novas Poesias* e *A Luz no Subsolo* com dedicatória ("cordial homenagem") e anotação

---

7. Para uma análise da vanguarda russa cf. François Albera, *Eisenstein e o Construtivismo*, São Paulo, CosacNaify, 2002. Sobre o livro de Fülöp Miller cf. Paulo Emilio Salles Gomes, "Eisenstein e a Massa", [11.1.1958] em Paulo Emilio Salles Gomes, *Crítica de Cinema no Suplemento Literário*, Rio de Janeiro, Embrafilme/Paz e Terra, 1981.

da data de leitura ("Presídio Paraíso. S. Paulo. Agosto 1936). Desse mesmo período, Caio Prado Jr. é uma leitura significativa para se entender o jovem comunista. A leitura de URSS, *Um Novo Mundo* certamente impactou pela coerência da análise e seriedade do tom, o que contrastava radicalmente com a propaganda stalinista. Caio Prado não faz observações de viagem, ele tenta descrever a organização econômica e política, além das transformações sociais em processo, como a reformulação do sistema educacional público. O livro de Caio Prado foi um sucesso editorial, ultrapassando em muito as fileiras comunistas[8].

No exemplar de Paulo Emilio de URSS, *Um Novo Mundo* o trecho aparece grifado: "[...] de todos, segundo suas possibilidades, a todos, segundo suas necessidades". O livro foi lido no ano de sua publicação e, provavelmente, Paulo Emilio acompanhou a conferência de Caio Prado no Clube dos Artistas Modernos (CAM), que também deu espaço para Oswald falar de *O Homem e o Cavalo*, peça teatral que rendeu uma boa polêmica entre o modernista e Paulo Emilio, que ao invés do formalismo preferia a prosa social de *Moleque Ricardo*, de José Lins do Rego[9]. A leitura de *Formação do Brasil Contemporâneo* também é importante e o depoimento para a *Plataforma da Nova Geração* destaca o papel da investigação histórica para sua geração.

Livros como *Histoire du Guépéou* (1933), *Stalin* (1933), ambos de Essad Bey – um exilado denunciador da barbárie stalinista –, *The History of American Trotskysm* (1944), *Mamma Svetlana Nono Stalin* (1967) e *Qué Silenció la Hija de Stalin?* (1967) e *Les Bolcheviks et la Révolution d'Octobre – Procès Verbaux du Comitê Central du Parti Ouvrier Social-démocrate Russe (Bolchevique)* (1964), confirmam o interesse pela experiência histórica da Rússia em diferentes momentos. Os primeiros colocam em xeque o deslumbramento do comunista neófito na medida em que informam so-

8. Sobre o livro de Caio Prado e de outros comunistas que trataram de viagens à URSS cf. Edvaldo Correa Sotana, *Relatos de Viagens à URSS em Tempos de Guerra Fria: Uma Prática de Militantes Comunistas Brasileiros*, Curitiba, Aos Quatro Ventos, 2006.

9. Paulo Emilio Salles Gomes, "O Moleque Ricardo e a Aliança Nacional Libertadora", em Carlos Augusto Calil e Maria Teresa Machado (orgs.), *op. cit.*

bre a burocratização da revolução já na década de 1930, enquanto que os últimos são indícios da "paixão", que nunca deixou de pulsar.

O livro *The Pocket Book of Mistery Stories* indica o gosto pelo romance de detetive, cuja atmosfera surge em alguns dos artigos do *Suplemento Literário* e no livro *Três Mulheres de Três Pppês*. O filósofo Julien Benda, de quem Paulo Emilio pegou emprestado o título *Exercice d'un Enterré Vif* para uma crônica (ou teria sido de um poema de Drummond?), comparece com um volume em que o autor faz um retrospecto de sua trajetória de maneira mais livre que em suas defesas do racionalismo e em seus ataques ao existencialismo. O místico Nicolai Berdiaev e sua defesa de um cristianismo social, que rejeita a experiência da revolução russa, despertou a curiosidade e foi lido em várias obras, especialmente seu *Esprit et Liberté*, cujo volume na biblioteca pertenceu a Mario Schemberg e contém partes grifadas no capítulo sobre a teosofia de Blavatsky. A coletânea *Introduction à l'Étude Scientifique du Rire* (Paris, Flamarion, 1959) sem dúvida ajudou Paulo Emilio a entender com precisão o "libertador acesso de riso" de Jeanne em *Os Amantes*. O texto de Etienne Souriau, que encerra o volume, trata do problema estético do riso e usa termos dos quais o crítico se serviu para seu estudo sobre o filme de Louis Malle. Souriau também aparece nos vários manuais de cursos de estética acompanhados por Paulo Emilio na Sorbonne, quando de sua segunda estada na França. Souriau recuperou a noção de "diegese", que Paulo Emilio utilizará em *Humberto Mauro, Cataguases, Cinearte*. O conceito seria depois reconhecido pela crítica literária[10]. Comentando ainda o riso, vale notar os livros sobre a história do circo, de Serge e o palhaço Rámon Goméz de La Serna.

A coerência política não impede o distanciamento artístico, e a heterodoxia surge como marca dessa biblioteca. Ao lado de marxistas ortodoxos, aparece um escritor como Céline. Seu *Mea-culpa* será importante para se compreender o clima político da época de Almereyda. E apesar do panfleto anti-semita, *Bagatelles pour un Massacre*, o estilo

---

10. Cf. Gérard Genette, *Figures III*, Paris, Gallimard, 1972.

delirante e a fúria autodestrutiva têm lugar na estante. Assim como Pirandello, malgrado seu telegrama em solidariedade a Mussolini depois do assassinato de Matteotti; ou Hamsun, que mesmo com a adesão ao nazismo aparece com seu *Um Vagabundo Toca em Surdina*, traduzido em 1934 pela Cultura brasileira; e Eluard e Aragon, apesar da aprovação aos processos e execuções stalinistas. Esses grandes autores do século interessam pela profundidade de suas obras, menos por suas escolhas conjunturais, ora como cultura geral, ora por razões específicas, como é o caso de Comte. As obras completas do filósofo servem para a feitura do artigo *O Positivismo Brasileiro na Sorbonne*, sobre o trabalho do professor Paul Arbusse-Bastide[11]. O mesmo acontece com Léon Daudet, o eterno inimigo de Almereyda.

Antonio Candido comparece na biblioteca de Paulo Emilio com inúmeras obras e todas com dedicatórias significativas. Em *Introdução ao Método Crítico de Silvio Romero* (1945) temos a declaração da grande amizade, que passa pela compreensão das condições econômicas e a solidariedade do filho de secretário de estado não tem limites. Em uma conversa por telefone, Antonio Candido me confirmou que Paulo Emilio lhe emprestou dinheiro para imprimir sua tese. A dedicatória bem humorada confirma os laços de afeto e a proximidade das ideias:

A Gomes, que passará à posteridade por ter sido o Engels desta obra--prima, muito afetuosamente. Antonio Kandido. Março de 1945

Já em *Vários Escritos* (1970), encontramos a seguinte dedicatória: "Ao Paulo (herói de umas partes deste livro) com afetuoso abraço do A. C." A presença de Paulo Emilio no livro aparece nominalmente em alguns ensaios e, quando o livro foi relançado em 1995, Antonio Candido incluiu um ensaio inteiramente dedicado ao amigo. Mas na edição de 1970, Paulo aparece na série de ensaios dedicados a Oswald e em especial em *Digres-*

---

11. Cf. Paulo Emilio Salles Gomes, "O Positivismo Brasileiro na Sorbonne" em *Anhembi*, n. 30, vol. 10, p. 538.

são Sentimental de Oswald de Andrade. Na frase "No começo do decênio de 40, Oswald fez em sua casa mais de uma leitura de capítulos prontos, segundo me contou quem ouviu". O "quem ouviu" certamente é Paulo Emilio, que naquela época era o *protégé* do poeta modernista, que cultivava um clima amistoso (pontuado por muita pilhéria) com o jovem desinibido. Quando Antonio Candido comenta a expectativa em torno da *Trilogia do Exílio*, aguardada como a grande obra do poeta e que viria para lançar por terra as dúvidas em torno de suas qualidades artísticas, ele afirma: "Todavia eu (nós) esperava (mos) por uma confirmação, com coroamento que ele [Oswald] teimava em anunciar como tal". Certamente, quando se refere a um "nós", o crítico literário está evocando sua geração – a geração *Clima* – que acompanhou com interesse renovado os rumos do modernismo. Mas sem dúvida, esse "nós" se refere particularmente a ele e Paulo Emilio que, entre os "chato-boys"[12] era o mais próximo do poeta. No momento em que o ensaio descreve a recepção de Oswald pela geração *Clima*, Paulo Emilio ocupa um lugar de destaque e é alvo de provocação. "Paulo Emilio andava pelos dezoito anos, era muito combativo e cheio de iniciativas, com certo gosto pelo barulho que depois perdeu." Ainda sem entender o sentido da provocação, descrevo-a aqui para evidenciar a troca de ideias, a cumplicidade e as proposições em torno de uma interpretação da cultura, que passa também pela memória de uma geração. Em Antonio Candido, essa interpretação da experiência brasileira está inteira já em 1959 na sua *Formação da Literatura Brasileira*, publicada no mesmo ano da *Introdução ao Cinema Brasileiro*, de Alex Viany. Paulo Emilio será muito sensível a essas duas obras, a segunda vai receber severa crítica, enquanto que a primeira é um modelo de investigação decisivo para a compreensão da história do cinema brasileiro que está em *Humberto Mauro, Cataguases, Cinearte*. Da leitura atenta de *Forma-*

---

12. "Chato-boy" foi o apelido sarcástico que Oswald aplicou a toda a geração *Clima* para caracterizar seu discurso acadêmico moderno e científico. Uma geração que, segundo o poeta, "[...] lê desde os três anos. Aos vinte tem Spengler no intestino. E perde cada coisa!" A crítica ao jargão acadêmico, à vontade de superar a geração anterior pelo apego à ciência, foi amenizada com a adoção pelos próprios membros da geração de *Clima* do apelido que, de crítico, passou a ser mais um chiste pau-brasil.

ção destaca-se uma ideia-força, grifada com caneta esferográfica: "[...] o desejo de mostrar que também nós, brasileiros, homens de uma terra inculta, éramos capazes de fazer como os europeus" (p. 79). E Antonio Candido ressalta como essa atitude é de grandes consequências não só para a literatura, mas para toda a "vida mental do país". O fenômeno chega tardiamente ao cinema, e será Paulo Emilio quem o recuperará quando salientar o papel histórico da revista *Cinearte*.

Seguindo essa tradição de crítica de obras e análise da sociedade, vale a pena mencionar *Ao Vencedor as Batatas*, de Roberto Schwarz. O volume da biblioteca de Paulo Emilio tem a curiosa dedicatória: "A Sallès Gomès, um eminente colonizador e trípede paulista. De um seu colono. Roberto. 11.jul.1977". A referência à grafia francesa do nome de Paulo Emilio e a indicação do colonizador paulista revelam tanto o conhecimento de *Jean Vigo*, como o impacto do texto *Uma Situação Colonial?* – que será retomado anos depois para introduzir o balanço de um ciclo econômico –, assim como uma brincadeira entre o local e o universal sugere em tom de pilhéria a leitura de *Cinema: Trajetória no Subdesenvolvimento*. O termo "trípede" certamente se refere ao título das ficções do crítico de cinema, que na época ocupavam o crítico literário. Mesmo que puramente documental, a menção é significativa, pois o autor é dos raros que tem destacado em profundidade o trabalho de Paulo Emilio e sua contribuição crítica e artística[13].

Percorrendo as estantes dessa biblioteca, encontramos várias obras de Edgar Carone, que se define como "amigo e discípulo". E, seguindo a ordem alfabética, temos alguns trabalhos de Otto Maria Carpeaux. O cosmopolitismo do crítico austríaco, radicado no Brasil, se confirma nos

---

13. Cf. Roberto Schwarz, "Sobre as Três Mulheres de Três Pppês", *O Pai de Família e Outros Estudos*, Rio de Janeiro, Paz e Terra, 1978 (incluído posteriormente na segunda edição do livro de Paulo Emilio); Roberto Schwarz, "A Imaginação como Elemento Político" em Carlos Augusto Calil e Maria Teresa Machado, *Paulo Emilio: Um Intelectual na Linha de Frente*, São Paulo/Rio de Janeiro, Embrafilme/Ministério da Cultura/Brasiliense, 1986. (incluído posteriormente em *Que Horas São?*, São Paulo, Cia. das Letras, 1987); Roberto Schwarz, "Fim de Século", *Sequências Brasileiras*, São Paulo, Cia. das Letras, 1999, e "Forma Excêntrica de Luta de Classes", *Piauí*, vol. 1, n. 10, jul. 2007.

dois volumes de ensaios *A Cinza do Purgatório* (1942) e *Origens e Fins* (1943) e na fantástica *Pequena Bibliografia Crítica da Literatura Brasileira* (1955), gênero raro em nosso mundo intelectual muito habituado a "interpretar". O interesse por Carpeaux se verifica não apenas nos volumes da biblioteca, mas também na defesa feita pelo grupo *Clima*, quando o grande crítico foi atacado por Carlos Lacerda, Guilherme Figueiredo e Vitor Espírito Santo que, em campanha difamatória na imprensa, o chamam de "cripto-fascista"[14].

Outra personalidade marcante na biblioteca é Leon Trotski e as diferentes edições da biografia escrita por Isaac Deutscher (*O Profeta Armado, O Profeta Desarmado, O Profeta Fora da Lei*) mostram o estrategista político pela trajetória e obra. Deutscher, um antigo militante trotskista da década de 1930, logra um distanciamento crítico de seu personagem e, com certo ressentimento, realiza um acerto de contas com seu antigo mestre. A prosa clara e a pesquisa bem realizada criam uma atmosfera convincente que lhe valeram notoriedade. Mas ele não é um historiador e, muitas vezes, sua imaginação preenche as lacunas não resolvidas pela investigação. Esse fato, que pode vir a ser uma qualidade, não impede o posicionamento desfavorável contra Trotski, o que se confirmaria mais tarde na biografia sobre Stalin.

Assim como Paul Morand e Jean Giraudoux que formam uma dupla importante da literatura francesa moderna, o primeiro voltado ao mundo em sua exterioridade, e o segundo mais intimista, dedicado à aventura interior. Jean-Paul Sartre também ocupa espaço considerável. As peças teatrais e *A Crítica da Razão Dialética* são obras para se compreender a principal corrente filosófica do período, assim como o *Esquisse pour une Histoire de l'Existencialisme*, de Jean Wahl. O autor de *La Nausée* é uma referência incontornável para os interessados na renovação do marxismo, principalmente depois de *Matérialisme et Révolution*, texto publicado na revista *Les temps modernes*, em que Sartre inicia o esforço de superação de uma filosofia da consciência em direção a uma filosofia da práxis. Sartre

---

14. Cf. a correspondência entre Otto Maria Carpeaux e Paulo Emilio (PE/CP. 0371).

interessa por sua vontade em superar o beco sem saída do marxismo vulgar. Em carta ao amigo radicado na França, Antonio Candido menciona o febrão existencialista da província:

> Por aqui, o existencialismo anda na ordem do dia, como se deve, mas de uma forma bastante patusca, porque ninguém tem os livros do Sartre para ler... E então a gente se contenta com exposições de revistas e, mais recentemente, com um livro de Campbell sobre Sartre. O Roland [...] chegou com todos os livros dele e enfeitou a Planalto, mas... não os vende... Só para enfeite, porque tem um exemplar de cada e o resto só vem em dezembro. Eu, que não vou lá, olho de longe as gloriosas capinhas.

Meses depois, o mesmo Antonio Candido volta a comentar o existencialismo sartreano, e salienta seu esforço em fortalecer um novo tipo de relação humana. Antes porém, descreve a atmosfera sufocante da ditadura pós Vargas e recorre a seus conhecimentos de antropologia para situar melhor o amigo. A carta é incrível por sua sinceridade e clareza, merecendo ser citada extensamente não apenas pelo estilo, mas também por destacar as referências intelectuais comuns. Diz o cientista social interessado em questões políticas:

> No meio de tudo isso, que fazemos nós? Porque *ngglambi* envolve, justamente, aquela terrível solidariedade no mal e no crime, decorrentes da participação das nossas vidas umas com as outras. Assim como o cristão se liga ao cristão pela mancha do pecado original, o burguês se liga fatalmente ao burguês pela iniquidade básica da sua condição social. Daí a necessidade que se sente de romper esta comunidade para criar outra, fraterna, como queria o Pietro Spina. Esse desejo de fraternidade, não teórica, mas prática, percorre todos os inconformados do socialismo moderno (Koestler, Silone), que aparecem por este lado sobretudo como autênticos hereges. Por isso é que acho importante, no existencialismo, certas proposições que tendem a ressaltar o compromisso permanente do homem com todos os outros homens, através de cada um dos seus atos; o alcance universal de cada

ação nossa, possivelmente uma norma latente para toda a humanidade. E a *mauvaise foi*, e a magnífica análise das relações inter-humanas pela *fluidez* e a *viscosidade*. Não conheço *L'être et le néant*, que os entendidos dizem ser duro de roer, mas compensador! O Israel que o possui, prometeu me emprestá-lo por um mês. Até agora, conheço do existencialismo sartreano duas peças, *Le mur* e *La nausée*, *L'existencialisme est un humanisme* e vários expositores: Campbell (excelente), Lefebvre, Lefeuvre, Troisfontaines. No ano passado li muito Nietzsche, Dostoiévski e Chestov – outro ramo da família. De tudo, dá para sentir que o movimento de Sartre traz precisões e discussões das mais importantes para a nossa conduta. E fiquei satisfeito de ouvir do Israel que você pensa do mesmo modo.

Por falar em solidariedade nas ações, em compromisso etc., lembro-me de um trecho de Bloy, que vi citado não sei onde e tomei nota (nunca li um livro dele), e que ponho aqui porque sei que você é devoto do velho louco: "Tout homme qui produit un acte libre projette sa personalité dans l'infini. S'il donne de mauvais coeur un sous à un pauvre, ce sou perce la main du pauvre, tombe, perce la terre, troue les soleils, traverse le firmament et compromet l'univers".

Diversos volumes da Maspero são encontrados na biblioteca. Da editora engajada destacam-se as *Oeuvres Révolutionnaires*, de Che Guevara, e autores como Victor Serge, Arthur Koestler e Soljénitsin. Este último comparece com seus fundamentais *Arquipélago Gulag*, *O Carvalho e o Bezerro* e *Agosto 1914*, e por meio dos comentários de Lukács e Pierre Daix. Já Victor Serge surge como fonte importante para a criação de Almereyda, especialmente suas *Memórias*, em que narra sua perseguição após a prisão da *Bande à Bonnot*, e os dois encontros com o pai de Vigo, "plus Rastignac que jamais". Sua disposição em mesclar relato político com invenção literária será muito cara a Paulo Emilio. Seus romances, principalmente *L'Affaire Toulaev*, possuem uma grandeza histórica e humana inspiradora, dirá Antonio Candido. Serge ainda aparece com os *Récits d'Adrien Zograffi* e o diário de viagem *La Russie nue*, para os quais empresta o nome de um escritor romeno, radicado na França, Panaït Istrati. Com o nome emprestado, Serge, que por sinal também é o pseudônimo de Kibaltchitch, escreveu um livro sobre o cinema soviético, *Soviets 1929*. Nele, "Istrati" distingue "algumas dezenas de filmes sobre a guerra civil, a história revolucionária, de etnografia ou de agitação [que] são exceções" diante da "maioria" de 322 filmes produzidos entre 1924 e 1929, que são "grosseiras imitações da indústria estrangeira".

Montaigne surge em três antigas edições. Em um dos volumes há marcas de grafite no ensaio *De Três Boas Mulheres*. Teria, por acaso, Paulo Emilio lido essa saborosa peça a respeito do casamento moderno? Montaigne escolhe três esposas exemplares para comentar: uma é a vizinha de Plínio, o moço; outra é a rica esposa de Peto; e a terceira é Pompeia Paulina. Todas renunciam à vida em nome da fidelidade aos maridos. Teria o crítico brasileiro dado o título de suas novelas, *Três Mulheres de Três Pppês*, em referência paródica a este ensaio? Tenho minhas dúvidas, pois as marcas de grafite que aparecem no livro não lembram a escrita de Paulo Emilio. Outro autor que pode ter inspirado as novelas de Paulo Emilio é Marcel Jouhandeau. Em suas *Chroniques Maritales* ele descreve sua vida íntima com Élise, sempre criticando e ironizando a mulher e suas idiossincrasias. A presença de Jouhandeau pode também se dever à sua militância na *Action Française*, o que interessava ao cronista de Almereyda. Ao que parece a mulher de Jouhandeau era mesmo estúpida. Foi ela quem, em plena Ocupação, denunciou Jean Paulhan, que teve que se esconder. Após o fim da guerra, ele a chamará com todas as letras de "puta imunda". Paulhan, que se oporia à literatura engajada de Sartre, também foi o intermediário entre escritores e a casa editorial Editions de Minuit, fundada em em 1941, por Jean Bruller, o futuro Vercor, que escreveria o clássico da Resistência Francesa: *Le Silence de la Mer* (1943). Editora clandestina durante toda a Ocupação, as Éditions de Minuit publicaram diversos autores com pseudônimos: François Mauriac é Forez, Aragon é François la Colère (que aparece na biblioteca de Paulo Emilio com seu *Musée Grévin*, 1943), Jean Guéhenno é Cévenne (na biblioteca: *Dans la Prison*, 1944), Jean Cassou é Jean Noir (na biblioteca: *Trente Trois Sonnets Composés au Secret*, 1944) e Julien Benda é Comminges.

O curso de estética de Hegel é um rastro das fases de esforço sistemático de estudo da filosofia. Já Paul Léautaud, esse esquecido autor de diários, interessa pelo esforço em "fazer estilo". Sua obra é a busca incessante por um estilo literário original, a partir de anotações da vida cotidiana e literária. Outras presenças são André Malraux e Octave Mirbeau, este último um desconhecido cujo teatro anarquista foi recentemente redescoberto. Paulo Emilio ficou fascinado por esse teatro de combate, incoerente e violento.

Giorgio Vasari, o primeiro autor a formular uma história autônoma para a arte, comparece na biblioteca com suas célebres e estranhas descrições. Na introdução da segunda parte, ele expõe seu método, procurando destacar as intenções e as ações de cada artista, mas principalmente "[...] descobrir as causas e as raízes de cada um dos estilos e expor o desenvolvimento e o declínio das artes". Além de seu *Le Opere*, há também um volume com os *Studi Vasariani*, em que diversos autores discutem o legado do primeiro historiador da arte, entre eles Bernard Berenson, o autor de biografias notáveis de pintores renascentistas, que articulava descrição do estilo e comentário histórico. Como bom beylista, Paulo Emilio tinha, além das obras completas, os comentários de Stefan Zweig, Maurice Bardèche, Henri Malo e Henri Martineau. *A Filosofia da Arte*, de Hippolite Taine, também tem seu lugar, e por mais que a obra ilustre teses sobre o determinismo da raça e do meio e do momento, em alguns momentos surge o crítico arguto com grande talento para a descrição de uma obra.

A amizade com Giuseppe Ungaretti, nascida na década de 1940, quando o poeta ministrou cursos na Universidade de São Paulo, perdurou por toda a vida. Além de uma grande correspondência, nos livros temos dedicatórias com "affeto paterno". O poeta foi marcado profundamente por São Paulo. Aqui deixou um filho. Um filho morto, que pode ter inspirado esse poema:

TUTTO HO PERDUTO
Tutto ho perduto dell'infanzia

E non potrò mai più
Smemorarmi in un grido.

L'infanzia ho sotterrato
Nel fondo delle notti
E ora, spada invisibile,
Mi separa da tutto.

Di me rammento che esultavo amandoti,
Ed eccomi perduto
In infinto delle notti.

Disperazione che incessante aumenta
La vita non mi è piú,
Arrestata in fondo alla gola,
Che una roccia di gridi.

Ungaretti lecionou Literatura Italiana na Universidade de São Paulo de 1936 a 1942. Ao que parece não era um grande professor, sua gagueira e o pendor para a grandiloquência imagética conturbavam o juízo da boa gente paulista. Seu posicionamento político causou sérios conflitos, que contribuiram para sua saída da Universidade. A amizade com Paulo Emilio durou toda a vida. Foi ele quem apresentou Zavattini ao crítico, que fez um retrato comovente, onde o roteirista sustenta os sete filhos trabalhando freneticamente como jornalista e idealizando o jornal *L'Italia Domanda*: "a denúncia ardente do isolamento a que condenam ou são condenados os homens"[15].

Para encerrar esta etapa descritiva, que já está virando *causerie*, resta citar Simone Weil que, por seus escritos históricos e políticos, mas sobretudo por sua mística da vida operária, interessou muito nosso autor.

---

15. Paulo Emilio Salles Gomes, "A Solidão de Umberto D.", *Crítica de Cinema no Suplemento Literário*, Rio de Janeiro, Paz e Terra, 1981, vol. 1.

3.3 Anotações soltas

Após essa apreciação dos livros como dados documentais, é preciso se deter em alguns autores de maneira mais aprofundada, mestres ou modelos cujos livros evidenciam a leitura sistemática feita por Paulo Emilio e que, de alguma maneira e sempre à socapa, estão presentes no desenrolar do trabalho do crítico.

Comecemos pela obra de Alain, que fora o professor de Jean Maugüé, de quem Paulo Emilio teve aulas na Faculdade de Filosofia da USP. O filósofo foi um dos intelectuais mais famosos da França na década de 1930. Conhecido por colaborar na grande imprensa, inventou um gênero de crítica que tratava dos mais diversos assuntos em textos curtos e profundos. Esse gênero se chamou *Propos* e suas características são a síntese, a diversidade temática e seu aspecto democrático acessível a qualquer leitor. Enfim, um jeito de filosofar com as coisas do agora, da vida cotidiana. Como uma lição de filosofia aplicada, os *propos* versavam sobre temas gerais para introduzir o pensamento filosófico. O *Propos sur le bonheur* é o mais célebre de todos, em que temas dos *fait-divers* servem para uma profunda reflexão sobre o conceito de felicidade nos mais diferentes filósofos. A forma concisa, a maneira tergiversante da exposição, o tema geral que evoca outros em profundidade, tudo isso certamente serviu para o crítico do *Suplemento Literário*.

André Gide é outro autor importante nesse panteão. Paulo Emilio considera-o um parente de Montaigne[16], e as inúmeras obras presentes na biblioteca, lidas e grifadas, e a quantidade de biógrafos e comentadores do escritor, colocam o autor de *Nourritures Terrestres* entre as presenças mais fortes. Gide é um problema literário da época. Sua obra multifacetada, cheia de variações de ângulos, de posicionamentos e de temas, muito marcada pela maneira como vida e arte vibram em conjunto, inquieta Paulo Emilio desde a década de 1930, quando lia *De Volta da URSS*, em que Gide apresenta suas reservas ao comunismo que há pouco o sedu-

---

16. Cf. Paulo Emilio Salles Gomes, "Autor, Personagem e Ator", [1.11.1958], *op. cit.*

zira. A escrita justa, tributária dos clássicos da literatura francesa, serve para explorar diferentes testemunhos de si mesmo, em que a liberdade e a disponibilidade desempenham papéis preponderantes[17]. Paulo Emilio, como leitor atento do *Journal*, a obra máxima de Gide, percebe esse método compositivo em que tudo se desenrola a partir do *eu*. Essa descoberta de um método que reduz o mundo à individualidade, um método em que obra e vida se imiscuem uma na outra de maneira não redutora, vai perseguir Paulo Emilio ao longo de todo seu trabalho crítico. E esse entrecruzamento vai render em Gide uma obra de grande elaboração estética, como constatou Jean Hytier, cujo livro aparece numa das estantes da biblioteca do crítico brasileiro. Numa passagem rápida para explicar seu método que não privilegia a relação entre vida e obra para se concentrar mais nas obras, Hytier aponta que Gide constrói seu estilo no desejo de criar uma figura ideal, que tem pouco a ver com sua vida íntima, e quem investigar a criação desse eu imaginário estará formando um novo capítulo da história da arte, que ele denomina *l'esthétique de la personnalité*.

Inúmeros são os comentadores que amparam a leitura de Gide por Paulo Emilio e, dentre eles, chama atenção o nome de René Schwob, o esteta muito referenciado nas críticas da revista *Clima*, e por quem Paulo Emilio sempre manteve curiosidade[18]. Gide nunca deixou de inquietar Paulo Emilio, e um volume em torno do centenário do escritor, editado pela Association des Amis d' André Gide em 1972, reitera esse interesse, que surge na década de 1930 e se intensifica na segunda metade da década seguinte, quando da redação de *Jean Vigo*.

Por sua vez, Paul Valéry é uma presença emblemática. Os livros da biblioteca mostram uma leitura sistemática de parte da obra dedicada ao discurso estético. Os inúmeros trechos grifados, as anotações marginais, e sobretudo a marcação das páginas mais significativas no final de cada volume, confirmam a leitura e, principalmente, a releitura e a

---

17. Sobre a importância da noção de disponibilidade gideana cf. Paulo Emilio Salles Gomes, *A Descoberta da Cama* [2.4.1960], *op. cit.*

18. Uma carta da filha de René Schwob para Paulo Emilio [20.8.1962] trata de uma tentativa de um contato mais próximo. Cf. PE/CP. 1677.

consulta em momentos diferentes. Na crítica de Paulo Emilio, o escritor francês é mencionado em um artigo para se discutir a tensão entre arte e erotismo[19]. Essa referência pontual revela conhecimento de todo o trajeto do autor da *Introdução ao Método de Leonardo Da Vinci*. Apesar da aparição única, Valéry é presença forte na concepção do trabalho crítico de Paulo Emilio. Valéry construiu sua obra crítica por meio de ensaios, conferências e notas, todos marcados pelo método e pela fantasia. Seus escritos possuem explicações gerais sobre a arte e se preocupam com a formação das obras. Para ele o estilo, a expressão, a obra, são o indivíduo em ação e toda a filosofia é uma questão de forma. E sua descrição criativa supera a interpretação, na medida em que procura captar a ação poética mais do que o indivíduo criador. "La description dispense de tout enchaînement, admet tout ce qu'admettent les yeux, permet d'introduire de nouveaux termes à chaque instant."[20] Para esse tipo de análise crítica, a intuição contribui na constituição de um método que incorpora impulsos e decisões inesperadas. E essa concepção formal ganha, no estudo de Leonardo Da Vinci, uma síntese que será revisitada ao longo da vida, tanto por Valéry como por Paulo Emilio. Na *Introdução ao Método de Leonardo Da Vinci* lida pelo crítico brasileiro, encontramos a primeira versão do texto (redigida em 1894), a *Nota e Digressão* (anexada em 1919), o ensaio *Leonardo e os Filósofos* (de 1929) e as notas marginais (incluídas em 1930). Esses materiais indicam como Valéry projetou em Leonardo questões que o perseguiram ao longo dos anos. Assim como fez com Mallarmé, trata-se da reconstituição de um drama intelectual e da construção de um tipo espiritual. Desse trabalho surge a ideia de "Comédia Intelectual", que alguns consideram como o ponto alto da crítica de Valéry.

Em um de seus retornos a Leonardo, em 1919, após longa reformulação de suas ideias – seu período de grande silêncio (1892-1917) – volta a seu texto de juventude e reitera os pontos de vista.

19. Cf. Paulo Emilio Salles Gomes, "Erotismo e Humanismo", [23.8.1958], *op. cit.*
20. Paul Valéry, "Stendhal", *Varieté II*, Paris, Gallimard, 1930 [trecho grifado por Paulo Emilio].

COLEÇÃO POLÍTICAS CULTURAIS

Donc, ni maîtresses, ni créanciers, ni anedoctes, ni aventures – on est conduit au système le plus honnête: imaginer, à l'exclusion de tous ces détails extérieurs, un être théorique, un *modèle* psychologique plus ou moins grossier, mais que représente, en quelque sorte, notre propre capacité de reconstruire l'oeuvre que nous nous sommes proposés de nous expliquer. Le succès est trés douteux, mais le travail n'est pas ingrat: s'il ne résout pas les problèmes insolubles de la parthénogénèse intelectuelle, du moins il les *pose*, et dans une netteté incomparable[21].

A maneira como Paulo Emilio pensa o estudo biográfico o aproxima muito de Valéry e um dos vários volumes lidos traz a seguinte anotação a lápis:

Peut-être Leonard voyait-il dans les oeuvres un moyen – ou plutôt une manière de spéculer par les actes – sorte de philosophie necéssairement supérieure à celle qui borne à des combinaisons formées de termes non définis et dépourvues de sanctions positives.

Essa anotação, síntese de *Leonardo*, certamente se deve ao comentário à tese de Décio Pignatari. Em 1973, Pignatari defendeu seu doutorado na Universidade de São Paulo, tendo como um dos arguidores Paulo Emilio. Em uma intervenção notável, Paulo Emilio marcou as diferenças de enfoques de geração e demonstrou, como nunca antes, toda a familiaridade com Valéry. Com bom humor, o comentário se inicia com a provocação: "[...] nem tudo o que Décio Pignatari diz é claro para mim, mas estou convencido de que vale muito a pena tentar esclarecer tudo o que ele diz". E continua, selecionando alguns autores para o comentário. A lembrança de Peirce é uma obra-prima do humor pauloemiliano: "Respeitoso e intimidado eu me afasto de Peirce e procuro no Panteon um personagem menos ameaçador".

21. Paul Valéry, *Introduction à la Méthode de Leonard de Vinci*, Variété, Paris, Gallimard, 1930, p. 200 [trecho grifado por Paulo Emilio].

O personagem menos ameaçador é Valéry. Continua o crítico:

Como todos de minha geração universitária fui um pouco francês e vou naturalmente ao encontro daqueles que representam para mim um mundo mais familiar do que outros. Entre os franceses, o que predomina em sua tese é Valéry, com quem também não me encontrava há três décadas mas de quem nunca esquecera. O reencontro, que lhe fico devendo, me alegrou muito.

Em seguida temos uma aula sobre Valéry e sua construção de um modelo de biografia:

O *Leonardo* de Valéry, com efeito, é e não é Leonardo. O descaso de Valéry pela história e o seu desprezo pela biografia sempre existiram, e foram se acentuando com a passagem do tempo. A história era para ele uma impossibilidade e a biografia, anedotas, no sentido francês[22] (no nosso sentido ele as apreciou e soube utilizá-las de forma reveladora na análise dos contemporâneos). As personagens propriamente históricas ainda aparecem um pouco nos escritos juvenis de Valéry [...]. Valéry arrancou Leonardo de sua biografia e de seu tempo, se ateve às suas obras e procurou reconstruir o homem que as produziu. Foi levado naturalmente a inventar *um* Leonardo adequado às obras de Leonardo e a si próprio. Eu penso que haveria motivos para você se interessar de perto por essa operação. Valéry com efeito fabricou conscientemente um modelo [...]. Numa primeira fase ele o considerou grosseiro, mas preferível em todo o caso a uma série de anedotas duvidosas. Mais tarde contemplou com melhores olhos a sua construção, explicando que uma função de seu modelo de Leonardo fora a de ajudar o jovem Valéry a enfrentar suas perplexidades. Era falso, diz ele, mas vivo. [...] O Leonardo de Valéry, em suma e como era de se esperar, permanece fiel a Valéry.

22. A anedota em francês ressalta as particularidades históricas do indivíduo e não as historietas divertidas.

E Paulo Emilio continua com sua conferência, descrevendo o indivíduo, um falador contumaz, que Gide, no seu *Journal*, afirma ser um de seus melhores amigos e seria o melhor se fosse mudo e surdo. Mas, sobretudo, para além das anedotas (no nosso sentido), Paulo Emilio descreve a teoria artística de Valéry e termina salientando o entusiasmo de Pignatari pelo mundo nascido da Revolução Industrial:

> Mas acontece que é precisamente você quem nos adverte contra a leitura das palavras apenas de acordo com as regras da lógica discursiva. Será que o poder contagiante da sua modernidade se exerce através da simples vizinhança tipográfica entre Valéry e tantas ideias, nomes e palavras modernas? Ainda não sei responder. Por enquanto só posso acrescentar que nessas ocasiões o Valéry, que a partir da I Guerra Mundial não cessou de manifestar o seu horror pelo mundo moderno, esse Valéry se debate no Panteon em que você o encerrou[23].

A análise e o conhecimento do trabalho crítico de Valéry influenciaram Paulo Emilio mais do que se supõe. Evidentemente, a conexão não é fácil nem imediata, pois como diria o Monsieur Teste: "Trouver n'est rien. Le difficile c'est de s'ajouter ce qu'on trouve". Mas podemos encontrar pontos comuns, principalmente se pensamos nos trabalhos *Jean Vigo* e *Humberto Mauro, Cataguases, Cinearte*. Não resta dúvida de que esses trabalhos necessitam de abordagens internas que apresentem as maneiras como o crítico trabalha com cada cineasta e seu tempo, mas a indicação de ideias inspiradoras para esses livros, e para toda a obra de Paulo Emilio, não deixa de ter alguma importância. Quando Paulo Emilio realiza a "biografia" de Jean Vigo, ele parte de sua obra para investigar a vida, e constrói um ser teórico, em que o inconformismo da obra e seu lirismo deixam marcas decisivas. Já em Humberto Mauro, a criação de um cineasta significa a tentativa de síntese de toda a história do cinema

---

23. Paulo Emilio Salles Gomes, *Semiótica e Literatura* (PE/PI. 0343). O documento é composto por um texto de dez páginas para ser lido como arguição, e mais trinta páginas repletas de transcrições de trechos das obras de Valéry.

brasileiro. O Humberto Mauro de Paulo Emilio também não deixa de ser uma invenção, na medida em que serve para evidenciar os problemas de uma formação cultural periférica, que se inspira nos modelos centrais para deles forjar uma nova expressão. Essas observações gerais, quando feitas com a obra de Valéry em mente ganham mais consistência e mostram como o estudo da biblioteca de Paulo Emilio pode servir a exegese de seu titular.

A aproximação a essa biblioteca, em relação com seu arquivo pessoal, mostra afinidades surpreendentes. E reforça ainda mais a disposição crítica de nosso autor em relacionar o cinema com outras esferas da cultura. Enfim... algumas hipóteses foram lançadas, e é preciso voltar a Paulo Emilio que, insatisfeito com os livros de sua biblioteca, escreveu seus próprios, que é a forma mais louvável de obtê-los.

4
A pirueta qualitativa de Piolim

* * *

"iiiiiiiiiiiiiiiiii!!!" (Piolim)

4.1 *MOVIMENTO*, CULTURA E POLÍTICA

O despertar político de Paulo Emilio se deu no complicado ano de 1935. Desde 1933, ano da conclusão do ginásio, ele enveredara por uma cultura de esquerda, fazendo parte de pequenas arregimentações e publicando textos em alguns periódicos[1]. Mas foi somente em 1935 que a disponibilidade juvenil deu lugar ao questionamento de classe, ao conhecimento da função política de sua geração e ao compromisso cultural. Foi em 1935 que o jovem filho da burguesia paulistana resolveu ampliar sua cultura política sistematizando leituras e sobretudo testando-as no espaço público por meio de intervenções bem definidas, como a conferência no Sindicato Unitivo dos Ferroviários da Central do Brasil sobre a "Ação Social do Sindicatos", os escritos contra o integralismo no jornal *A Plateia* – o órgão

---

1. Para uma visão exaustiva da trajetória política do jovem Paulo Emilio cf. José Inácio de Melo Souza, *Paulo Emilio no Paraíso*, Record, Rio de Janeiro, 2002.

da ANL – e na *Vanguarda Estudantil*, a produção da revista *Movimento*, "revista do presente que enxerga o futuro", e o contato com Oswald de Andrade, a quem trinta anos mais tarde ele chamaria de mestre.

Esse turbilhão de acontecimentos transformou totalmente suas preocupações, mesmo se o esforço de sistematização dos estudos políticos contraste com certo gosto inconsequente e modernista pelo escárnio. Em 1964, fazendo um retrospecto de sua juventude, declararia: "aderia a tudo que parecia moderno: comunismo, aprismo[2], Flávio de Carvalho, Mario de Andrade, Lasar Segall, Gilberto Freyre, Anita Malfatti, André Dreyfuss, Lenine, Staline e Trotski, Meyerhold e Renato Viana"[3]. Essa miscelânea provinciana de referências não significa unicamente diletantismo e disponibilidade juvenil, mas também o esforço para discernir e traçar projetos. A mescla de marxismo ortodoxo e modernidade artística será uma contradição presente na revista *Movimento*, mesmo com o esforço de seu criador para divulgar a pluralidade ideológica que a revista abarcaria[4].

Na tentativa de dar continuidade ao projeto modernista de liberdade estética e crítica nacional, a revista vai congregar representantes da velha geração com alguns da nova. Embora, em seus pronunciamentos, o jovem reivindique um caráter aglutinador independente das ideologias, o tom geral da revista será esquerdizante e modernista. Monteiro Lobato é convidado para participar da revista dos "novos", na "[...] certeza de que não negará apoio. Ele tem tanto interesse pelas crianças..." A menção a Lobato como provável colaborador é pura ironia, que faz sentido

2. Aprismo é o movimento político criado pelo peruano Victor Raúl Haya de la Torre. A Alianza Popular Revolucionaria (APRA) é um partido de centro-esquerda de destaque na virada de 1920 para 1930. Como leitura heterodoxa do marxismo, o aprismo interessou alguns brasileiros dispostos a renovar as referências e romper com o dogmatismo do Partido Comunista. Mario Pedrosa, em seu exílio nos Estados Unidos, publicou uma longa entrevista com Haya de la Torre (cf. Mário Pedrosa, "The Voice of America", *Common Sense*, vol. X, n. 3, march, 1941).

3. Paulo Emilio Salles Gomes, "Um Discípulo de Oswald em 1935", *Crítica de Cinema no Suplemento Literário vol. 2*, Paz e Terra, Rio de Janeiro, 1981, pp. 440-441.

4. Paulo Emilio Salles Gomes, *Além de Mickey-Mouses*, entrevista concedida ao *Diário da Noite* (SP), 29.6.1935.

se entendemos a contribuição indireta do autor de *Urupês* para a visibilidade do modernismo.

O que se nota na análise de *Movimento* é a seriedade do tom no esforço de orientar a juventude para os perigos da política e da cultura. Entre os colaboradores temos Mário de Andrade, "o general à força da revolução modernista", Flávio de Carvalho, "não o artista moderno, mas o conhecedor da arte moderna", Pontes de Miranda, autor de *Penetração*, "o homem que aplica o que sabe", e Lúcia Miguel Pereira, "a inteligentíssima cathólica, anti-integralista e adepta do socialismo utópico". Esses colaboradores, cujas qualidades a pena humorística de Paulo Emilio ressalta, dão ao empreendimento uma cerimônia e uma pretensão significativa para uma revista de jovens.

Realizada com o dinheiro obtido na venda das ações da fábrica familiar – fato que chocou toda a família –, *Movimento* não teve tantos colaboradores assim, e praticamente toda a geração dos novíssimos foi representada pelo próprio editor e suas personagens. A contribuição de Paulo Emilio ultrapassou bastante a organização e a produção da revista. Assinou um artigo sobre "A Posição do Artista Revolucionário na Sociedade Burguesa", em que apresenta o tema de maneira dicotômica, comparando a posição do artista ao lugar ocupado pelo artesão na sociedade capitalista. Também resenhou nove livros e nove revistas, escreveu mais seis artigos ligeiros, o manifesto de abertura, a tradução de uma "interpretação materialista da revolução de São Paulo", e uma poesia. Todos os artigos da revista tentam dar conta de uma especificidade da cultura moderna e, embora o editor clame pela colaboração sem "especialização excessiva" e diga que até "uns errinhos de português" são admissíveis, cada um dos colaboradores vai tratar de questões estritas à sua área de atuação. Com exceção do artigo de Lucia Miguel Pereira, que versa sobre os riscos da juventude ao se deixar influenciar pela geração anterior, todos os outros colaboradores seguirão uma argumentação sisuda. O que destoa desse tom é a encarnação de Hag Reindrahr. É o único experimento literário modernista da publicação, mas não por suas qualidades poéticas.

A recepção de *Movimento* foi morna e, não fosse pelo bibliotecário do Conservatório Dramático e Musical de São Paulo, a revista teria passado despercebida. O bibliotecário, após a leitura de *Movimento*, concluiu que se tratava de uma revista "imoral" e "dissolvente" por conter "palavras que ofendem o decoro" e, assim, rasgou *Movimento* em público. Vendo no fato uma possibilidade, sem perder tempo, Paulo Emilio lança o desafio: um duelo a tapas. O fato repercutiu e se transformou em um pequeno escândalo. O caráter inusitado do desafio fará com que a publicação repercuta na imprensa. A revista está lançada. José Inácio tem razão ao apontar como motivo do escândalo do bibliotecário o poema "Trecho de Vida". O simples poeminha, que possuía sua graça pela junção inusitada de tragédia e chiste, causara certo estranhamento. A reação fora diversa: "Murilo Mendes gostou. Manuel Bandeira meteu o pau". Mas o que continha esse "Trecho de Vida"? É bom citá-lo antes de algum comentário.

Trecho de Vida

Aos meus companheiros de prosa
do mictório da fábrica.

O operário tuberculoso, aquele dia
tinha trabalhado demais e estava cansado.
Sentia, naquele dia, muita falta de ar.
O gerente xingou e ele mandou o gerente
para aquele lugar.

O gerente perdeu o apetite.
O operário perdeu o emprego.

O gerente chegou em casa chateado
com a má-criação daquele sem educação.
A mulher do gerente, aquele dia chorou
por não ter ido ao cinema.
A mulher do gerente era uma beleza.

Também, por obra de deus, era burguesa.

A mulher do operário chorou também.
Seus filhos no dia seguinte, iam chorar
porque não iriam à matinê (era domingo).
E segunda-feira iam chorar de fome.

A mulher do desempregado era um pária.
Também, por obra de deus, era operária.

A quadrinha literária quer ser um exemplo da espontaneidade da massa, quer ser um exemplo da "fala" operária que fornece concretude para a teoria. Tudo isso besuntado com o verniz bandeiriano. Um exemplo de linguagem literária e fala popular com conotação política, intenção artística, expositiva e prática.

Na revista *Movimento* todos os pseudônimos têm a função apenas de multiplicar os colaboradores, dando a ideia de contribuição de uma geração. Mas esse não é o caso de Hag Reindrahr. O motivo de sua existência é liberar uma imaginação lúdica contida pelo esforço de organização exigido pelo jargão militante. Como Hag Reindrahr, Paulo Emilio se sente à vontade para satirizar a rigidez ortodoxa de um tipo de militância que molda em tudo a injustiça social. Entretanto, a figura de Hag não significa para Paulo Emilio somente a retomada de sua faceta "careteira", mas principalmente um teste diante da ortodoxia comunista. Com um tom derrisório, o poeminha satiriza a simplicidade do argumento ao mostrar sua infantilidade.

A rudeza do trato social contrasta com o tom pueril da rima fácil da quadrinha literária, uma mescla de empenho político e experimento modernista característicos da época. Os anos 1930 são marcados pela radicalização política e pela rotinização dos procedimentos modernistas. Mas a modernidade de "Trecho de Vida" reside justamente na ironia que a ficção permite. É somente através desse jogo de espelhos que o autor coloca sua afinidade de classe, ao mesmo tempo em que ironiza e se vê numa autocaricatura. Como veremos, a mescla de engajamento político e disposição heroica será fonte de inspiração e de fascínio para Paulo Emilio. A imagem de Paulo Emilio elegante, sisudo e encarando o espectador e lhe impondo a foice e o martelo sugere bem a ironia que vejo em "Trecho de Vida". Os braços à mostra apresentam uma disposição juvenil, uma vontade política que contrasta com o rigor da vestimenta tipicamente burguesa. Diferentemente de Brecht, que se esforçava em se disfarçar de proletário, o jovem Paulo Emilio não se constrange nem um pouco em se apresentar como um traidor de sua classe, e tal disposição já manifesta certa clareza sobre problemas ideológicos e posições de classe.

Essa junção de ímpeto juvenil e esforço político marca profundamente Paulo Emilio e, em diferentes períodos de sua vida, ele recorre a tal fonte. Nestor Makhnó e Miguel Almereyda são bons exemplos de materiais de grande rendimento para estórias infantis de inspiração inconformista. Nessa linha, poderíamos ver em Hag Reindrahr a raiz de seu distanciamento do stalinismo. Este "Trecho de Vida" é tão significativo que nosso autor sente a necessidade de ampliar os traços biográficos de Hag[5].

Em novembro de 1935, no jornal *A Plateia*, o jovem volta a escrever sobre o poetinha. Em frases rápidas, ficamos conhecendo um pouco mais sobre o judeuzinho filho de uma prostituta, tuberculoso, anti-integralista e de visão política singular, que não via culpa nos patrões mas sim no sistema. O inconformismo e a precariedade da formação de Hag o tornam não um intelectual proletário, mas um proletário intelectual. Um jovem que diante da exploração mais cruel do capitalismo sempre intuiu em qual lado se posicionar: o dos mais fracos.

A significação de "Trecho de Vida" reside justamente em seu caráter insular. O jovem que se esmerava em absorver uma cultura política de

---

5. Essa tendência ao biografismo, muito além de um traço de cultura bacharelesca, será característica do jovem Paulo Emilio. Cf. a palestra proferida no Lyceu Rio Branco sobre *Vicente de Carvalho e o Mar*, assim como, seguindo um pendor modernista em anunciar trabalhos que não se realizam, a disposição em *Movimento* de elaborar uma *síntese biográfica e psicológica* de Lenin (cf. Cinemateca Brasileira, Arquivo Paulo Emilio, PE/PI.0032 e *Movimento*, n. 1, 1935. Contracapa).

esquerda atualizada com seu tempo vai experimentar, logo em seus primeiros passos, uma posição estético-política que lhe proporcionará um certo veio crítico da cena de polarização estática que poucos souberam superar. Como se a realidade tivesse se mostrado fictícia e nas suas brechas despontasse sua contradição. No dizer de Zulmira Ribeiro Tavares,

> [...] a *realidade* brasileira se mostrou tão *fictícia* e porque esta *ficção* ao aguçar as qualidades de *representação* e *distorção* do gesto público, assim como da fantasia esquemática do pensamento teórico político, levou à interdição e interrupção do próprio processo; vale dizer: à passagem do *fictício* para o *ficcional*[6].

"Trecho de Vida" ilustra as hesitações e os cacoetes pessoais, e por isso mesmo podemos extrair daí o entrechoque cultural que tanto marcará a personalidade. A política tratada de maneira irônica por meio de um estilo modernista. Este o desafio de sua geração: dar conta de um legado estético e pensar politicamente o país.

"Trecho de Vida" é o primeiro sinal significativo de uma imaginação política que tateia um caminho original. Para caracterizar o jovem Paulo Emilio, poderíamos usar suas palavras sobre Malraux: "A margem de irresponsabilidade com que opera é sempre compensada pela imaginação organizadora e pelo estilo que aponta"[7].

A publicação de *Movimento* o colocará em contato direto com o Modernismo, e, com isso, suas certezas de militante neófito serão sistematicamente abaladas. É sabido que tanto Oswald e sobretudo Mário de Andrade nunca adotaram de maneira submissa a cartilha do Partido Comunista, mesmo que uma ética de esquerda tenha sido marca no segundo e a vontade de uma verdadeira inclusão tenha sido sempre nega-

---

6. Zulmira Ribeiro Tavares, "Paulo Emilio: Cinema e Brasil, um Ensaio Interrompido", em Paulo Emilio Salles Gomes, *Cinema: Trajetória no Subdesenvolvimento*, Rio de Janeiro, Paz e Terra, 1980, p. 20.

7. Paulo Emilio Salles Gomes, "André Malraux – Une Vie dans le Siècle", *Discurso*, vol. 7, n. 7, 1976, São Paulo, pp. 161-167.

da ao primeiro[8]. Sobretudo nos anos 1930, os modernistas com os quais Paulo Emilio tinha maior contato, com todas as suas contradições, buscavam o nivelamento entre o fato estético e o fato social. E aqui, a figura de Oswald será mesmo decisiva.

A significação maior de *Movimento*, como sugere Décio de Almeida Prado, está na projeção que proporcionará ao jovem Paulo Emilio no campo intelectual dominado pelos modernistas[9]. A revista, com o auxílio do duelo a tapas, inseriu o jovem no contato pessoal com os principais representantes do movimento e, sobretudo, ofereceu a ele a possibilidade de testar sua opinião em alguns jornais circunstancialmente de esquerda, como *A Plateia*. A contribuição na imprensa e sobretudo a querela com Oswald de Andrade em torno do livro *O Moleque Ricardo*, de José Lins do Rego, dão certa notoriedade de polemista.

No debate com Oswald, vemos o desenvolvimento dos argumentos esboçados em *Movimento* sobre o artista avançado. O artigo "Considerações sobre o Artista Revolucionário na Sociedade Burguesa (a Propósito de Facio Hebequer)" reflete as questões pelas quais passava o

8. Cf. Vinicius Dantas, "Um Parêntese Biográfico: as Relações de Oswald de Andrade com o Partido Comunista", *Margem Esquerda*, n. 6, set. 2005, pp. 147-161. Um bom exemplo do ressentimento causado pela presença de Paulo Emilio no meio comunista são os comentários de Eduardo Maffei em que o jovem aparece como uma espécie de *playboy* de esquerda. "Soubemos que certo moço, gente bem, residente nas bandas do elegante Higienópolis, organizara um grupo de jovens ao qual ministrava um extravagante esquerdismo, havendo financiado, rico que era, a publicação de um livreto de crítica à sociedade vigente, escrita por um operário [...]" (*apud* José Inácio de Melo Souza, *op. cit.*, p. 23).

9. A revista também ofereceu a Paulo Emilio a possibilidade de participar da organização do *Quarteirão*, pretenso clube onde se reuniriam os artistas modernos dispersos. Paulo Emilio foi eleito secretário-geral e Sérgio Milliet, o presidente. "De uma forma ou de outra, aquele esforço de muitas semanas propiciou a Paulo Emilio penetrar em cheio no modernismo paulista, ele que já tinha um pé na esquerda (e por esquerda se entendia então, salvo raríssimas exceções, o stalinismo). É provável que no seu espírito os dois movimentos, o artístico e o político, corressem em paralelos. Ambos ainda próximos de seu momento de explosão, ambos colados ao presente, refletiam apenas a face pressentida do futuro. Os dois significam um começo, não um apogeu, muito menos um fim de jornada" (Décio de Almeida Prado, "Paulo Emilio Quando Jovem" em Carlos Augusto Calil e Maria Teresa Machado, *op. cit.*, p. 21).

pensamento estético brasileiro da época. O esquematismo da postura é evidente, mas busca ser atenuado pela forma simples de uma peça de prosa didático-política.

O próprio Lenin que, aliás, não tinha grandes conhecimentos sobre arte, reconheceu de maneira particularmente aguda a eficiência da arte para a agitação. Lenin nessa conclusão não partiu da arte que conforme já disse pouco conhecia, para a agitação, mas sim da agitação, que conhecia perfeitamente, para a arte.

Ou seja, a arte pode se submeter à agitação, sem se rebaixar. O interessante é o fato de que o artista não deve simplesmente se afastar do universo burguês (leia-se Arte), embora o contato com as massas (leia-se Revolução) seja indispensável. Essa dicotomia equilibrada redime o artigo de mera propaganda política e acena para um tipo de arte empenhada com rigor estético. Um esquema que faz lembrar uma certa Bertha Dunkel.

A principal característica de Facio Hebequer é ser um "[...] revolucionário que conheceu a arte, ao passo que de uma maneira geral, no mundo e especialmente aqui no Brasil, os artistas é que estão, agora, conhecendo a Revolução"[10]. A polêmica com Oswald em torno do livro de José Lins do Rego é um desdobramento dessa discussão, muito mais do que uma análise de *O Moleque Ricardo* ou de *O Homem e o Cavalo*. O que se percebe tanto em "Trecho de Vida", nas "Considerações sobre o Artista Revolucionário na Sociedade Burguesa", como em *O Moleque Ricardo* e a *Aliança Nacional Libertadora* é o ponto de vista político e sua tentativa de formulação inventiva. Embora o estilo desses escritos possua certa dubiedade, ausente de outras colocações políticas pontuais, como o documento sobre a Frente Vermelha dos Estudantes (FVE), ligada à Juventude Comunista, ou o protesto em favor da estudante Genny Gleiser[11], suas razões são essencialmente políticas. O desprezo pelas aventu-

10. Paulo Emilio Salles Gomes, "Considerações sobre o Artista Revolucionário na Sociedade Burguesa" em Carlos Augusto Calil e Maria Teresa Machado, *op. cit.*, O interesse por Facio Hebequer é certamente devido a Mário de Andrade, atento ao contexto argentino, especialmente a revista *Contra* (onde o artista plástico publicou textos e ilustrou capas) (cf. *Mário de Andrade e a Argentina*, São Paulo, Edusp, 2004).

11. Cf. Arquivo do Estado, Prontuário de Paulo Emilio Salles Gomes no DOPS.

ras formais da peça de Oswald e o elogio ao romance de José Lins são desdobramentos naturais das questões abordadas anteriormente no artigo sobre Facio Hebequer por alguém interessado na formulação clara e criadora de um conteúdo político real. Enquanto o escritor paraibano é um revolucionário que conheceu a arte, o poeta paulista é um artista que tateia a revolução[12].

Essa reflexão sobre o artista moderno é certamente o resultado direto do CAM (Clube dos Artistas Modernos) de Flávio de Carvalho. O CAM surge do embate da proposta formalista de um Oswald de Andrade, que na época lia no Clube trechos de sua peça *O Homem e o Cavalo*, com o projeto de uma arte social do muralista David Alfaro Siqueiros, de passagem pelo Brasil, cuja síntese positiva é a memorável conferência de Mário Pedrosa sobre Käthe Kollwitz. Em 1933, de maneira extremamente original, Mário Pedrosa propunha uma arte atualizada com seu tempo ao mesmo tempo em que preservasse o que ele mais tarde chamaria de "exercício experimental da liberdade". Vendo na gravurista alemã um exemplo de rigor estético aliado ao posicionamento de classe, Mário Pedrosa encontrava aqui o caminho de uma "arte proletária". Poderíamos concluir, sem forçar a nota, que Käthe Kollwitz é, por sua origem proletária e seu aprendizado de arte, ela também um bom exemplo de um revolucionário que conheceu a arte[13].

Como se vê, a cultura se dá em paralelo na trajetória de Paulo Emilio, tendo o mesmo peso da política, diferentemente do que se costuma perceber. E isso estará na base de seu interesse por cinema. Mas ainda estamos em 1935, quando o lugar alcançado no campo intelectual local, e o fracasso do golpe comunista, resultaram na justificativa para seu encarceramento por 14 longos meses. Dias após completar dezenove anos, Paulo Emilio é detido e encarcerado no presídio do Paraíso. A prisão servirá como um laboratório para essa concepção de "arte proletária provisoriamente utilitária".

12. A questão é apresentada em Décio de Almeida Prado, "Paulo Emilio Quando Jovem" em Carlos Augusto Calil e Maria Teresa Machado, *op. cit.*
13. Mario Pedrosa, *Política das Artes* em Otília Arantes (org.), São Paulo, Edusp, 1995.

TRAJETÓRIA DE PAULO EMILIO

No presídio do Paraíso, trava contato com diversos militantes interessados nos problemas da sociedade capitalista, esforçando-se para superar as diferenças ideológicas. Esse contato direto entre militantes de todas as espécies será importante para sua formação política, destacando-o como um bom orador e interlocutor compreensivo. É da mesma época a declaração:

> Essa cadeia está me dando uma experiência política realmente notável. Você não pode imaginar, Décio, a quantidade de ilusões que perdi, os erros que enxerguei e as coisas que aprendi durante esses nove meses de prisão. E aqui também se firmaram tendências da minha personalidade que até então estavam incertas, como por exemplo a minha decidida vocação para a política e meu irremediável fracasso em relação à existência normal ... [14]

No segundo trimestre de 1936, Paulo Emilio é transferido para o Maria Zélia, um presídio improvisado nos galpões de uma antiga fábrica do Belezinho, que um dia fora palco das ações humanistas de um capitalista leitor de socialistas utópicos. O grande número de prisioneiros proporcionou ao jovem uma convivência ainda maior com outros militantes políticos. Experiência que certamente serviu de termo de comparação quando, anos mais tarde, o crítico investigava a vida de Almereyda e suas frequentes passagens pelo presídio da Santé. Foi no Maria Zélia que Paulo Emilio redigiu a peça teatral *Destinos*.

Como nos lembra Décio de Almeida Prado, a peça tinha a função primeira de manter acesa a chama revolucionária, daí seu esquematismo que separa o proletariado (Bem) da burguesia corrompida (Mal). "Para que a reclusão se tornasse menos penosa, nada mais indicado que reafirmar constantemente não apenas a justiça da causa pela qual eles estavam presos [...] mas igualmente, a próxima e inevitável vitória da revolução." Em vez de ver a peça como um instrumento político ortodoxo, tendo a

---

14. Décio de Almeida Prado, "Paulo Emilio na Prisão", *Seres, Coisas, Lugares*, São Paulo, Companhia das Letras, 1997, p. 152.

pensar que tal proselitismo mais evidencia o conhecimento da rigidez ideológica do que uma afinidade ideológica. Não deixa de ser sintomático que na peça, Paulo Emilio interprete o cocainômano Álvaro (típico representante da burguesia decadente). Portanto, por mais limitadas que tenham sido as referências do jovem Paulo Emilio, a dúvida sobre a ortodoxia comunista já estava presente, e a viagem à França em 1937, após a fuga da prisão, só viria reforçar uma intuição e, sobretudo, apresentar um novo ambiente cultural onde Andrea Caffi e Plinio Sussekind Rocha desempenhariam papel decisivo.

4.2 Dois mestres: Plínio e Caffi

Essas duas personalidades marcam profundamente a trajetória de Paulo Emilio e merecem comentários à parte. Plinio Sussekind Rocha, além da simpatia e do carisma que sua fisionomia sugere, é importante lembrar sua participação no movimento cinematográfico brasileiro dos anos 30. Plínio Sussekind Rocha, ou Mestre Plínio como Paulo Emilio o chamava, foi um dos integrantes do Chaplin Club, o primeiro cineclube brasileiro, que tinha entre seus membros Octavio de Faria. O órgão do cineclube era o jornal *O Fan*, que representava o que havia de mais avançado no pensamento cinematográfico brasileiro, interpretando de forma particular o legado da *avant-garde* europeia e o cinema norte-americano. Mas a crítica de Plínio Sussekind, se caracterizou menos pela especulação teórica comum a seus companheiros do Chaplin Club e mais pela liberdade crítica com que aborda cada filme. Mesmo se em seus textos comenta-se pouco o filme em si, uma visada teórica mais abrangente o livra do jargão cerrado dos teóricos franceses. Isso fica patente no debate, travado nas páginas de *O Fan* com Octavio de Farias e Almir Castro, em torno do filme de Murnau, *Aurora*[15].

Já Andrea Caffi (1886-1955), por sua singularidade e coerência, merece uma digressão ainda maior. Russo de nascença, mas cidadão europeu

---

15. Para uma análise definitiva do Chaplin Club cf. Ismail Xavier, "A Estética do Testemunho", *Sétima Arte: Um Culto Moderno*, São Paulo, Perspectiva, 1978, pp. 199-263.

por adoção, foi sempre um revolucionário. Aos catorze anos, fundou o primeiro sindicato dos tipógrafos em São Petersburgo e no Ensaio Geral pertencia às fileiras dos mencheviques. Como integrante de um pequeno grupo revolucionário, conheceu Nadeska Konstantinova (a futura mulher de Lênin), Molotov (futuro Ministro do Comércio de Stálin) e Voytinski (economista e colaborador de Lênin, que se tornaria presidente da Geórgia). No Liceu Internacional de São Petersburgo conheceu Lênin, de quem se tornou grande amigo. Em 1908, seguiu para Berlim onde conheceu e se maravilhou com os cursos de Georg Simmel, de quem seria um aluno fiel. Fascinava-o em Simmel o sentido da vida concreta da cultura. Terminados os estudos universitários, estabelece-se em Paris, frequentando os cursos de Bergson e de Charles Péguy. No mesmo ano, conhece Giuseppe Ungaretti. Com o poeta italiano e amigos franceses, russos e alemães, cria o grupo *La Jeune Europe*, que pretende erigir uma enciclopédia sobre a revolução cultural promovida pelo século XIX. Os princípios "irrenunciáveis" da *Jeune Europe* eram: a conservação no plano cultural da tradição clássica e humanista, o culto da forma, a luta contra a maré de barbárie que o futurismo e o irracionalismo anunciavam; no plano político, recusa da propriedade, oposição ao centralismo estatal, reavaliação da tradição socialista não-marxista, desenvolvimento da democracia socialista. O programa do periódico antecipa a posição de pensador e a vastidão do interesse de Caffi[16]. O projeto não se realiza, em razão da Primeira Guerra Mundial.

Após a dispersão do grupo, Caffi se alistou no exército francês e, em seguida, foi ferido e, depois da recuperação, nomeado na Itália oficial do destacamento dos granadeiros. Caffi, assim como Gustave Hervé e Kropotkin, participou da ilusão segundo a qual o progresso da democracia socialista passava pela destruição do Império Central. Mas durante a

16. Sobre a vastidão do interesse de Caffi, Cf. Lionel Abel, *What is Society? The Ideas of Andrea Caffi. Commentary*, n. 50, set. 1970. Segundo o crítico teatral, a noção de mitologia de Caffi só encontra paralelo na obra de Lévi-Strauss e, por sua reflexão sobre o fascismo e os meios de comunicação, Maurice Nadeau no *Quinzaine Litteraire* o chama de o "Walter Benjamin italiano" (cf. Gino Bianco, *Un Socialista "Irregolare": Andrea Caffi intellectuale e Político d'Avanguardia*. Milano: Edistampa – Edizione Levici, 1977).

Grande Guerra, fez uma reavaliação das possibilidades revolucionárias criadas pela catástrofe. Com o fim da guerra, fundou a revista *La Giovane Europa*, com a intenção de estudar uma "paz justa". Em 1919, como jornalista do *Corriere della Sera*, voltou para a Rússia, mas ficou indignado com a calamitosa situação do país, ingressando numa missão internacional de ajuda econômica. Ansioso por conhecer de perto a realidade da Rússia, no outono, Caffi entrou clandestinamente em Odessa para logo se envolver em atividades revolucionárias, graças aos velhos amigos. Meses antes, escrevera sobre a Revolução para o jornal *Voce dei Popoli*. Neste ensaio fundamental faz uma genealogia da revolução russa numa perspectiva de longa duração, invocando seu parentesco com a tradição revolucionária anarquista e, sobretudo, com o populismo russo. Além disso, alertava para o perigo da criação de uma elite que burocratizasse o processo revolucionário. Essa postura crítica, desperta contra as formas de autoritarismo, se acentuará com a participação em conselhos até que, mais uma vez, a situação se torna insustentável. Acusado de tentativa de cooptação de comunistas em prol da III Internacional, Caffi foi preso e condenado à morte. Mas foi libertado em seguida com a chegada da primeira missão diplomática italiana à Rússia revolucionária. Ao retornar então à Itália, colaborou em diversos jornais de esquerda. Em *Volontà*, jornal bastante radical no início do pós-guerra, Caffi publicou *Cronache di Dieci Giornate*, na qual envolvia diretamente Mussolini na morte do militante Matteotti. Em 1926 foi acusado de propaganda subversiva, seguindo para Paris. Na França, foi contratado como secretário pela revista literária *Commerce*, famosa publicação que abrigava diversos representantes da poesia moderna. Nos três anos que trabalhou em Versalhes, Caffi travou amizade com André Malraux. O pessimismo do jovem escritor, então com 25 anos, cativou Caffi, que admirava sua consciência de um momento histórico no limite.

Em Paris, encontra-se com os Irmãos Rosseli e colabora nos *Quaderni* do grupo Giustizia e Libertà, contribuindo para o desenvolvimento da reflexão antifascista que sua experiência revolucionária e internacionalista vinha dar conteúdo histórico. Soma-se a tudo isso uma visão "socrática" do mundo: cultivava muito a conversação intelectual, mas dificilmente publicava, e vivia materialmente como um franciscano. Sua obra é feita praticamente de cartas aos amigos e ensaios curtos. Esse espírito libertário, avesso às convenções, despertou o interesse de homens como Alberto Moravia, Albert Camus, Claude Lefort, Mário Pedrosa, entre outros. Diante dessa biografia, é compreensível o fascínio exercido sobre um jovem provinciano inconformista que definia sua personalidade[17].

Como já assinalamos, as preocupações de Caffi eram vastas e nunca se deixavam eclipsar pela política revolucionária. Seu interesse por arte e história o fez publicar um livro sobre as vidas dos santos e os guerreiros bizantinos da Itália meridional. Sua erudição e sua atenção ao presente o levaram a formulações arriscadas sobre o mundo moderno. Suas ideias sobre o totalitarismo e os meios de comunicação, que lhe valeram o isolamento, por outro lado o colocam em consonância com a teoria crítica do século. A ausência de amparo de uma posição institucional estabelecida (Caffi sempre recusou o vínculo com a universidade ou com qualquer partido político) fez com que suas ideias circulassem apenas entre seus companheiros fiéis. A amizade tinha para Caffi um sentido superior, montaigniano, pois para ele um amigo não é escolhido, e sim encontrado.

Sua crítica, no calor da hora, à militarização da sociedade russa, assim como suas críticas ao marxismo vulgar, foram recebidas pela esquerda como afronta de um dândi. Sozinho na Paris do pós-Segunda Guerra, com o quarto repleto de objetos, ídolos peruanos, objetos da arte negra, recortes de jornal e a fotografia da Bande à Bonnot, Caffi é a encarnação do espírito revolucionário do século XIX que não se realizou. O espírito anárquico, o humor negro, a extravagância. Como não pensar no Pai Jules, personagem do *Atalante*, de Jean Vigo? Sua reflexão sobre a Europa não deixa lugar para a esperança. Em todas as esferas, a contestação se

17. As informações biográficas de Andrea Caffi foram colhidas principalmente em Gino Bianco, *op. cit.*, Mas também em Carlo Vallauri, "Il Socialismo Umanitario di Andrea Caffi" *Storia e Política*, n. 12, 1973 e Nicola Chiaromonte, *"Introduzione"* em Andrea Caffi, *Critica della Violenza*, Milão, Bompiani, 1966, pp. 5-25.

esvaziou e até mesmo na arte a tecnificação encontra também um campo aberto para se desenvolver. E o cinema é representante artístico dessa decadência. Visão próxima da de Malraux, mas distante da de Bazin. Mas não nos adiantemos e fechemos aqui esta digressão, esse "trecho de vida" que já se estendeu demais.

4.3 A CRÍTICA EM *CLIMA*

É sob a influência de Caffi e de Plínio Sussekind Rocha que Paulo Emilio retorna de uma França prestes a entrar na Segunda Guerra Mundial: um jovem com referências culturais de uma geração anterior à sua, mas com uma visão política original, nutrida pela heterodoxia marxista.

Ávido por testar seus conhecimentos políticos e por inaugurar uma crítica analítica, o titular da seção de cinema da revista *Clima* destaca-se pelo tipo de ensaio longo, que tenta influir num meio inexplorado, cujo tom professoral e pretensioso reivindica um lugar para o cinema no mundo moderno. O tratamento isolado da obra, a fatura, a disposição dos materiais, a análise temática, tudo isso é fruto do contato com "mestre Plínio" e os teóricos da *avant-garde*. De volta ao Brasil, Paulo Emilio vai plasmar essas referências à prosa modernista, sobretudo se pensarmos no ensaísmo de Mário de Andrade.

Última das críticas de arte, nascendo do esforço de compreensão de suas especificidades, a crítica de cinema forjou-se na França, com um ímpeto de mesclar experimento literário e observação de recursos técnicos. Émile Vuillermoz, o crítico mencionado na *Ouverture* de Antonio Candido, é um dos primeiros defensores encarniçados do cinema (para ele a "Quinta Arte")[18], assim como Élie Faure e sua noção de cineplástica. Mas foi Louis Delluc quem inaugurou uma atividade crítica de grandes consequências para o cinema nas três primeiras décadas do século XX.

---

18. O texto de Antonio Candido foi reproduzido em Antonio Candido, *Textos de Intervenção* (Vinicius Dantas, org.), São Paulo, Duas Cidades, 2002. Sobre Émille Vuillermoz e a crítica de cinema cf. Pascal Manuel HEU, *Le Temps du Cinéma – Émile Vuillermoz Père de la Critique Cinématographique (1910-1930)*, Paris, l'Harmattan, 2003.

Seus escritos primavam por um jogo estilístico radical, onde os elementos do filme se mesclavam com invenções literárias. A pouca legitimidade do cinema enquanto arte e esse início literário marcam definitivamente a crítica cinematográfica, distanciando-a do debate científico.

Esse engajamento literário da crítica vai fascinar Paulo Emilio, que se nutre vorazmente dos clássicos da teoria e procura ver as grandes obras no Cercle du cinéma e na Cinemateca Francesa. A guinada ao cinema foi súbita e o impacto foi tamanho que, diante de um comentário apaixonado sobre um filme célebre, o amigo Décio de Almeida Prado hesitou em acreditar em sua veracidade[19]. O contraste entre a geração modernista e os jovens de *Clima* é ainda maior se compararmos o tipo de crítica cinematográfica feita nos dois períodos[20]. O interesse modernista pelo

19. Quando comenta o debate promovido por Vinícius de Moraes, o mudo *versus* o sonoro, Paulo Emilio promete com ironia se manifestar sobre a polêmica: "Vou retomar meu arsenal de razões e sentimentos. Vou reler meu Schwob, meu Moussinac, meu Pudovkin, meus livros todos, menos meu Poulaille, porque Aluísio Alencar Pinto, um grande pianista e um chapliniano ignorado, roubou e fugiu com ele para o Ceará. Vou me lembrar daquela noite em que Plínio Sussekind Rocha, com ares de quem não queria nada, me levou para ver *Outubro* de Eisenstein, naquela sala abafadíssima, onde não havia lugar para nossas pernas e onde o único som era o rosnar dos cachorrinhos das francesas. Vou recordar aquela noite no Cercle em que vi, pela primeira vez, o *Joana d'Arc* de Dreyer e onde conheci Otávio de Faria. Vou rever Décio de Almeida Prado *não conseguindo me levar a sério*, enquanto eu lhe falava do *Último dos Homens* [*A Última Gargalhada*] de Murnau. Vou lembrar dos festivais Charlot por ocasião do cinquentenário de Charles Spencer Chaplin. Vou recordar até o Dr. Altino Arantes dizendo que "Carlito é palhaçada". E vou reler mesmo a prosinha desfiada que Guilherme de Almeida produziu por ocasião do *Ditador*. E impulsionado não só pelo meu amor ao cinema, como também pelo meu dever em relação aos homens, vou tentar o meu depoimento para o próximo número de *Clima*." Paulo Emilio Salles Gomes, "Notícia sobre a Polêmica do Rio", *Clima*, n. 10, jun. 1942. Republicado em Carlos Augusto Calil e Maria Teresa Machado (orgs.), *op. cit.* (grifo meu).

20. Para uma análise das transformações da passagem de uma geração a outra cf. Heloísa Pontes. *Destinos Mistos – os Críticos do Grupo Clima em São Paulo (1940-1968)*, São Paulo, Cia. das Letras, 1998. A autora traça as linhas gerais da reformulação do campo intelectual paulista na década de 1940 com as transformações do mercado editorial, o advento do ensino universitário e a consequente constituição de uma "dicção acadêmica". Porém, vistos em suas particularidades, cada membro da geração *Clima* possui desenvolvimento intelectual próprio, o que pode abalar o julgamento panorâmico. E isso é particularmente verdadeiro no caso de Paulo Emilio, rapidamente abordado pela autora. Com o passar dos

cinema foi episódico, enquanto que para os jovens era objeto de conhecimento. Décio de Almeida Prado e Ruy Coelho praticaram a crítica de cinema no *Diário de S. Paulo*, assim como, anos depois, Antonio Candido e Gilda de Mello e Souza. Mas foi com Paulo Emilio que o comentário de filmes ganhou relevância de objeto autônomo.

Numa análise mais geral, toda a revista *Clima* é um esforço de continuidade com o projeto modernista, mesmo se para isso a revisão das obras da geração anterior seja submetida ao gesto crítico bem orientado cientificamente. Mesmo a seção de cinema, com suas diferenças de abordagem, segue de perto a ideia – familiar também ao Chaplin Club – de orientação do público e do culto ao cinema como arte moderna. Nas duas revistas o cinema brasileiro é uma sombra incômoda. É preciso dizer também que a proximidade das análises cinematográficas de *O Fan*, de *Klaxon*, e de *Clima*, é um desdobramento direto das reflexões da *avant-garde* francesa.

Clima não busca marcar sua posição negando o legado da geração anterior como o fazia *Klaxon*. Ao contrário, surgidos na hegemonia modernista no campo intelectual, os jovens críticos buscam dar balanço a uma experiência histórica ainda em vigor. Sem tentar um conflito direto, os jovens pretendiam ultrapassar criticamente a geração de 22, analisando suas obras e seu legado. Se trocássemos o ímpeto criativo pela vontade de crítica, poderíamos sem exageros, mudando *Klaxon* por *Clima*, atribuir à nova geração tal afirmação: "Houve erros proclamados em voz alta. Pregaram-se ideias inadmissíveis. É preciso refletir. É preciso esclarecer. É preciso construir. Daí *Klaxon*"[21].

O grupo *Clima* é caracterizado frequentemente por ter criado um tipo de crítica que introduz concepções científicas colhidas nos mestres franceses da Universidade de São Paulo. Em lugar do impressionismo e

anos, foi ficando evidente em Antonio Candido, e também em Paulo Emilio, o quanto a formação atualizada nas ciências humanas faz parte de um processo de análise que inclui a memória privilegiada, a experiência histórica nacional e o ponto de vista político.

21. *Klaxon, Mensário de Arte Moderna*, n. 1, São Paulo, 1922. Para um comentário geral da revista cf. Cecilia de Lara, *Klaxon Terra Roxa e Outras Terras*, São Paulo, Instituto de Estudos Brasileiros, 1972.

das intuições muitas vezes brilhantes dos polígrafos, surgiria uma dicção acadêmica baseada na compreensão interna do objeto, na sistematização de métodos atualizados com os avanços das ciências humanas. Esse o contraste em relação à geração de 22. Na síntese de Ruy Coelho, o

> [...] dinamismo do espírito impelia a novos caminhos. Eis que os artistas que se tinham distinguido pelo ímpeto libertário, Jean Cocteau na França, no Brasil, Mário de Andrade, Manuel Bandeira, Oswald de Andrade (pobre Manuel Bandeira, que posição inconfortável lhe dei!), vão agora voltando a moldes mais socializados de expressão. Mas não são as velhas fórmulas tão combatidas. Como o filho pródigo, retornam enriquecidos de toda experiência adquirida nesse doido vagabundear pelos campos. A meu ver, não se trata simplesmente do conformismo e amadurecimento que os anos trazem. Entre os jovens de todo o mundo ressoa o apelo à disciplina. E a *Escrava que não era Isaura* tendo ficado nua tanto tempo, sente o frio do inverno e procura cobrir-se com algum agasalho. Mas ainda não sabe bem as cores que terá[22].

Neste comentário já está plasmado o embate de dois mundos, de duas gerações que disputam o provinciano campo intelectual da cidade de São Paulo dos anos 1940. Enquanto os modernistas se reconheciam como criadores que retiraram a expressão brasileira de um estado colonizado e vegetativo, os jovens do grupo *Clima* buscam uma síntese dessa tradição e um balanço respeitoso do trabalho dos mestres. Na busca de uma especialização, o grupo *Clima*, cada integrante à sua maneira, vai tentar pela análise crítica superar o legado modernista. A utilização dos progressos das ciências sociais, apreendidos no contato com figuras como Roger Bastide, Claude Lévis-Strauss e outros intelectuais estrangeiros em início de carreira, será a arma principal da crítica da nova geração. Entretanto, quando se abandona o ponto de vista panorâmico para focar de perto as inter-relações e as obras o que se nota são as particularidades de cada "chato-boy".

22. Ruy Coelho, "Fantasia e a Estética", *Clima*, n. 5, out. 1941, pp. 18-19.

Se uma dicção acadêmica, fruto de conhecimentos filosóficos e socio-lógicos modernos, é bem nítida em um Ruy Coelho, no fascínio de Décio de Almeida Prado pelos experimentos de Jacques Copeau, ou na defesa da arte moderna de Lourival Gomes Machado, o mesmo não se dá em Antonio Candido e muito menos em Paulo Emilio[23]. O panorama que

23. Ruy Coelho chama a atenção do leitor da revista *Clima* por sua erudição ao mesclar referências sociológicas, filosóficas e literárias. Em seu ensaio sobre Proust, o melhor da revista, fica patente a utilização de referências advindas de sua formação universi-tária. Um bom exemplo da interdisciplinaridade de Ruy Coelho é quando descreve a culpabilidade de Proust comparando-o com Schopenhauer, Pascal e a filosofia indiana. "Proust está muito longe da serenidade budística, ou Yoga. Os elementos mórbidos que contém a angústia, a inquietude metafísica, a consciência culpada o aparentam com o cristianismo. Razão têm, pois, Henri Massis e Mauriac, salientando essas ligações. A 'ausência terrível de Deus' é um valor negativo demasiado marcado para que não se sinta sua importância".

"Os pontos de contacto entre Proust e Pascal, esboçados por Georges Gabory em *Essai sur Marcel Proust* merecem nossa atenção. Ao falarmos em cristianismo somos obrigados a fazer apêlo a êsse pensador que está no próprio cerne do pensamento cristão. Todo o anseio de destruição schopenhauriano, característico da filosofia proustiana, já o encon-tramos nesse asceta, que para a Europa teve o mesmo papel de Kapila e Pantajali na Índia. Tinham ambos a mesma noção de obra no sentido místico da palavra, isto é, o emprego total da vida do homem. Mas esta, que para um é a salvação da alma, a meditação dos problemas metafísicos, para o outro é aprofundar as recordações, para imortalização pu-ramente pessoal, através da arte" (cf. Ruy Coelho, "Marcel Proust e a Nossa Época", *Clima*, n. 1, maio, 1941, São Paulo, pp. 157-58).

No caso de Décio de Almeida Prado, o fascínio por Jacques Copeau possui um caráter formativo. Seu primeiro contato com o encenador se deu em 1938 quando, visitando Paulo Emilio em Paris, assistiu a uma leitura de *Macbeth*. O respeito à "convenção teatral", o afas-tamento de um teatro naturalista e a centralidade do texto vão marcar de maneira decisiva a crítica de Décio. (cf. Flávio Aguiar, Vilma Arêas & João R. Faria (orgs.), *Décio de Almeida Prado – Um Homem de Teatro*, São Paulo, Edusp, 1997. A leitura de Copeau marcará toda a trajetória crítica de Décio de Almeida Prado, estando na base de sua incompreensão da reconfiguração do teatro brasileiro nos anos 1960. Para uma boa descrição da obra do crítico cf. Ana Bernstein, *A Crítica Cúmplice – Décio de Almeida Prado e a Formação do Teatro Brasileiro Moderno*, São Paulo, Instituto Moreira Salles, 2005.

Lourival Gomes Machado foi o primeiro crítico de arte a defender com bases sólidas a arte moderna brasileira. Como o meio era constituído ainda por diletantes e polígrafos, sua prosa empolada e cientificizante busca na análise imanente das artes plásticas moder-nistas encontrar um fio condutor que envolva o barroco mineiro, já escolhido pelos mo-dernistas como fonte de inspiração, a produção das vanguardas históricas e a produção dos modernos (cf. Heloísa Pontes, *Destinos Mistos – Os Críticos do Grupo Clima em São Paulo 1940-1968*, São Paulo, Companhia das Letras, 1998, pp. 21-51).

generaliza para descrever um contexto exclui a gratuidade dos gestos, os efeitos de circunstâncias, a sinceridades das ações. O envolvimento dos intelectuais é fruto de uma pluralidade de causas em que podem coexistir, em uma única pessoa, o sublime e a vaidade, a coragem e a cobiça, a convicção e o desejo de poder[24].

Em Antonio Candido as referências sociológicas produzem um salto qualitativo com relação à crítica literária de um Álvaro Lins, por exemplo, mas elas não explicam os acertos críticos que o corpo-a-corpo com as obras proporciona, nem as análises que prenunciam o grande crítico. Difícil caracterizar o jovem Antonio Candido como um crítico empenhado no uso dos conhecimentos sociológicos, sobretudo se pensarmos em seu marxismo, o marxismo de Groucho. Segundo o crítico, foi Groucho Marx quem compreendeu

> [...] melhor do que ninguém, que a crítica ao preconceito, assim como o estabelecimento de uma nova base para a conduta não podem estar presos a justificação doutrinária – retórica, maçante e ineficiente. Compreendeu além disto, que não pode haver fases distintas na transformação; que não se deve destruir para construir em seguida. O mesmo ritmo deve compreender no seu embalo a destruição e a reconstrução. Quando o tabú é derrubado, já deve estar nascendo de suas cinzas o novo tabuzinho, pronto e reluzente. É esta a sua profunda originalidade e a sua divergência com os outros heróis deste século[25].

No caso de Paulo Emilio, a distância de um jargão academicista é ainda mais patente. Embora a indiferença pelo cinema brasileiro confirme certo elitismo, por outro lado, a inovação de sua crítica reside nas fontes utilizadas e no tipo de análise dos filmes que explora seus materiais, sem conter as impressões.

---

24. Cf. Michel Winock, *O Século dos Intelectuais*, Rio de Janeiro, Bertrand Brasil, 2000.
25. Antonio Candido, "O Grouchismo", *Clima*, n. 3, ago. 1941, p. 131.

No número um de *Clima*, Paulo Emilio publica um ensaio sobre *The Long Voyage Home*, de John Ford (1941). Já é possível perceber no texto o salto em relação à crítica de cinema de então, que se mantinha em breves incursões pela narrativa chamando a atenção para um ou outro dado técnico. Evidentemente, em *Klaxon* e em *O Fan* os comentários técnicos acrescentavam para análise, mas a própria forma da escrita, mais do que se aproximar do filme, se ligava sobretudo ao gosto pelas "belas letras" dos polígrafos e "anatolianos".

O Chaplin Club se destaca na história das ideias cinematográficas no Brasil por sua postura teórica avançada, que, do ponto de vista especulativo, não fica nada a dever à produção europeia. Pregando um liberalismo iluminista, os jovens Octavio de Faria, Plínio Sussekind Rocha, Almir Castro, Aurélio Gomes, Aluízio B. Coutinho e Nogueira Jr. buscaram desenvolver os pressupostos de uma linguagem cinematográfica. Entretanto, tamanha densidade teórica em meio tão inóspito resultou no que Ismail Xavier chamou de duplo isolamento: "um oceano concreto os separava da Europa, enquanto um fosso ideológico os ilhava no espaço cinematográfico que habitavam"[26]. Embora alguns de seus textos possam ser caracterizados como ensaios, a vontade crítica era sobretudo de ordem teórica, definir um sistema em que se apresente o "específico fílmico". Assim como não há um questionamento do cinema enquanto representação, e esta enquanto dado histórico, também não há no Chaplin Club uma reflexão elaborada em torno do gesto crítico, a escrita enquanto forma. Por meio de discursos elaborados do ponto de vista teórico ou de apreciações técnico-artísticas, o que temos nas páginas de *O Fan* são interpretações e adaptações do debate teórico europeu calcadas na realidade do circuito cinematográfico brasileiro. Octavio de Farias vê a concretização dos exemplos teóricos de Epstein no cinema narrativo norte-americano, mas sem um autoquestionamento sobre o lugar de onde se fala. Também é possível afirmar que Octavio de Farias, o principal teórico do grupo, nunca escreveu bem. O título de sua obra maior, *Tragédia Burguesa*, é literal.

26. Ismail Xavier, *op. cit.*, p. 238.

Voltando ao texto de Paulo Emilio sobre o filme de John Ford, logo no primeiro parágrafo temos a aproximação do filme com o ideal do cinema mudo. *The Long Voyage Home* teria alcançado a nobreza procurada pelos teóricos da fotogenia. O cinema moderno é a realização do mudo. Assim, temos logo de início o diálogo com um pensamento, que fora esboçado em *Klaxon* e sistematizado no Chaplin Club, ao mesmo tempo em que há a ruptura na escolha pelo cinema sonoro. Com isso não quero afirmar uma continuidade explícita entre esses grupos tão diversos, apenas apontar como o contato com o Modernismo e com Plínio Sussekind Rocha coloca nosso crítico em posição privilegiada para superar seus antecessores. A posição em favor dos *talkies* é bem evidente, sobretudo para quem participara em 1939 do Festival Charles Chaplin no *Cércle du Cinéma du Trocadero*, onde a polêmica reviveu fortemente e os participantes ao final de uma sessão gritavam: "Vive le muet!"[27] Porém, não há um fascínio gratuito pelo cinema falado. O cinema mudo realizou grandes obras, enquanto o cinema falado pouco fez. Por isso, mais do que embate, essas duas etapas da arte cinematográfica devem se complementar numa síntese.

o [...] esforço de simplificação era o sentido para o qual estava se dirigindo o cinema nos últimos tempos da era silenciosa. Com a vitória do cinema falado tudo se complicou e hoje estamos diante de uma arte novamente balbuciante, e, o que é pior, viciada e pretensiosa. E diante desse cinema de hoje, não é possível separar-se o que há de cinematograficamente autêntico num filme que é falso, sem vê-lo várias vezes, com muita boa vontade e atenção, às vezes com espírito alertado, outras com bastante abandono[28].

27. Cf. Georges Sadoul, *Vie de Charlot, Charles Chaplin ou le Rire dans la Nuit*, Paris, J. Damase, 1952. Ver também o texto do próprio Paulo Emilio, "Notícias sobre a Polêmica do Rio", *Clima*, n. 10, jun. 1942. Publicado posteriormente em Carlos Augusto Calil e Maria Teresa Machado (orgs.), *op. cit.*

28. Gomes, Paulo Emilio Salles, "Tobacco Road", em Carlos A. Calil e Maria Teresa Machado (orgs.), *op. cit.*, pp. 133-134.

Voltando ao filme de Ford, Paulo Emilio o caracteriza como um drama, pois aos personagens não resta senão se conformarem com o destino. Essa visão do drama é claramente inspirada na estética de Hegel e a descrição da autonomia dos personagens e do mundo exterior, para além de uma apresentação que imita os procedimentos fílmicos, é justificada pelo fato de que no filme *The Long Voyage Home* "[...] quem impera, implacável, é o destino: é a história de um punhado de homens condenados ao mar"[29].

A análise do drama impõe uma investigação das fisionomias e seus rendimentos para a fatura da obra. O mesmo procedimento é visível nas

---

29. Sobre a concepção hegeliana de drama cf. G. W. F. Hegel, *Curso de Estética – o Sistema das Artes*, São Paulo, Martins Fontes, 1997, pp. 555-602. Em carta a Paulo Emilio, Gilda Mello e Souza contesta a caracterização esquemática de *The Long Voyage Home* como sendo um drama: "Em primeiro lugar acho que você fez mal dando aquela distinção entre drama e epopeia. Aliás você mesmo sentiu o simplismo da definição pondo aquela nota de rodapé em que explicava que para ali o esquema servia. Me parece que nem para o artigo o esquema serve, pois vai te obrigar a uma série de limitações as quais você poderia ter fugido si não tivesse tomado esse ponto de partida. Não me parece que TLVH seja um drama apenas porque ai quem impera implacável é o destino; porque é 'a história de um punhado de homens condenados ao mar'. Não concordo também com Décio, que acredita que 'o que esses marinheiros mais desejam conciente ou inconscientemente não é fugir ao seu destino de marinheiros mas realizá-lo.' Como você, Paulo Emilio, eu acho que existe uma luta. Mas interpreto essa luta de acordo com aquele sentimento ambivalente de amôr e ódio ao mar, que coube a Décio a glória de descobrir. Não estou querendo com isso acender uma vela a Deus e outra ao Diabo, não... Mas me parece que si os marinheiros abandonam o navio, não é apenas para fugir ao instinto que os impele violentamente para o mar, não é apenas para fugir a uma atração que os escraviza, é também para realizar a outra parte de seu ser, a parte mais fria e racional que reclama que a liberdade seja reconquistada. Todos os dois desejos me parecem autênticos e daí o drama, pois que qualquer realização tende a ser unilateral e portanto acarretará uma renúncia. Indo para o mar eles irão com saudade da terra. Ficando na terra a gente sentirá o transitório da situação." Cinemateca Brasileira/Arquivo Paulo Emilio, documento PE/PI.00297.
Ao escolher o termo "drama" para analisar o filme, Paulo Emilio busca compreender a alma desses personagens isolados de si mesmos, de suas terras. A proximidade com que cada personagem e seu drama são tratados, mesmo que de maneira sintética, nos ajuda a compreender o universo desses eternos exilados, além de apresentar o grau de liberdade com que John Ford e Dudley Nichols adaptaram Eugene O'Neill. É pena que o jovem crítico não se dedique ao trabalho de Gregg Toland, que no filme inicia seus experimentos com a profundidade de campo. Somente na análise de *Citizen Kane* o trabalho do fotógrafo será reconhecido e, dado curioso, antes da leitura de Bazin.

análises de *Citizen Kane*[30] e *Tobacco Road*, sendo que neste último os objetos ganham o estatuto de fisionomia. Conhecendo os teóricos da *avant-garde*, sobretudo Louis Delluc, e bem orientado pelo *Esquisse* de Malraux, Paulo Emilio sabe da potencialidade do cinema em transformar dramaticamente objetos como o arado de *Tobacco Road*.

Em *The Long Voyage Home*, a descrição de cada individualidade, além de mergulhar no universo de cada drama, também ajuda a desfazer um possível engano. Pois se o filme trata de uma coletividade, ele o faz por partes, e é isso que o distancia de uma estética próxima dos filmes russos.

> A meia dúzia de atores de primeiro plano do *The Long Voyage Home* pode representar a massa dos homens que trabalham no mar, mas eles não são essa massa. Ao passo que no *Potenkim* é a totalidade dos marinheiros que trabalha e age, é a totalidade dos oficiais que é trucidada, é a totalidade dos soldados da repressão que marcha, é a totalidade do povo de Odessa que surge. Os *close-up* não indicam nenhuma hierarquia de atores, mas unicamente detalham e condensam alguns aspectos de uma coletividade homogeneizada.

Essa lição de estética cinematográfica, típico *cabotinismo didático*, visa Guilherme de Almeida, o crítico oficial de *O Estado de S. Paulo*, que em "boa crítica" relaciona o filme de Ford com a atmosfera dos filmes russos. Tal lição é orientada por Moussinac[31] e marca de maneira

---

30. *Citizen Kane*, o mais elaborado ensaio de Paulo Emilio em *Clima*, não será alvo direto de minha análise aqui, embora ele paire em toda a interpretação. O ensaio sobre o filme de Welles é o mais digno desse nome, pois é nele que percebemos melhor a articulação de análise e procedimentos fílmicos efetuada pelo jovem crítico. Entretanto, acredito que sua abordagem em cotejamento com as interpretações de André Bazin e Jean-Paul Sartre pode ser de grande rendimento na compreensão do contato de Paulo Emilio com a crítica francesa do Pós-Segunda Guerra. Esse procedimento será realizado posteriormente, quando o foco de minha análise for o livro sobre Jean Vigo.

31. "Ele [Eisenstein] foi fortemente influenciado pelas teorias e o exemplo de Vertov, de tal forma que em cada parte de seus filmes ele se esforça em apagar o jogo dos intérpretes e a composição artificial em estúdio do branco e do preto para se aproximar mais do documento de cinejornal, de imagem captada ao vivo e intérpretes pela objetiva e o mecanismo

decisiva a diferença das duas gerações. Se para o modernista o diálogo evidente de Ford é com o cinema mudo, para Paulo Emilio a era silenciosa é apenas uma referência de um cineasta que só se realiza com o advento dos *talkies*.

Feita então a análise do filme, segue um escorço biográfico que revela o gosto do diretor por questões relacionadas à Irlanda. A crítica de Paulo Emilio em *Clima* ganha coesão de texto para texto, culminando em *Citizen Kane*. As análises se aprofundam na medida em que o corpo-a-corpo com os filmes ocupa o espaço do comentário técnico e biográfico. Cada vez mais, os materiais requisitados pelo filme são apropriados pela análise que os converte em ferramentas que auxiliam no desvendamento da obra. Assim como a dissecação das personalidades é a base do artigo sobre *The Long Voyage Home*, a interpretação dos objetos em *Tobacco Road* nos coloca no embate entre tradicional e moderno promovido pelo filme. Em *Citizen Kane*, esses procedimentos chegam ao apogeu e são didaticamente explicitados no recurso à memória, na análise da sucessão das imagens.

A presença teórica dominante em toda a escrita de *Clima* é René Schwob e seu livro *Une Mélodie Silencieuse*. Seguindo de perto a lição do esteta, Paulo Emilio busca no filme a lógica interna que ultrapassa sua

do aparelho cinematográfico. Daí, a variedade dos ângulos que ele utiliza, daí suas mudanças de planos opostos ou sucessivos que dão tanta vida à algumas sequências de imagens. Com isso, ele raramente opta por um plano geral de conjunto, preferindo sugeri-la quase que mecanicamente por meio da apresentação de detalhes característicos (por exemplo, a revolta no navio ou a confusão do combate, os massacres de Odessa no *Encouraçado Potenkin*. [...]" (Léon Moussinac, *Le Cinéma Soviétique*, Paris, Gallimard, 1928, p. 156). Segundo Moussinac, o cinema soviético seria a salvação do cinema de vanguarda, mesmo o seu sistema abrigando a mediocridade. Seu fascínio pelo cinema soviético se deve particularmente à obra de Eisenstein e à sua antiga militância de esquerda (cf. Emmanuelle Toullet. "Léon Moussinac et le Cinéma: Un Intellectuel s'Adresse aux Intellectuels", *Les Cahiers de la Cinémathèque*, n. 70, 1999, pp. 23-32). A questão da representação da massa em uma sociedade que transformou as relações de produção e, consequentemente, a aquisição de um outro estado icônico por parte do povo, em razão do novo estatuto adquirido, aparece renovada no curso de François Albera, *Massas e poder*, ministrado na VI Jornada Brasileira de Cinema Silencioso (2012), evento realizado pela Cinemateca Brasileira.

transparência[32]. Mais do que o espaço, o cinema revela a duração, e ela, por sua vez, está vinculada ao fluxo de imagens que se sucedem criando um encadeamento e uma totalidade. Uma imagem só se completa em sua sucessora, ao contrário da pintura que se caracteriza por suspender a mobilidade. Essa concepção do cinema enquanto fruto da disposição das imagens, da unidade em desenvolvimento, enfim, da preponderância da montagem, vai marcar toda a escrita em *Clima*.

O combate à crônica amistosa se dá por meio do ensaio eivado de referências específicas e da análise interna das obras. A seriedade com que o filme é tratado em *Clima*, em longos comentários, com a ficha técnica abrindo o texto, a análise das sequências, os dados técnicos e a conexão com a biografia do realizador fazem desses ensaios um capítulo importante na história da crítica de cinema no país. De fato, entre a crítica episódica de um Mário de Andrade, ou até mesmo a do Chaplin Club, há um salto qualitativo[33]. E é o próprio Mário quem legitima as qualidades da nova geração ao prefaciar o primeiro número da revista *Clima*. Ruy Coelho relata um episódio em que o modernista reconhece o jovem crítico de cinema.

> Uma tarde na Confeitaria Vienense, Mário de Andrade chega-se à mesa em que estávamos os dois e diz: "Paulo, não entendo bem o que você chama ritmo. Veja, você está falando de uma tomada. Mas ritmo não é só numa se-

---

32. O livro de Schwob é uma reflexão estetizando sobre o universo de Carlitos, mas, para tanto, amplia sua discussão ao dar espaço ao comentário de outros filmes pois, segundo o autor, para captar a riqueza de tal universo é preciso surpreender em outros filmes instantes de emoção que iluminem o mundo de Carlitos. Para isso, serão abordados os temas mais diversos, como cinema e pintura, a unidade orgânica da narrativa fílmica, diversos tipos de estilos cômicos, experimentos vanguardistas (*Napoleão e Metrópolis*). Sua linguagem mística e sua apologia ao cinema nos remetem ao ideário da *avant-garde*, afinal, entre outros aspectos, o livro de Schwob é um bom resumo do pensamento vanguardista com o acréscimo da "visibilidade" do gesto humano proposta por Béla Balazs. Mas, por intuição, ele ultrapassa a vanguarda ao apresentar a ideia de uma espécie de "subconsciente" da imagem, um "índice histórico" que resiste independente de sua qualidade estética (cf. René Schwob, *Une Mélodie Silencieuse*, Paris, Grasset, 1929).
33. Para uma análise das críticas de Mário de Andrade e do Chaplin Club cf. Ismail Xavier, *Sétima Arte: Um Culto Moderno*, São Paulo, Perspectiva, 1978.

quência de imagens?" Não retive a resposta, mas quando Mário finalmente se foi, Paulo Emilio voltou para mim o rosto cheio de espanto: "Ele estava falando como um menino frente ao mestre!"[34]

Voltando à crítica de cinema em *Clima*, seu esforço é análise interna, que condena *The long Voyage home* por não possuir uma unidade de ritmo definida, particularizando imagens bem realizadas, mas sem uni-las com fluência. Entretanto, há duas exceções ao longo do filme que serão destacadas para o comentário mais detido. A prática de isolar uma sequência ou aspectos determinados para elaborar um esquema que dê conta da estrutura do filme também se repetirá no artigo sobre *Citizen Kane*. As sequências descritas do filme de John Ford são:

a. silhueta negra de um navio. De noite.
b. Mulheres, *décor* tropical, palmeiras.
c. A popa do navio descentrada para a esquerda. Ângulo baixo.
d. Mulheres mais de perto. No fundo a silhueta do navio.

O fluxo das imagens proporciona a superação das convenções em torno da paisagem tropical, criando um ritmo cinematográfico, em que a imperfeição de cada parte favorece a ligação e a continuidade. "Esse desenvolvimento de unicamente sete imagens sucessivas, além de colocar imediatamente a situação, é extraordinariamente sugestivo no que se refere ao estado de espírito dos homens que estão a bordo"[35]. O outro momento em que as imagens de *The Long Voyage Home* adquirem ritmo é destacado, antes que o comentário geral descreva as principais cenas.

a. É levantada a escada.
b. Apito do navio.

---

34. Ruy Coelho, "Ouvir Paulo Emilio", em Carlos Augusto Calil e Maria Teresa Machado (orgs.), *op. cit.*
35. Paulo Emilio Salles Gomes, *The Long Voyage Home, op. cit.*

TRAJETÓRIA DE PAULO EMILIO

c. Um homem na amurada do navio, bem à esquerda da imagem. O navio começa a se movimentar lentamente e surge na imagem um outro homem na amurada do navio, que estava ao lado do primeiro.

d. Navio saindo lentamente. A câmara faz um movimento combinado, aproxima-se do navio e percorre-o.

e. Outros homens na amurada.

f. Navio em pleno mar. Escuridão.

g. Convés. Mudança de vigia.

Não há dúvida de que esse recurso crítico também significa alguma coisa para sua análise. Impossível não lembrar do filme sobre a Campanha da Borracha e de sua "montagem" sugerida pelas anotações no caderninho.

Em seguida, há a descrição de todo o filme e o empenho literário em continuar o impacto das imagens. As cenas são descritas isoladamente, sem uma ordem cronológica preestabelecida. Como a característica do filme é a falta de ritmo, a descrição segue expondo os momentos de intensidade dramática de cada sequência, na tentativa de incorporar os elementos que a obra oferece. A descrição da sequência do enterro de um dos marinheiros é um bom exemplo desse esforço ensaístico ainda não realizado completamente.

Na morte de Yank, admiram-se algumas imagens estáticas dos espectadores de sua agonia e a cena final – o cadáver é focalizado de cima, a câmera movimenta-se para nos apresentar Axel que chega com um remédio para aliviar as dores do marinheiro ferido. A cerimônia fúnebre é soberba e discreta: as águas agitadas de fim de tempestade dão ao navio um balanço que projeta em primeiro plano a silhueta dos marinheiros reunidos em torno do comandante para a última homenagem ao camarada que vai ser lançado ao mar; no horizonte despontam os primeiros clarões da madrugada. O comandante lê um trecho da Bíblia que lhe é quase arrancada das mãos pela ventania, o corpo é lançado ao mar, os homens dispersam-se rapidamente, e fica só Drisc, que dá alguns passos no convés, olha na direção em que foi lançado o corpo, anda um pouco mais perplexo, estupefato, varado.

As imagens narradas não ganham autonomia em relação ao filme, na medida em que a pontuação técnica (os ângulos da câmera e o primeiro plano dos marinheiros) se faz presente e apenas é substituída pela descrição literária no fim do parágrafo, quando o marinheiro cabisbaixo dá no filme três passos, a frase de Paulo Emilio comenta: "perplexo, estupefato, varado". Como vimos há pouco, oara concluir sua crítica, nosso autor faz conexões entre o filme e a personalidade de John Ford. Essa vontade ensaística de partir do já formado ganha mais força na crítica de *Citizen Kane*.

Em um artigo quase vinte anos posterior à exibição do filme no Brasil, Paulo Emilio rememora a importância dele para sua compreensão do cinema.

> Pessoalmente, o meu diálogo com o *Cidadão Kane* se prolonga há dezessete anos e nunca foi sereno. As primeiras experiências no Cine Bandeirantes de 1941 me eletrizaram. Em seguida, acompanhei longamente a fita durante meses (naquele tempo isso era possível graças ao sistema de distribuição) pelos bairros da Capital. A fita nunca esgotou o que tinha a me dizer, meu interesse foi-se aprofundando cada vez mais, porém, ao mesmo tempo, envergonhado talvez de me ter deixado submergir, nas primeiras vezes, pelo entusiasmo, eu me esforçava por guardar certa distância. O resultado foi um longo artigo que Orson Welles, então no Rio, leu, auxiliado por Vinicius de Moraes, na minha presença. Tive a impressão de que a curiosidade com que percorreu o texto foi seguida de certo desapontamento. Com efeito, depois de uma análise pormenorizada e apaixonada, em que eu manifestava incontido entusiasmo, um movimento de pudor me fazia concluir com certa frieza que *Cidadão Kane*, longe de ser uma obra-prima apenas sugeria o que poderia ser um grande filme[36].

Para o recém-convertido cinéfilo, o filme realizava a síntese do cinema ao construir uma linguagem em que o fluxo das imagens se for-

---

36. Paulo Emilio Salles Gomes, "Ainda o Cidadão Kane" [25.10.1958], Crítica de Cinema no Suplemento Literário de *O Estado de S. Paulo*, Rio de Janeiro, Embrafilme/Paz e Terra, 1981.

talecia com o advento do som. O filme foi um acontecimento cultural para a sua geração e nunca deixou de inquietar o crítico, que sobre ele escreveu inúmeros ensaios a respeito da técnica, de seu diretor, de seus personagens. Em 1961, quando redigia seu curso sobre a personagem cinematográfica, Paulo Emilio evoca uma espécie de *madelaine* saída direta do filme de Welles.

> No *Cidadão Kane* há uma personagem, Bernstein, que conheceu uma moça de quem nunca se esqueceu, e eu também não. Entrevia-a no cruzamento de barcos do rio Hudson durante alguns segundos; era então moço e viveu até uma idade bastante avançada. Pois bem, durante toda a sua vida não houve semana, ou talvez dia, em que não se lembrasse dela. O espectador da fita não vê a moça, as barcas, o rio Hudson, nem Bernstein na situação do encontro ou, em seguida, na recordação periódica. Tomamos conhecimento de tudo isso apenas por uma frase que ele diz a um repórter que o entrevista. Ainda aqui, todavia, seria inexato pretender que a personagem fugidia e inesquecível dessa jovem se constitui apenas de palavras, pois a sua estruturação definitiva permanece na dependência da tonalidade da voz e, sobretudo, da expressão nostálgica da personagem de Bernstein[37].

A obsessão por *Cidadão Kane* se deve também aos momentos em que o crítico participou dos acontecimentos culturais em volta do filme. Além de promover o debate no ambiente provinciano da São Paulo da década de 1940, Paulo Emilio também testemunhou o impacto do filme na França. Em 1946, quando ele chega a Paris para completar sua formação, o filme acaba de estrear, já que estivera censurado ao longo de todo o período da ocupação alemã. Em carta a sua mãe, Gilda Salles Gomes, ele informa ter visto o filme e comenta: "A boa crítica francesa está fazendo uma acolhida entusiástica a Orson Welles"[38]. A "boa crítica", como veremos é Jean-Paul Sartre, André Bazin e Georges Sadoul.

37. Paulo Emilio Salles Gomes, "A Personagem Cinematográfica", *A Personagem de Ficção*, São Paulo, Perspectiva, 1992.
38. *Idem, Carta a Gilda de Mello e Souza, 26.7.1946*, Cinemateca Brasileira (PE/CA. 0195).

O ensaio de *Clima* começa com a indicação de que a crítica a ser apresentada é uma espécie de "aventura narrada" com algumas "tentativas de informação". Para a apreensão do filme foram precisas aproximações sucessivas em diversos cinemas da cidade, primeiro os do centro e depois os cinemas de bairro, e, de início, o drama de um homem chamou atenção, em seguida o virtuosismo técnico da fotografia, e depois a qualidade dos atores, especialmente Orson Welles, que impregna completamente seu personagem. Para que essas impressões iniciais se acomodem e o ato crítico possa advir, foi preciso ver o filme muitas vezes. Uma nova anotação resume a estrutura do filme:

a. Introdução e apresentação do *tema ausente*.
b. Dados concretos de atmosfera e composição, e apresentação dos temas.
c. Desenvolvimento dos temas.
d. Encarnação do *tema ausente* e conclusão.

Em seguida, há a descrição de cada tópico para se passar à identificação do tipo de ligação das imagens e dos sons que faz Welles. Uma imagem continua na outra de maneira particular, sem se prender à continuidade espacial e temporal da produção média norte-americana. O movimento da bola de vidro que rola e se espatifa, continua na enfermeira que adentra o quarto de Kane. Os exemplos se sucedem e comprovam a maestria do fluxo de imagens e de sons. No episódio da infância de Kane, o jovem crítico destaca o uso dramático dos diferentes planos do quadro. Não deixa de ser surpreendente como ele percebe a maneira original do uso da profundidade de campo. A cena é das mais significativas do filme, quando o futuro de Kane ainda criança é decidido pelos adultos no primeiro plano, enquanto ele brinca na neve. Anos depois Bazin caracterizaria o uso da profundidade de campo nesta sequência como o encontro de uma linguagem cinematográfica capaz de transmitir a ambiguidade do real. Por isso, para o crítico francês, Welles será o principal cineasta moderno. Assim como o cinema de Welles abalou o quadro teórico de Bazin, o contato com

Cidadão Kane significou para Paulo Emilio o aprofundamento em uma forma de criticar.

Ter visto o filme no ano de seu lançamento, ter acreditado e se entregado a ele, possibilitou a Paulo Emilio a reflexão sobre o próprio ato crítico, ajudando-o a conceber uma ferramenta literária capaz de prolongar os efeitos da obra, sem sucumbir a artifícios miméticos. Ao invés de uma posição mais distanciada, de um enfoque para os elementos sociais plasmados na obra, aspectos geralmente apregoados ao "jeito *Clima* de ser moderno", o que temos é a dedicação à análise formalista, com laivos de impressionismo, apesar da erudição. A ausência de uma tradição cinematográfica e de um debate consolidado sobre o cinema local fazem com que o trabalho crítico de Paulo Emilio apareça muito menos como uma ruptura, do que como uma ponte entre os pressupostos artísticos da geração de Vinte-e-Dois e a vontade crítica de *Clima*. Em seu ensaio sobre *Cidadão Kane*, o filme só pode ser contado numa "tentativa apaixonada e meticulosa", em que a descrição comenta, expõe e informa. A análise do estilo de Welles revela o fato novo no cinema moderno, com o aprendizado e a superação do cinema mudo, a ligação das imagens como procedimento característico, assim como o caráter alusivo de imagens se remetendo a significados não aparentes (como a fila de carros que lembra um cortejo fúnebre), a dissolução de uma imagem em outra. O resultado é uma continuidade nova, com a assincronia entre som e imagem criando a "imagem-som". O ensaio de Paulo Emilio se divide em duas partes, com a narração carregada de comentários na primeira e o desenvolvimento e a explicitação dos comentários técnicos na segunda.

A visão de *Cidadão Kane* parece ter liberado um espírito crítico, atento ao jogo formal, que busca incorporar na própria escrita as novidades trazidas pela obra. Entretanto, a noção de forma se detém principalmente no ineditismo com que os recursos cinematográficos são utilizados pelo cinema moderno, sem se deter nos desdobramentos sociais embutidos na própria forma. Esse impulso formalista parece ter se radicalizado no texto seguinte, que não trata de um filme, mas de Piolim.

O palhaço é um acontecimento artístico dos mais importantes na São Paulo das primeiras décadas do século xx. Quando Paulo Emilio faz seu ensaio, Piolim já era consagrado e admirado por todos. A figura do palhaço como elemento da tradição popular ignorada pela grande arte é bastante explorada pela arte de vanguarda europeia. Não é por acaso que para Blaise Cendrars, Piolim é "o maior palhaço do mundo", e que Benjamin Péret lhe dedicou um misterioso roteiro. Porém, o que para a vanguarda europeia era uma maneira de se romper com a tradição, no caso brasileiro possuía uma verdade sociológica e artística mais evidente[39]. Muitos foram os admiradores modernistas de Piolim, entre eles Mário de Andrade, Antônio de Alcântara Machado, Pagú e Menotti Del Picchia[40].

O ensaio de Paulo Emilio é fruto do interesse crescente pelo trabalho do palhaço, sua arte gestual e as atrações de seu circo. O texto foi redigido para o número 9 de *Clima*. Duas décadas depois, em uma rememoração em forma de artigo, Paulo Emilio narra a gênese e as razões da não publicação do texto.

> Foi Oswald que me levou de volta ao circo, que frequentara na infância com meu irmão Éme, levados por Maria Preta, mas do qual só guardara a lembrança de uma aguda crise de apendicite. Piolim, amigo de Oswald, interpelava-o do meio da pista. Ele respondia, Nonê e eu arriscávamos alguma coisa e nos integrávamos no espetáculo. Mais tarde eu deveria frequentar metodicamente o Circo Piolim, na Praça Marechal Deodoro, durante cerca de dois anos.

39. Cf. Antonio Candido, "Literatura e Cultura (1900-1945)", *Literatura e Sociedade*, São Paulo, TAQ/Publifolha, 2000, p. 111.

40. Cf. Mário de Andrade, "Do Brasil ao Far-west – Piolin", *Terra Roxa e Outras Terras*, n. 3, 1926. Menotti Del Pichia, "O Modernismo no Brasil", *apud* Maria Augusta da Fonseca, *Palhaços da Burguesia*, p. 37; Antônio de Alcântara Machado, "Indesejáveis", *Terra Roxa e Outras Terras*, n. 1, 1926; Patrícia Galvão, "Piolin", *O Homem do Povo*, edição fac-similar, São Paulo, Imprensa Oficial/Arquivo do Estado, 1984. Benjamin Peret também emite juízo parecido ao de Cendrars, e quando critica duramente a técnica dos atores em *Barro Humano*, comenta que o único artista brasileiro capaz de estrelar um grande filme é o palhaço Piolim. Sobre a crítica a *Barro Humano* ver: *Humberto Mauro, Cataguases, Cinearte*, p. 333.

Cheguei a escrever uma espécie de *ensaio* sobre Piolim mas os companheiros da revista *Clima* se opuseram a que fosse incluído no número da revista em preparo. Meu texto, com efeito, continha algumas expressões populares ou infantis ainda mal aceitas literariamente, como por exemplo *pipi*. Acontece que havia sido recebido e já aceito um poema de Vinícius de Moraes no qual o verso estribilho era *cocô de ratinho, cocô de ratão*. Se não me engano, foi Décio de Almeida Prado que opinou contra esse acúmulo num mesmo número da revista. A publicação de meu trabalho foi adiada e, em seguida, devo ter perdido o manuscrito. Deploro, pois desconfio que não era mau[41].

Felizmente o ensaio foi encontrado e finalmente publicado com o título "Vontade de Crônica sobre o Circo Piolim Solidamente Armado à Praça Marechal Deodoro"[42]. A análise de Piolim é a mais experimental dos ensaios de *Clima*. Ensaios no sentido exato da palavra, pois esses escritos, mais do que propor uma interpretação dos filmes, tateiam o objeto, sem a pretensão de exauri-lo, sem querer chegar a um fim definitivo; apenas se deseja criar uma forma de abordar o filme em análise partindo de algo já formado[43]. Desde os escritos de juventude há a vontade de criar um estilo próprio. Ímpeto que perpassa os pequenos textos políticos antiintegralistas e que nos textos da revista *Clima* se amplia na análise do cinema moderno. Com um referencial teórico originário do cinema mudo, os textos da revista apresentam um esforço de compreensão do cinema moderno amparado na vontade de experimentar abordagens. Muito precocemente, nosso autor descobriu que quando se escreve sobre um filme, trata-se mais da ideia que temos da obra muito mais do que uma representação da própria obra. Nos ensaios de *Clima*, há a tentativa de dar conta de forma literária de algo que apreendemos de maneira si-

---

41. Paulo Emilio Salles Gomes, "Um Discípulo de Oswald em 1935", *Crítica de Cinema no Suplemento Literário*, vol. 2. Rio de Janeiro, Paz e Terra, 1981, p. 442 [grifo meu].
42. Cf. Paulo Emilio Salles Gomes, "Vontade de Crônica sobre o Circo Piolim Solidamente Armado à Praça Marechal Deodoro", em Carlos Augusto Calil e Maria Teresa Machado (orgs.), *op. cit.*, pp. 46-51.
43. Estou me valendo da noção de ensaio em Theodor W. Adorno, "O Ensaio Como Forma", *Notas de Literatura I*, São Paulo, Duas Cidades/Editora 34, 2003.

multânea. Nesse sentido, interessa menos verificar a relevância dos filmes escolhidos ou os aspectos abordados pela crítica. Destaco apenas o esforço em fundir descrição e explicação. De todos os ensaios de Paulo Emilio em *Clima*, o sobre o palhaço Piolim, é o mais paradigmático ao traduzir essa vontade criativa, que lança mão de exercícios estilísticos, memória e conceituação para representar as *atrações* do circo.

O texto se abre com a afirmação sobre as dificuldades de quem se aventura a escrever a respeito do circo e, principalmente, sobre Piolim. Muitos tentaram e naufragaram fragorosamente. E quem quiser encurtar o caminho, adentrar no universo do circo quando ele não está em plena ação, corre o maior risco de todos, receber uma grande vaia por tentar trapacear. Resta apenas a tentativa de descrever o circo em ato. Comentar Piolim não é uma experiência fácil, é preciso mais do que comentários é preciso "falar Piolim". Ou seja, é preciso recorrer ao universo único do palhaço, colher suas ferramentas, para daí se apropriar de sua linguagem. A sintaxe precisa ser transformada em imagens estáticas. "Tárárá rárárárá."

A escrita assume então o papel de guia cúmplice e o crítico se torna narrador da experiência Piolim. Tudo se transforma em imagem, imagens que brotam subitamente e criam jogos inusitados e enchem os olhos pela maneira como a realidade assume aspectos oníricos. Vejamos.

> Eu sei de uma coisa que não sei se é minha mas que em todo caso é verdade. Diferentemente das outras artes, pintura, escultura, música, cinema, em que as coisas podem ser ótimas, más, regulares e péssimas, na Acrobacia tudo é sempre bom e ótimo. Porque se não for, os artistas levam um tombo. Um pianista quando erra um compasso, o piano não avança para ele com sua alva e temível dentadura.

O tom burlesco da frase parece, por um instante, dar espaço à reflexão erudita sobre uma concepção das artes, mas logo se torna uma piada infantil, com um piano mágico abocanhando o leitor. É total a consonância com a estética de vanguarda, onde a valorização da expressão infantil confunde o hábito da percepção do adulto e subverte o mundo organizado.

As atrações são descritas uma a uma, os números se sucedem até a entrada triunfante de Piolim que, aparece e desaparece para retornar depois do intervalo. "É melhor não ir fazer pipi porque precisa entrar na fila." Eis o "pipi" que valeu décadas de confinamento numa gaveta. Mas é um exagero pensar que esse pipizinho tenha sido o responsável pela não publicação do ensaio. Eu não sei não. Acredito que essa história está mal contada, pois minhas fontes informam que o Circo de Piolim só se estabeleceu solidamente na Praça Marechal Deodoro apenas em 1945, ou seja, depois da aventura na Amazônia. Pode ser que aqui Paulo Emilio se engane.

Piolim volta e inicia sua série de burletas. Começa pela mais fraquinha. Mas não tem importância. "Quando Piolim é ruim é que a gente vê como ele é bom quando ele é bom." "Alerta Piolim heroico, vencedor em todas as encrencas e todos os inimigos. O mais terrível você ainda não liquidou – é o Teatro."

Como num golpe de teatro, o fim súbito revela toda a trama. A referência ao inimigo maior, o Teatro, certamente é a menção ao artigo "Montagem de Atrações", de Serguei Eisenstein. O célebre manifesto do cineasta russo procura formas alternativas ao teatro tradicional, sinônimo de naturalismo burguês. A disposição em "elevar o nível organizacional da vida cotidiana das massas" exige o desenvolvimento de um programa teatral à altura do momento histórico da revolução. A menção à teoria do grande cineasta russo expõe a escrita sobre Piolim e sua "montagem de atrações". A intuição de Piolim ao romper com o ilusionismo cria cenas estáticas que provocam o estranhamento e o choque. Em *Clima*, Paulo Emilio parece querer aprofundar os experimentos da geração anterior, sem deixar de tratá-los criticamente. O ensaio sobre Piolim é uma espécie de obra-ação, como queria Mário de Andrade. Ou seja, uma invenção onde a descrição e a explicação se interpenetram de maneira radical, como em *A Escrava que Não Era Isaura*. Neste sentido, o ensaio de Paulo Emilio é um exercício criativo que se aproxima em muito de *O Grouchismo*, de Antonio Candido[44]. O texto é um experimento com a teoria cinematográfica e os gestos do palhaço. Comum aos artistas de vanguarda em geral, a fixação na figura como referência artística popular importante para a renovação pretendida, aparece em Paulo Emilio também como possibilidade de construção de um estilo crítico, além de relato de uma experiência.

Assim, o experimento com Piolim encerra o delineamento de Paulo Emilio que estou querendo realizar: um jovem interessado na reformulação teórica do marxismo e engajado nas descobertas formais cinematográficas, prestes a relacionar arte e política, técnica e prática. Em 1945, veio a decepção com a política nacional e a volta a França para completar a formação cinematográfica. O resultado dessa nova fase seria o estudo sobre Jean Vigo, responsável pelo reconhecimento mundial do crítico e pela junção definitiva e particular de forma e realidade social. *Mais ceci est une autre histoire.*

---

44. Cf. Antonio Candido, "O Grouchismo", *Clima*, n. 3, ago. 1941.

5
O "método" *Jean Vigo*
* * *

5.1 Modernidade de *Citizen Kane*

Para uma geração empenhada na transformação do Brasil formal em uma nação, a eleição do General Dutra foi um verdadeiro anticlímax. Todo o sentimento nascido do despertar ideológico da década de 1930, adensado no debate para a estruturação e organização de grupos políticos na primeira metade dos anos 1940, se esmorece diante da lúgubre perspectiva. E para um jovem abastado, ainda com pretensões políticas e culturais, a França se apresenta como um ponto decisivo no processo de "revisão progressista"[1]. Por ter se constituído historicamente como abrigo de refu-

---

1. A correspondência de Paulo Emilio com Antonio Candido no período mencionado confirma a decepção com o clima político e revela uma guinada cultural de ambos, embora o interesse pelo destino da militância de esquerda continue. Sempre pedindo informações sobre a situação brasileira, Paulo Emilio não deixa de pagar sua mensalidade à Esquerda Democrática. Nas cartas que envia para sua mãe (a quem ele chama de Muia), indica militantes com quem ela deve travar contato para melhor mantê-lo informado sobre o debate político.

   A relação de Paulo Emilio com D. Gilda Moreira de Salles Gomes é permeada pela constante troca de ideias e enorme ascendência do filho caçula sobre uma mãe inquieta e

giados políticos e oferecer certa tolerância ao debate, a França, malgrado Vichy, ainda era um país que dispunha de grandes possibilidades para o desenvolvimento de questões políticas; mas com relação a questões de estética cinematográfica, o ambiente era ainda mais favorável, já que Paris se constituía como o epicentro da crítica de cinema no mundo. Com a Liberação, há um enorme processo de renovação cultural no qual o cinema ocupa uma posição central, uma fonte privilegiada de memória e legitimação para a coletividade.

Reconhecido pelo Estado como elemento importante na sociedade de massa, o cinema será concebido como contribuinte para a formação da consciência histórica. Instituições como o Institut des Hautes Etudes Cinématographiques (1945), a Comission Supérieure Technique (1945), o Festival de Cannes (1945) e o Centre National de la Cinématographie (1946) enriquecem o universo cinematográfico francês, sem falar no número enorme de cineclubes que promovem e relançam filmes, agora com o *visa* aprovado[2]. É neste sentido que se compreende o lançamento e a boa recepção – de crítica e público – de filmes que emanam uma atmosfera de insurreição e heroísmo, filmes como *Zero em Comportamento* e *L'Espoir* ao lado de *La Bataille du Rail* e *La Libération de Paris*[3].

O cinema não era somente concebido no âmbito da produção e da memória, mas principalmente no plano das ideias, já que a reorganização da indústria não é imediata e os primeiros filmes surgem apenas em 1946. O número de intelectuais envolvidos no debate cinematográfico é considerável, o que proporciona à crítica francesa do pós-guerra um

ansiosa por ultrapassar o universo provinciano de uma senhora bem posta na sociedade paulistana na década de 1940. Cf. PE/CP. 0429 e 0430 no CB/APESG.

2. Cf. Suzanne Langlois, *La Résistance dans le Cinéma Français: 1944-1994 – De la Libération de Paris à Libera Me*, Paris, L'Harmattan, 2001.

3. Cf. Paulo Emilio Salles Gomes, "Outra Face de Jean Renoir", *Crítica de Cinema no Suplemento Literário*, Rio de Janeiro, Paz e Terra, 1982, vol. 1; Pierre Bost, "Zéro de Conduite et Jean Vigo", *L'Ecran Français*, n. 22, nov. 1945, p. 3; A. "Une Grande Prémière (Sobre Zéro de Conduite)", *L'Ecran Français*, n. 21, nov. 1945, p. 12; Denis Marion, "Comment André Malraux a Tourné son Film", *L'Ecran Français*, n. 1, 4.7.1945, p. 8 e *Le Cinema Selon André Malraux*, Paris, *Cahiers du Cinéma*, 1996.

enorme salto qualitativo. André Bazin, na esteira de Malraux, busca dar o sentido do destino do cinema, mostrando que sua função social nasce de uma profunda necessidade psicológica. Por outro lado, Maurice Merleau-Ponty louva o cinema por ele apresentar o homem em sua exterioridade, expondo nos gestos o pensamento. Enquanto isso, Georges Sadoul, preconizando a história do cinema por meio dos gêneros nacionais, defende o cinema russo e o francês, e Sartre, desde os anos 1930, classifica o cinema como a arte do nosso tempo. É nessa atmosfera efervescente que o veterano Léon Moussinac afirma que ao cinema é preciso audácia, entusiasmo e independência para a experimentação. E não há aqui espaço para o diletantismo[4].

A história da crítica de cinema na França tem um capítulo particular que, para nossa exposição do campo no pós-guerra, vale a pena recuperar. A crítica de cinema se desenvolve em paralelo com o cinema, isto é, com a descoberta da mobilidade da câmera na mudança de plano, com as revelações do *close* e da composição da imagem por meio da montagem. Essa consciência de meios expressivos próprios exigiu – para que o cinema se tornasse uma arte pura, segundo a ideologia da época – uma crítica que reconhecesse o valor da nova arte. O interesse de Louis Delluc pelo moderno em diversas áreas faz de sua crítica um cadinho em que todas as artes são convocadas para servir ao cinema. Com estilo próprio, testado na literatura, Delluc reivindica para o cinema um papel preponderante na vida moderna. Sua disposição crítica será decisiva para a eclosão da vanguarda e para a tomada de consciência da crítica. A crítica de cinema ganha sua especificidade, e o crítico deve possuir conhecimentos técnicos de toda ordem e manipulá-los conforme o filme apresentado. Essa premissa básica, em que Delluc mistura crítica e teoria, se adensa com

---

4. Segundo Antoine de Baecque na sua *Histoire d'une Revue*, o campo intelectual da crítica de cinema na França do final dos anos 1940 se dividia em três tendências: os "progressistas" em torno de Sadoul e dedicados à análise histórica; uma tendência mais formalista empenhada no neorrealismo e na descoberta de alguns cineastas americanos, centrada na *Revue du Cinéma*, do remanescente da *avant-garde* Jean George Auriol; e por fim, os "neo-hollywoodianos" como Alexandre Astruc, Bazin e Eric Rohmer, que pregavam uma moral da *mise-en-scène*.

o estilo do crítico, no esforço de traduzir para a escrita os procedimentos cinematográficos. Na França, a tradição literária proporcionou à crítica uma investigação de si mesmo, do ato crítico e, por consequência, do estilo. O lugar de Delluc reside justamente na autonomia com que desenvolve seus escritos, a liberdade com que julga os filmes. Entretanto, sua influência não ultrapassa o círculo da *avant-garde*, malgrado seu empenho na construção do movimento de cineclubes que, por sua vez, engendra certa cinefilia.

Com o esgotamento da vanguarda, a indústria cinematográfica francesa aflora no cinema falado, mas uma crítica influente não surge para dar continuidade a esse legado. Na década de 1930, os livros mais significativos ainda são *L'Arbre d'Eden* (1922), *Naissance du Cinéma* (1925), *Une Mélodie Silencieuse* (1929) e *Charlie Chaplin* (1928), respectivamente de Elie Faure, Léon Moussinac, René Schwob e Henri Poulaille. Mesmo com o surgimento de críticos como Lucien Rebatet ou Roger Leenhardt, a produção crítica do período, se comparada com a que a antecede e a sucede, é bastante inferior em estilo e acuidade. É somente com a Liberação que surge uma nova geração disposta a romper com o conformismo reinante e sobretudo com a ideologia vanguardista do específico cinematográfico. E o momento é propício para a reavaliação da produção da década de 1930.

A desolação causada pela morte do cinema mudo teve na França consequências duradouras. Não existia mais impulso para os estudos teóricos, alguns críticos da fase heróica continuavam na profissão mas haviam perdido a fé. Os livros de história do cinema que começavam a aparecer eram impregnados de frustração e saudosismo. Quem procurasse durante os anos trinta aprofundar o interesse pelo cinema acabava aderindo misticamente à velha ideologia do mundo cuja "veracidade" era confirmada pelas revelações dos programas retrospectivos organizados por Henri Langlois, já em pleno combate para constituir a *Cinémathèque Française*. Pouco tempo antes do início da segunda guerra mundial, grupos de jovens saíam de exibiições em homenagem a Chaplin aos gritos de "Vive le muet!". Acontecia, porém, que a

TRAJETÓRIA DE PAULO EMILIO

mística estética que entretinham não se conciliava com a produção da época, falante há já dez anos, e da qual gostavam muito. O cinema francês dos anos trinta teve altas qualidades mas não deveu nada ao movimento de ideias e da cultura cinematográfica de então, cujas bases eram fantasias nostálgicas[5].

Quando Paulo Emilio desembarca em 1946, o campo da crítica cinematográfica está passando por uma mudança que se concluirá em 1951 com a publicação da revista *Cahiers du Cinéma*. Até a década de 1940, o cinema fora valorizado por eruditos, ou pelos próprios cineastas que possuíam vínculos com a vanguarda literária, como Jean Epstein, ou com as artes plásticas, como Elie Faure e André Malraux. Os eruditos se caracterizavam pelo estilo, abordagens biográficas e análises gerais, cujo vínculo com a crítica literária de corte impressionista era evidente. Com o reflorescimento da cultura cinematográfica no pós-guerra, marcado pelo número de novas instituições (de ensino, de produção e de preservação do filme), o desenvolvimento do mercado editorial exigia um novo tipo de profissional, dotado de uma pena ágil e certeira e de um mínimo de objetividade, mas com interesses diversificados. O maior exemplo dessa conjuntura será André Bazin.

A nova configuração quase que por si mesma exige uma transformação do campo da crítica, na medida em que demanda do comentador uma versatilidade ao mesmo tempo que uma capacidade teórica, já que o cinema é cada vez mais incluído no debate intelectual. Habituado ao debate filosófico, Bazin, como bom *normalien*, terá uma prática exemplar, quando orienta o público em jornais de grande circulação (*Le Parisien Liberé*), ao mesmo tempo em que assistia aos filmes como um espectador atento, não como especialista (*Nouvel Observateur* e *Esprit*), e fazia teoria (em livros como *Cinéma, un Oeil Ouvert Sur le Monde* e *Vingt Ans de Cinéma à Venise*, assim como em sua tribuna oficial, os *Cahiers du*

---

5. Paulo Emilio Salles Gomes, "Ideologias Cinematográficas Francesas", *História do Cinema Francês* (1895-1959), São Paulo, Cinemateca Brasileira, 1959.

Cinéma). Evidentemente, essas fases não são tão nítidas e se intercambiam. Textos como "Teatro e Cinema" e "O Realismo Cinematográfico e a Escola Italiana da Libertação" foram publicados em *Esprit*. Mas essa divisão esquemática nos ajuda a entender o campo da crítica do cinema na França e nele o lugar de Bazin, um crítico que em catorze anos de atividade possui uma média de um artigo a cada dois dias! Já em 1943 ele reivindicava a transformação da crítica, para que ela não submetesse o cinema a leis exteriores – como o fizera a *avant-garde*. Um grau de especialização é exigido ("imagine-se uma crítica de ópera que criticasse apenas o libreto?"), para em seguida definir três tipos importantes de intervenção. Na imprensa cotidiana o trabalho deve ser um resumo do filme e um julgamento sucinto sobre os méritos técnicos e artísticos, enquanto que no espaço do semanário literário a crítica deve desenvolver a verdadeira cultura cinematográfica, deve recrutar em favor do cinema um público cultivado, por isso, o crítico deve ser militante – no sentido largo do termo. Por fim, o crítico da revista especializada deve unir o leitor iniciante com o iniciado[6].

Esse texto, escrito na Paris ocupada, não é somente um sintoma das mudanças que se iniciavam no campo da crítica de cinema mas também um programa que o próprio Bazin encorporaria e, *mutatis mutandis*, Paulo Emilio também. Se dermos um salto no tempo, veremos que, em 1953, Bazin faz críticas curtas no *Le Parisien Liberé*, milita no *France Observateur* e reflete nos *Cahiers du Cinéma* e em *Esprit*. Curiosamente, o crítico francês escreverá sobre *Jean Vigo* nestes três órgãos, como veremos adiante.

Junto com Bazin, Alexandre Astruc encabeça a nova onda crítica. Eles defendem o surgimento de uma nova vanguarda, menos elitista e mais criativa. O texto que sintetiza esse empenho será "Naissance d'une Nouvelle Avant-garde: la Câmera Stylo"[7]. Nele, Astruc afirma ter o cinema conseguido dominar seus meios de expressão e por isso ter se libertado definitiva-

---

6. Cf. André Bazin, "Pour une Critique Cinématographique", *Le Cinéma Français de la Libération à la Nouvelle Vague*, Paris, Ed. Cahiers du Cinema, 1983.
7. Alexandre Astruc, "Naissance d'une Nouvelle Avant-garde: la Caméra Stylo", *L'Écran Français*, n. 144, mars 1948.

mente do realismo fácil. O texto reflete o impacto do cinema norte-americano, pouco visto durante a Ocupação, mas sobretudo, a *caméra-stylo* é uma consequência de um só filme, *Citizen Kane*, de Orson Welles.

As grande batalhas críticas do pós-guerra testemunham o papel do cinema no mundo intelectual francês. A vontade de participar da realidade através do cinema pode ser exemplificada com o caso *Citizen Kane*. O filme, lançado na França em julho de 1946, foi motivo de grande discussão. Sartre já publicara uma severa crítica no *L'Écran Français* de outubro de 1945. O filósofo teria visto o filme em Nova Iorque, o que lhe permitiu um julgamento precursor. Influenciado pela análise do romance americano moderno e pela dificuldade em falar inglês[8], Sartre busca entender o esforço de Welles em criar uma narrativa densa, uma *écriture artistique* para o cinema americano, termo bastante pejorativo utilizado para caracterizar a *l'art pour l'art*[9]. Segundo Sartre, o problema principal de *Citizen Kane* é seu pedantismo, sua tentativa de tudo revelar. O filme – "um exemplo a não ser seguido" – na sua pretensão de tudo mostrar revela muito mais a presença do narrador e o domínio da técnica pelo cineasta Orson Welles. Essa manipulação de materiais do cinema hollywoodiano cheia de virtuosismo, embora com intenção de denúncia política, aos olhos de Sartre é justamente o contrário do que faz John dos Passos, para quem a beleza é uma contradição velada. John dos Passos – "o maior escritor do nosso tempo" –, nos apresenta o mundo sem comentários ou explicações, como se seu tempo fosse o da História[10].

No mesmo *L'Écran Français*, Roger Leenhardt, antecipando Bazin, saúda o filme por seu caráter inédito de panfleto social rigoroso no cinema ocidental, e também por sua forma na qual a profundidade de campo torna o *travelling* e a montagem desnecessários para a compreensão da narrativa. Em declarada polêmica com Sartre, o cineasta e crítico enxerga

8. Segundo Dominique Chateau, *Sartre et le Cinéma*, Paris, Seguier, 2005.
9. Cf. Jean-Paul Sartre, "Présentation", *Temps Modernes*, n. 1, octobre 1945.
10. Jean-Paul Sartre, "Sobre John dos Passos e 1919", *Situações I*, São Paulo, CosacNaify, 2005. A primeira edição é de 1932. Embora Paulo Emilio tenha chegado na França somente em 1946, há em sua biblioteca um exemplar do *L'Écran Français* no qual aparece o texto de Sartre sobre o filme de Welles.

em *Citizen Kane* a mesma violência e a mesma experimentação expressionista que não escapa da realidade. O que importa para Leenhardt não é o tempo narrativo mas a técnica narrativa, exatamente como fez Sartre ao analisar os romances de Dos Passos e Faullkner[11].

Georges Sadoul, o grande historiador do cinema mundial, retoma no *Lettres Françaises* os termos de Sartre com o acréscimo do rótulo de "enciclopédia de antigas técnicas", pois para ele o filme recorre aos clássicos do cinema sem nada acrescentar e criar[12]. No esforço de fazer um balanço crítico e tendo a vantagem da distância no tempo, o crítico André Bazin, no ano de 1947 em *Les Temps Modernes,* a tribuna sartreana, emite sua opinião sobre este filme decisivo para sua teoria do realismo. O artigo passa em revista as diversas abordagens. Para Bazin, Georges Sadoul tem razão ao relacionar os experimentos de Welles com cineastas como Stroheim, Méliès ou Dziga Vertov. Mas não se trata de reminiscências mediocremente assimiladas, bem ao contrário. Welles, segundo Bazin, reinventa o cinema. Pois quando a câmera de Gregg Toland nos apresenta a profundidade de campo não significa somente uma redução do diafragma como em Louis Lumière, mas um novo espaço dramático que preserva a ambiguidade do real. E nesse procedimento específico está seu maior valor. Para Bazin, a novidade do filme não reside na utilização singular de velhos procedimentos, e sim na criação de um estilo, afinal Flaubert não inventou o tempo imperfeito, Gide tampouco o passado simples ou Camus o passado composto, o que todos fizeram foi dar um significado pessoal a esses tempos.

Bazin também não considera virtuosismo a arquitetura da narrativa em forma de quebra-cabeça. Para ele *Citizen Kane* se aproxima dos romances de Dos Passos quando narra em fragmentos a história de Charles Foster Kane, preservando a ambiguidade da realidade. A vida de Kane não nos é apresentada de maneira unívoca. E o maior mérito de Welles

11. Roger Leenhardt, "Citizen Kane", *L'Écran Français*, n. 3, jul. 1946. Incluído posteriormente em Roger Leenhardt, *Chronique Cinématographique*, Paris, Cahiers du Cinéma, 1986.
12. Georges Sadoul, "Citizen Kane", *Les Lettres Françaises, apud* Jean Ungaro, *André Bazin: Généalogie d'une Théorie*, Paris, L'Harmattan, 2000, p. 111.

foi adaptar os procedimentos cinematográficos a essa vida estilhaçada. Para Bazin, *Citizen Kane* vai marcar um novo período da história, pois apresenta a passagem da técnica, que antes deveria ser adquirida, mas que agora deve ser utilizada. O cinema chega à sua maturidade quando reconhece sua linguagem e a utiliza conforme a narrativa.

Como se vê, *Citizen Kane* foi marco de um debate no qual o interessado em questões da estética cinematográfica deveria tomar conhecimento[13]. E é desse debate que surgirá uma concepção sistemática da essência cinematográfica. O autor dessa teoria é André Bazin e sua influência será decisiva para todo o pensamento cinematográfico da segunda metade do século XX.

E para quem *Citizen Kane* já chamara a atenção por sua manipulação singular do fluxo de imagens e pela criação de uma nova continuidade na profundidade de campo, esse debate não poderia deixar de chamar atenção. Paulo Emilio na revista *Clima* manifestara sua argúcia crítica ao perceber no filme um manuseio de imagens inédito no cinema americano e também o esboço da transformação da relação "som-imagem" num conflito assincrônico. Essa análise técnica do filme, de função didática precisa na São Paulo da primeira metade dos anos 1940, vai se transformar radicalmente no contato com a crítica francesa do pós-guerra.

Neste momento, o comentário sobre o texto de Paulo Emilio (*Citizen Kane*) pode nos ajudar a entender seu interesse no debate francês. Como já observamos, o ensaio publicado na revista *Clima* versa sobre as possibilidades que o filme traz ao cinema. Na busca de revelar os elementos essencialmente cinematográficos – busca que marca todos os textos em *Clima* –, a exposição de Paulo Emilio quer decifrar cada novidade. Como o filme se impõe como renovador, ele "não comporta uma análise como a de outra obra contemporânea qualquer"[14]. E, por isso, a

---

13. Em carta de 26 de julho de 1946 para sua mãe, Paulo Emilio afirma: "Fui ver o *Cidadão Kane* com o Paul [Oury], a mulher, Jeanne [Oury] e Huguette [futuramente Oury] (namorada de Jean), eles saíram tontos e eu, encantado. A boa crítica francesa está fazendo uma acolhida entusiástica a Orson Welles" (cf. Arquivo Paulo Emilio Salles Gomes/Cinemateca Brasileira, PE/CA. 0195).

14. Paulo Emilio Salles Gomes, "Citizen Kane" em Carlos Augusto Calil e Maria Teresa Machado, *op. cit.*, p. 150. A partir de agora, as citações se referem a esse texto.

crítica "[...] não pode deixar de ter, por vezes, um aspecto de *aventura narrada*" (grifo meu). Com a disposição já apontada no texto sobre Piolim, o crítico vai se aproximar do filme por meio de diversas idas ao cinema. E a cada sessão novos elementos surgirão, e ultrapassando o virtuosismo, chega-se ao filme. Uma nota de rodapé explica a análise que se seguirá. Dividida em duas partes, a crítica se detém no roteiro para em seguida verificar as soluções da montagem. Frases, que se dilatam conforme o tema, apresentam um enredo, expõem o dédalo. *News on the march*, Susan Alexander, Thatcher, Bernstein, Leland, Gettys, Susan Alexander, o garçom e, enfim, Rosebud. Os personagens, como peças de um grande *puzzle*, são evocados para dar conteúdo à superfície do cinejornal. A descrição do enredo ganha seu sentido quando passamos para a segunda parte do ensaio, em que o crítico define o estilo de Welles na capacidade de orquestrar imagens e sons. É na apresentação das conquistas do filme que a argúcia do crítico se revela. Ao provar o jogo estilístico entre fotografia, montagem visual e sonora em *Citizen Kane*, o ensaio supera a mera descrição de procedimentos ao valorizar suas funções internas no drama, sem a gratuidade técnica da produção média. É assim que veremos salientada a importância da profundidade de campo, da sutileza da ligação entre uma cena e outra pelo som e pela imagem. Portanto, a opção radical pelo específico fílmico é aqui contrabalançada pelo enfrentamento direto do filme. Reafirmada mais uma vez a intuição do jovem crítico, podemos agora ampliar o panorama das ideias cinematográficas que atraíram Paulo Emilio, para em seguida nos determos definitivamente em *Jean Vigo*.

5.2 Psicologia, cineplástica e realismo

Como já observamos, o crítico não entende cultura cinematográfica isolada da cultura *tout court*, de modo que seu interesse é diverso, passando por cinema, teatro, literatura, política e estética. Na incapacidade de pintar um quadro mais amplo, apresento apenas dois autores caros ao nosso crítico e tento apontar possíveis influências. Assim, após rápida explanação

TRAJETÓRIA DE PAULO EMILIO

das ideias de Malraux e Bazin no período aqui enfocado (1946 até 1952), tentarei uma abordagem mais livre do *Jean Vigo* de Paulo Emilio.

Com as malas cheias de mantimentos para uma longa estada num país que acabara de sair de uma guerra e uma enorme disposição para ampliar sua formação intelectual, Paulo Emilio, mais maduro do que em 1937, sabe os endereços certos. Conhece o cinema e tem definida sua posição política, e a relação com Andrea Caffi e Victor Serge vai ainda reforçar sua autonomia.

No âmbito do cinema, os filmes em evidência são *Une Partie de Campagne*, de Jean Renoir, *Zero em Comportamento*, de Vigo, e *L'Espoir*, de André Malraux. Como a produção francesa não tinha se reestruturado totalmente, esse primeiro esforço é marcado pela reavaliação de um filme inacabado mas precioso, de um incompreendido pela crítica e censurado por questões obscuras e de outro, também censurado por evidentes problemas políticos. A descoberta de *Une Partie de Campagne* em 1946 revelou para Paulo Emilio um novo Renoir, mais multifacetado do que o socializante pintado pela crítica anterior à guerra[15]. *Zero em Comportamento* é a descoberta de Vigo e o início da pesquisa, enquanto que *L'Espoir* é a apresentação dos problemas estéticos de Malraux, mas sobretudo, o contato com um debate cujo fio condutor se inicia no escritor francês, passa por Elie Faure e desemboca em Bazin.

É preciso lembrar que o célebre texto de Malraux, *Esquisse d'une Psycologie du Cinéma*, teve sua segunda publicação em 1946, numa edição luxuosa da Gallimard, presente na biblioteca de nosso autor. Este texto fundamental da estética cinematográfica francesa foi publicado em 1939, nos dois primeiros números da revista *Verve*, mas somente chegou

---

15. Sobre a recepção da obra de Renoir no pós-guerra, cf. a série de artigos *Renoir e a Frente Popular* (texto em que, ao comentar os percalços da Frente Popular, a clareza política do crítico se alia à análise dos filmes), *Outra Face de Jean Renoir* (redefinição da obra do cineasta a partir da experiência reveladora e poética de *Une Partie de Campagne*), *Espiritualidade e Prazer* (a diversidade temática e estética do último Renoir) e, por fim, "O Filho de Auguste Renoir (Conexões Biográficas e Estéticas Esboçam um Perfil da Crescente Obsessão Pictórica do Cineasta)" em Paulo Emilio Salles Gomes, *Crítica de Cinema no Suplemento Literário*, Rio de Janeiro, Paz e Terra, 1981, vol. 1.

às mãos de Paulo Emilio na segunda edição. O texto está diretamente ligado à experiência de Malraux durante a Guerra Civil Espanhola, experiência que gerou *L'Espoir*, livro e filme.

Figura-chave para entender a evolução do pensamento cinematográfico francês, André Malraux é fonte de inspiração para uma geração[16]. Em 1936, Malraux participa da Guerra Civil espanhola pelo lado esquerdo, como organizador da esquadrilha *España*. A esquadrilha, que tinha Nicola Chiaromonte como um de seus membros, realiza missões importantes em Tage, Toledo e principalmente em Teruel. No começo de 1937, Malraux deixa seu posto e se transforma em propagandista da jovem República, partindo para os Estados Unidos a fim de recolher fundos para os hospitais espanhóis. De volta à Europa, escreve de uma só tacada *L'Espoir*. Em 1938, decide realizar um filme homônimo, mesmo com as precárias condições de produção. Exibido em 1939, o filme, por sua montagem extremamente elíptica em razão das difíceis condições de produção, é incompreendido e censurado, sendo reavaliado somente no pós-guerra. Da experiência das filmagens surgem as notas que serão a base de sua psicologia do cinema. As relações entre cinema e romance, evidentes no texto, e o esforço em ver o cinema como depoimento "sem filtro" da realidade já estão na película que Bazin qualificou de "filme genial de um amador".

Em *Esquisse d'une Psycologie du Cinéma* o desenvolvimento pictórico promovido pelo Ocidente se deve aos meios de produção criados e à capacidade dramática do Cristianismo. O ponto capital do texto se situa na sua concepção de ruptura. Diferente de Bazin, que vê a história da arte como uma evolução em direção à representação do real, Malraux concebe a evolução dos meios de representação como possibilidade de devolver a arte ao seu papel social. Com a ruptura do Barroco,

---

16. Sobre a importância dos romances de Malraux para a consecução de *L'Être et le Néant* cf. Cristina Diniz Mendonça, *O Mito da Resistência – Experiência Histórica e Forma Filosófica em Sartre (uma interpretação de L'Être et le Néant)*, tese de doutoramento apresentado ao Departamento de Filosofia da Faculdade de Filosofia, Letras e Ciências Humanas da Universidade de São Paulo, 2001.

há uma guinada interior da pintura. Deixando de lado a representação do movimento, a pintura se torna um "assunto de artistas" e a massa não mais contempla as obras. Essa guinada interior promovida pelo Barroco levará a pintura para a busca da expressão do mundo abstrato. E o cinema, sempre segundo Malraux, será o responsável pelo retorno à figuração, e, para isso, o mundo moderno colabora com a criação de novos meios de representação. A profissão de fé do escritor o distancia das conclusões de Walter Benjamin em seu ensaio sobre *A Obra de Arte na Época de sua Reprodutibilidade Técnica*, de quem Malraux se serve de conceitos como meios de representação, e se aproximará da noção de ontologia da imagem de Bazin, com quem recusa a vanguarda, já que ao cinema cabe a representação[17].

Diante dessa crença no poder do cinema, como entender a frase amarga ("Por outro lado, o cinema é uma indústria") que encerra o texto? Malraux vê no cinema uma espécie de fatalidade que é preciso aceitar como evidência histórica, e a história, para ele, tem um sentido trágico. Contrariamente, Bazin percebe o cinema como arte que responde de maneira adequada às exigências de sua época. Para Bazin, o cinema não é um avatar desastroso da arte, mas um meio no qual po-

---

17. Sobre as filmagens de *L'Espoir* cf. Denis Marion, *Le Cinéma Selon André Malraux*, Paris, Ed. Cahiers du Cinéma, 1996. Para uma análise do filme, cf. André Bazin, "L'Espoir, du Style au Cinéma", *Le Cinéma Français de la Libération à la Nouvelle Vague*, Paris, Ed. Cahiers du Cinema, 1998. Sobre a importância de Malraux para Bazin, cf. Jean Ungaro, *André Bazin: Généalogie d'une Théorie*, Paris, L'Harmattan, 2000. Para uma análise de toda a obra teórica de Malraux, cf. François de Saint-Cheron, *L'Esthétique de Malraux*, Paris, Sedes, 1996. Sobre as relações entre literatura em Malraux, cf. Jeanne-Marie Clerc, *Écrivains et Cinema*, Metz, PUM, 1985. Por fim, para um balanço biográfico e analítico, cf. Paulo Emilio Salles Gomes, "As Ideias de Malraux" e "Ação de Malraux", ambos no *Crítica de Cinema no Suplemento Literário*, Rio de Janeiro, Paz e Terra, 1981. Esses textos, junto com "Sentido da Cineplástica", "O Homem Eisenstein", "O Pensamento de Eisenstein", "A Formação de Eisenstein", "Eisenstein e a Massa", "Eisenstein e a Mística", "Eisenstein e o Herói" e "Sombra e Reflexo" formam um conjunto que desenvolve uma noção de cinema enquanto narrativa e fragmentação, fluência e suspensão, ideias caras à análise da obra de Vigo. Para uma análise histórico-biográfica de Malraux, cf. Paulo Emilio Salles Gomes, "Malraux", Carlos Augusto Calil e Maria Teresa Machado, *op. cit.*

demos reencontrar uma relação verdadeira com o mundo. Por isso, *o cinema, é uma linguagem.*

Toda a reflexão de Malraux carece de exemplos, e o próprio filme do romancista, cineasta improvisado, aponta os limites de sua intricada e contraditória definição de cinema. Para Paulo Emilio o mérito da teorização do romancista está na bela síntese da arte ocidental, na maneira como ele inclui a representação na pintura no mesmo nível que a perspectiva, o relevo e a profundidade. Porém, esses avanços na análise da história da pintura não auxiliam na compreensão do cinema, pois para Malraux o cinema é o herdeiro do elemento mais desimportante da pintura. E assim, se coloca no campo contrário de Elie Faure, que com sua noção de *cineplástica* vê no cinema o desenvolvimento de questões pictóricas. Entretanto, Faure também não apresenta exemplos significativos que reforcem sua teoria. Para ele a luz de *A Marca do Zorro*, de Douglas Fairbanks, se compara às de Velásquez, Goya e Monet.

O crítico André Bazin, com sua forma ensaística e sua concepção realista do cinema influenciou bastante Paulo Emilio. A importância do crítico francês é confirmada em textos testemunhos ("Descoberta de Bazin", "O crítico André Bazin" e "O gosto pela inteligência"), mas é sobretudo nas análises de cineastas caros a Bazin (Orson Welles, Jean Renoir, Vittorio de Sica) que vemos essa ascendência, especialmente sua noção de "arte impura", que se contrapõe à ideologia vanguardista. Mas essa influência – se é possível usar o termo – é menos conceitual do que prática. É na disposição do ensaísta que Paulo Emilio encontra a maior afinidade. "Ele sempre entendeu o termo *método* no sentido etimológico de procura [...][18]. O que significa dizer que o que fascinava Paulo Emilio era a disposição de Bazin em se ater ao filme, sem recorrer a dados anteriores, mesmo sendo o seu interesse teórico. Esta vocação está ligada à busca de reformulação da crítica, que durante toda a década de trinta é exclusivamente impressionista, mesmo se as intenções de um Lucien Rebatet e

18. Paulo Emilio Salles Gomes, *O Crítico André Bazin. Suplemento Literário*, Rio de Janeiro, Paz e Terra, 1982, vol. 2, p. 37.

TRAJETÓRIA DE PAULO EMILIO

Roger Leenhardt lhe são especialmente caras. A procura por um gênero novo de crítica através do ensaio é também sinal da influência de Sartre[19].

> Há uma crise do ensaio. [...] O romance contemporâneo, com os autores americanos, com Kafka, entre nós Camus, encontrou seu estilo. Falta encontrar o do ensaio. E diria também o da crítica, pois não ignoro, ao escrever estas linhas, que utilizo um instrumento obsoleto, que a tradição universitária conservou até nossa época[20].

Este desafio lançado pelo *maître à penser*, e desenvolvido por Bazin em toda sua obra, vai ser o desafio de toda a geração que passou pelo cisma cultural francês contemporâneo, a Ocupação. Esta aposta no ensaio significa para Bazin a busca da linguagem do cinema a partir dos filmes. É neste corpo a corpo com eles, nesta disposição *vers le concret*[21], que reside o fascínio de Bazin. Claro, é evidente que o salto qualitativo de uma concepção "impura" do cinema acrescenta à análise elementos extrafílmicos, ampliando a noção de forma.

Pela riqueza e profundidade dos ensaios de Bazin, Paulo Emilio chega a compará-lo do ponto de vista teórico com Eisenstein, e até colocá-lo à frente do cineasta-teórico, pois na obra do crítico a elaboração da escrita prepondera à formulação conceitual. Esse paralelo com Eisenstein nos revela o lugar de Bazin no panteão de Paulo Emilio. Ao compará-lo com "o grande gênio do cinema", o crítico confirma que sua atração é sobretudo uma questão de estilo[22]. Para Bazin, a partir da noção de mimese da *on-*

19. Sobre a importância do filósofo para o debate intelectual cf. Dudley Andrew, André Bazin, Paris, Ed. Cahiers du Cinéma/Cinémathèque Française, 1983. Para uma análise mais pontual sobre o lugar de Sartre (e também de Malraux) no *constructo* da teoria baziniana cf. Jean Ungaro, *op. cit.* Para uma intricada análise da obra de Sartre, que investiga a relação entre filosofia, história e ensaio cf. Cristina Diniz Mendonça, *op. cit.*
20. Jean-Paul Sartre, *Situações I*, São Paulo, CosacNaify, 2005.
21. Sobre a importância do livro de Jean Wahl, *Vers le Concret*, para a ruptura com a geração anterior cf. Jean-Paul Sartre, *Questão de Método*, trad. Bento Prado Junior, São Paulo, Difusão Europeia do Livro, 1966, p. 21.
22. Em texto pouco conhecido, Bazin toma como exemplo a capacidade crítica de Albert Thibaudet em fundir erudição e estilo (cf. André Bazin, "Misère, Servitude et Grandeur

tologia da imagem fotográfica (1945), a profundidade de campo e o plano sequência confirmam a vocação realista do cinema, que o uso excessivo da manipulação da montagem e sua capacidade de sugestão negariam ao fundir elementos distintos, não vinculados na duração[23].

É preciso lembrar que o interesse em Bazin se desdobra por toda a década de 1950, como se nota na leitura dos textos do *Suplemento Literário*. No momento aqui enfocado, Bazin ainda não formulou, embora a tenha esboçado em textos esparsos, a ideia de "cinema impuro", nem publicou o ensaio fundamental "A Evolução da Linguagem Cinematográfica", no qual sua noção de realismo está desenvolvida por completo. Entretanto, o que saliento é a postura sempre crítica de Paulo Emilio, sua liberdade diante de seus pares, um diálogo constante. Verifiquemos então como ele se dá em *Jean Vigo*.

Mantendo-se a distância conveniente, assim como *Humberto Mauro, Cataguases, Cinearte*, o livro é a síntese de anos de análise, momento de colocar à prova procedimentos e interpretações desenvolvidos durante longo tempo, desde a revista *Clima*, tentativas dispersas que nos aproximam de um estilo. É também o resultado do descobrimento da linguagem cinematográfica do cinema mudo, do confronto direto com as grandes obras do cinema americano moderno e também o coroamento do estilo de Paulo Emilio. O labor contínuo do estudioso que examina suas fontes recebe agora um fino verniz que escamoteia o longo percurso da investigação, dando coesão a elementos dispersos de maneira singular para a crítica de cinema[24]. Como se a descoberta dos elementos cinematográficos utilizados na obra agora se incluíssem definitivamente na análise, ganhando uma função estilística. *Jean Vigo* é a síntese de pouco mais

de la Critique de Films", *Revue Internationale du Cinéma*, n. 2, 1949).

23. Para uma análise dessa noção da imagem enquanto espelho do real cf. Philippe Dubois. *O Ato Fotográfico*, Campinas, Papirus, 1993.

24. Embora a década de 1950 seja rica em biografias cinematográficas, poucas são as que escapam à mera descrição de uma personalidade. O *Orson Welles* de André Bazin e Jean Cocteau é uma exceção e, por sua análise biográfica em paralelo com a análise imanente dos filmes, será uma referência para Paulo Emilio (cf. André Bazin e Jean Cocteau, *Orson Welles*, Paris, Chavanne, 1950).

de uma década de pesquisa e descoberta, de tentativas de aproximação da linguagem cinematográfica. Os textos "Nought for Behaviour", escrito com a colaboração de Henri Storck, o *L'Oeuvre de Vigo et la Critique historique* e *Jean Vigo* revelam momentos da pesquisa, as diversas formas de aproximação do objeto, mas principalmente a resistência da obra de Vigo a um método a *priori*[25].

O que salta aos olhos em *Jean Vigo* é a capacidade do autor em nos devolver um poeta, suas fontes de inspiração, uma certa estrutura de sentimentos que se congela nos filmes, e principalmente em nos mostrar a mestria com que Vigo articula sua obra ao desenvolver gradativamente, de filme a filme, um estilo poético por meio de imagens e sons. Sem a ilusão do gênio-criador, o estudo pretende uma análise que supere as perspectivas formalistas ou sociologizantes que na passagem dos anos 1940 para os 1950 dividiam o campo cinematográfico. Daí sua singularidade ao mesclar análise psicológica, política e estética, na procura de uma síntese que nos faz lembrar a ideia de círculo hermenêutico. Como se a interpretação da obra de *Jean Vigo* surgisse através da compreensão do legado de Almereyda, o pai do cineasta. O que surpreende nessa tentativa não é simplesmente a revelação de um cineasta pouco conhecido ou a reconstrução de um período conturbado da III República, mas também a criatividade na elaboração dos procedimentos analíticos.

O rastreamento de fontes pouco requisitadas até então na análise cinematográfica – diários, correspondência, depoimentos – para a composição de um *portrait*, com o auxílio de uma perspectiva em profundidade de campo que enxerga a influência de um pai anarquista sobre um filho desamparado, colocam na berlinda conexões entre mundo social e

---

25. Cf. Henri Storck e Paulo Emilio Salles Gomes, "Nought for Behaviour" em Roger Manvell (org.), *The Cinema 1951*. London, Pellican, 1951; Paulo Emilio Salles Gomes, "L'oeuvre de Vigo et la Critique Historique", *Positif*, n. 7, mai. 1953. (Este texto foi traduzido por Margarida e Eduardo Katchburian e revisto pelo próprio Paulo Emilio, sendo publicado na *Revista de Cinema*, n. 10, vol. II, jan. 1955.) Paulo Emilio Salles Gomes, "Jean Vigo", *Bianco e Nero*, n. 8-9, ago.-set. 1953. Embora publicados somente em 1953, os dois últimos textos foram escritos em 1952, logo após o término do livro, redigido em 1949-1952.

prática artística, entrando assim de maneira sutil no debate que orienta a crítica de cinema do pós-guerra.

A relação de Almereyda com Vigo não déve ser simplesmente classificada como "psicologismo", como o faz o biógrafo de Paulo Emilio, José Inácio de Melo Souza. A liberdade com que o estilista nos apresenta Almereyda pode ser caracterizada como certo exagero, como aponta André Bazin[26], talvez um fascínio pelo personagem, mas para a interpretação de Vigo a revelação de Almereyda é indispensável. A fonte principal do "insurrecionalismo" de Vigo é Almereyda e de todo o culto que este lhe inspira, sobretudo se pensarmos em *A Propósito de Nice* e *Zero em Comportamento*. Porém, para que a conexão seja possível, para nos familiarizarmos com o pai de Vigo e o seu culto, nos é apresentada uma atmosfera de penúria material que contrasta com o engajamento político total, tudo isso filtrado pela pena do crítico[27]. Para melhor compreender o espírito revolucionário que a figura paterna transmite a Vigo, foi preciso um mergulho na lata de lixo da história para retirar o editor do jornal *Bonnet Rouge*, tido pela direita como um traidor da pátria e pela esquerda como um filisteu. É esse Almereyda, "plus Rastignac que jamais", que a narrativa de Paulo Emilio recupera[28].

A escolha de Jean Vigo também vai na contracorrente. Embora o cineasta fosse saudado pelos jovens cinéfilos que frequentavam os cineclubes na Paris do pós-Guerra, paira ainda um certo lamento – sobretudo da crítica – pela perda de um cineasta que não se realizou completamente. E diante de uma parcela da crítica, que enxergava no cinema moderno a superação do fascínio que norteara os experimentos vanguardistas –

26. André Bazin, "Présence de Jean Vigo", *France-Observateur*, 22.8.1957. Publicado posteriormente em Andre Bazin, *Le Cinéma Fraçais de la Libération à la Nouvelle Vague*, Paris, Cahiers du Cinéma, 1998.

27. Sobre o grau de inconformismo de Vigo, há uma curiosa coincidência com a geração de escritores de 1914, chamada por Thibaudet de geração da "descompressão". Sartre tecerá um longo comentário sobre a predisposição subversiva dessa geração, com destaque para Alain Fournier, o autor do *Le grand Meaulnes* que tanto influenciou Jean Vigo (cf. Jean-Paul Sartre, *Qu'est-ce que la Littérature?* [1948], Paris, Gallimard, 2002.

28. Cf. Serge, Victor, *Mémoires d'un Révolucionnaire*, Paris, Seuil, 1957.

reiterado a cada obra – pela descoberta da linguagem cinematográfica, e de outra parte da crítica que preconizava um cinema nacional de forte tonalidade social, a figura de Vigo, sua atitude poética marcando a intervenção do narrador a todo instante, explicitando o manejo dos materiais, o truque, a metáfora, tudo isso em detrimento da representação, será de forte impacto. A maneira como o cineasta recorre à câmera lenta ou à aceleração é um bom exemplo, pois, ao contrário do truque gratuito ou de um verbete da "enciclopédia das antigas técnicas", o que temos plasmado nesses procedimentos é um traço estilístico de grande rendimento ao dilatar o sentido atribuído a esses mecanismos no filme cômico americano. Outro elemento contrabandeado do cinema americano, o bestiário, tido pelo melodrama principalmente como elemento anunciador das disposições morais das personagens, em *Atalante* os gatos serão a própria encarnação do impulso erótico. Experimento só comparável ao cavalo de *The Wind*, de Victor Sjöstrom.

A poesia, que de maneira primitiva se apresenta em *A Propósito de Nice*, e de forma clássica habita *Zero em Comportamento*, transborda no romantismo de *Atalante*. Apresentando o desenvolvimento de Vigo, sua criatividade em trabalhar com a precariedade de recursos técnicos, Paulo Emilio nos mostra o jovem cineasta em sua plenitude, impondo como um mestre certo método interpretativo a Michel Simon para que ele pudesse compreender a riqueza da personagem Pai Jules. Michel Simon, o grande ator de *A Cadela*, de Jean Renoir, repete o fim das frases de seus interlocutores, com a funcionalidade do som ser reproduzido de forma mais nítida, mas também com a vantagem de ampliação do contorno dramático da personagem que, ao "mastigar" os restos das falas, transfigura-as, dando-lhes um sentido próprio. Mas é na percepção do corpo que Vigo encontra uma fonte rica de erotismo, na qual a *Nouvelle Vague* beberá *ad nauseum*. Os corpos de Jean, o marinheiro, de Juliette, sua esposa, e do velho lobo do mar, o Pai Jules, pela própria exiguidade espacial do interior da barcaça (exiguidade preservada em estúdio), serão explorados de maneira a ressaltar o contato direto da objetiva, dando à pele significações novas no cinema. Também vemos Vigo utilizar com perfeição o recurso da sobreimpressão. Testada de forma gratuita no curta-metragem *Taris ou a natação*, no longa-metragem *Atalante*, ela vai produzir um dos maiores *morceau de bravoure* do cineasta, com o auxílio indispensável da melodia de Maurice Jaubert, o primeiro músico de cinema.

Assim, com a narração da formação de uma sensibilidade, com a análise interna dos filmes em que vemos a imaginação de Vigo em operação, criando um universo poético ao forjar de maneira nova a linguagem cinematográfica do cinema mudo e sugerir as possibilidades do recente cinema falado, com tudo isso, caem por terra os mitos em torno do cineasta morto aos 29 anos, o "Rimbaud do cinema". O processo de revelação de Jean Vigo é bem explícito. Trata-se de eliminar as conexões fáceis com o surrealismo e com a *avant-garde*, para finalmente apresentar um mestre no panteão do cinema francês, cujo lugar é entre Jean Renoir e René Clair.

Mas antes de concluir essa primeira aproximação, ainda nos resta uma observação sobre o apêndice do livro que trata da fortuna crítica de Jean Vigo. A abordagem, além de revelar a disposição infatigável do pesquisador, é de grande rendimento para reforçar e auxiliar a interpretação dos filmes. Sem ser exagerada, como pensa Bazin[29], a análise dos críticos de Vigo nos permite compreender o processo socioestético e, assim, o que há de fundamentalmente novo na obra do cineasta. A incapacidade dos críticos em perceber adequadamente as novas estruturas artísticas faz com que seus depoimentos se tornem significativos, tanto pelo que ressaltam como pelo que deixam de lado.

Como podemos notar a partir deste resumo das qualidades do livro, fica patente que a elaboração da pesquisa supera de longe a hipótese de que a "[...] posição subalterna como estrangeiro e intelectual, vindo de um país periférico ao grande centro cultural e cosmopolita dos anos 1950, obrigou-o ao desenvolvimento de um trabalho delicado e penetrante [...]"[30]. Longe de ver o livro *Jean Vigo* como um esforço de inclusão no campo intelectual

---

29. André Bazin, "Présence de Jean Vigo", *op. cit.*
30. José Inácio de Melo Souza, *Paulo Emilio no Paraíso*, Rio de Janeiro, Record, 2002, p. 334.

francês, tendo a compreendê-lo como um avançado trabalho de crítica que, além de proporcionar ao seu autor uma cultura cinematográfica indispensável para a compreensão do cinema moderno dos anos 1960, também lhe possibilitou a formulação de procedimentos de análise – de olho no debate cinematográfico francês – que buscam na obra suas principais ferramentas de interpretação como a raiz que extrai do solo os nutrientes necessários para sua sobrevivência. Diferentemente do que sugere Bazin[31], a interpretação de Paulo Emilio possui uma forma precisa. Um dispositivo que, tateando a obra, passo a passo nos apresenta a constituição de um estilo e como este é a transformação de uma experiência em forma.

Em *Jean Vigo*, não interessa a influência da obra, sua função social ou a evolução de um gênero. É a vida de um jovem órfão de pai e renegado pela mãe e por colegas na infância. Essa vida, inspirada pelo anarquismo do pai, encontra meios de se rebelar contra a opressão e, com a mesma poesia, supera a estagnação da vida cotidiana.

Antes que entremos na análise direta do livro para verificarmos como se dá a autonomia crítica de Paulo Emilio, continuemos a traçar as linhas do quadro no qual se encaixa o livro.

5.3 Pai e filho

Jean Vigo e *Eisenstein*[32], os dois primeiros livros da coleção Cinémathèque da editora Seuil, foram anteriormente previstos para sair na coleção *Ombres Blanches* da editora Arcanes, mas por problemas financeiros, o proprietário, Eric Losfeld, acabou informando Paulo Emilio e Marie Seton sobre a impossibilidade da empreitada e apontou a Seuil como possível editora, já que ela preparava uma nova coleção, e certamente esses livros seriam de grande interesse ao editor, que no caso era Chris Marker[33]. Este

---

31. André Bazin, "Cinéma", *Esprit*, n. 266, octobre 1958.
32. O *Eisenstein* de Marie Seton é o principal responsável pela ocidentalização da *doxa* em que o cineasta aparece como um arrivista genial e apolítico que tudo faz em prol de sua arte (cf. Jacques Aumont, *Montage Eisenstein*, Paris, Images Modernes, 2005).
33. Eric Losfeld, *Endetté Comme une Mule*, Paris, Ed. Belford, 1979.

COLEÇÃO POLÍTICAS CULTURAIS

último já se destacara por realizar dois curtas-metragens experimentais, mas sua fama no meio editorial se devia à participação em Culture et Peuple, uma associação cultural que apoiava e incentivava a edição de livros da literatura popular. Além disso, Marker dirigiu a famosa coleção Petite Planète, que teve enorme impacto ao plasmar imagem e texto de maneira autônoma, sem que uma se constituísse enquanto moldura do outro. A concepção arrojada de *Jean Vigo* e *Eisenstein*, onde as fotografias abrem o volume nos ajudando a entender a conexão entre as vidas e os filmes que serão apresentados, foi obra de Marker[34].

Como nos mostra a correspondência, Marker foi um editor criterioso e exigente. Sua atenção ao livro de Paulo Emilio foi total e embora na biografia de Paulo Emilio, José Inácio recuse, e, em Vigo, *Vulgo Almereyda*, Carlos Augusto Calil sugira, é bem provável que tenha mesmo partido do próprio editor a ideia de sintetizar o capítulo relativo a Almereyda. Em carta de 13 de janeiro de 1955, em que confirma o interesse em publicar o livro, Marker chama a atenção de Paulo Emilio para o número limitado de páginas que a edição comporta e sugere uma síntese do apêndice "La Carrière de l'Oeuvre". Como os originais manuscritos depositados na Cinemateca Brasileira não con-

---

34. O rigor do editor, que buscava estruturar sua coleção incluindo notas de rodapé tanto em *Jean Vigo* como no *Eisenstein*, jamais será alcançado nas traduções do livro de Paulo Emilio. A série de fotografias que abre o livro desaparecerá e o índice onomástico irá se reduzir ou desaparecer. A primeira tradução foi feita em língua inglesa em 1972 pela *Secker and Warburg*, com muitas fotografias internas e o índice onomástico e a inclusão de uma filmografia tornam a edição excelente. Em 1979, Daniela Garavini realizou a tradução para o italiano pela *Giangiacomo Feltrinelli Editore*, porém esta edição, além de acrescentar o surpreendente subtítulo *Vita e Opere Del Grande Regista Anarchico*, não traz o apêndice "La Carrière de L'Oeuvre" nem o índice onomástico, somente uma série de fotografias, reproduções de fotogramas. A tradução brasileira, realizada em 1984 por Elisabeth Almeida e revista por Carlos Roberto de Souza e Lúcia Nagib, saiu pela editora Paz e Terra e também não possui o índice onomástico e, embora traga uma filmografia, é de todas a que mais possui problemas técnicos de tradução. Em 1998, uma edição norte-americana, da Faber and Faber, incluiu o interessante posfácio de Paul Ryan, "Jean Vigo: The Ghost in the Vanguard". Por último, em 1999 saiu em espanhol (Barcelona) a tradução de Juan Abeleira pela *Circe*. Embora a tradução seja rigorosa, ela traz notas de rodapé que apresentam a intervenção dispensável do tradutor.

TRAJETÓRIA DE PAULO EMILIO

firmam uma tal condensação, somos levados a crer que ela se deu no capítulo primeiro dedicado a Almereyda. O fato é que reduzido o capítulo pelo próprio Paulo Emilio, como os manuscritos o confirmam, para a análise tal condensação apresenta vestígios de procedimentos críticos que marcam a disposição da obra. Para enfim entrarmos na análise do livro, passemos então a um rápido cotejo entre o capítulo publicado em *Jean Vigo* e em *Vigo, Vulgo Almereyda*[35], para verificarmos como se dá essa condensação.

A escrita telegráfica – já notada por Calil – no primeiro capítulo de *Jean Vigo* é a redução de uma longa história que relaciona de maneira profunda a guinada conservadora da III República com a *débâcle* dos movimentos revolucionários e, no olho do furacão, a espetacular trajetória de Miguel Almereyda. Mas a síntese não visa apenas condensar um período, pois os dados aparecem não somente por sua coerência histórica mas em relação direta com o próprio Jean Vigo. O registro se dá então em três níveis pois, na medida em que a História é evocada, seus dados se organizam para compor um perfil, e neste esforço de recuperação de Almereyda está a afirmação das virtudes revolucionárias que serão definidoras para a visão de mundo de Jean Vigo. Prova disso é o relato da prisão do jovem Eugène Bonaventure de Vigo, que logo que se transformará no revolucionário Miguel Almereyda.

> Uns dois meses mais tarde, o rapaz, que encontrara outro emprego, estava vivendo sem grandes preocupações, trabalhando o dia inteiro e preenchendo o tempo livre com a leitura de folhetos libertários e visitas às reuniões e aos bares onde, todas as noites, os companheiros se encontravam para intermináveis discussões doutrinárias. Um dia, no final de maio de 1900, vieram prendê-lo. A promotoria o havia indiciado por receptação e cumplicidade em furto. Essa perseguição se explica pela ficha nos arquivos do policial Fouquet, que também esclarece o rigor da condenação. Depois de ficar alguns minutos

35. Paulo Emilio Salles Gomes, *Jean Vigo*, Paris, Seuil, 1957; Carlos Augusto Calil (org.), *Vigo, Vulgo Almereyda*, São Paulo, Companhia das Letras/Edusp/Cinemateca Brasileira, 1991.

diante de um tribunal para menores, sozinho, sem queixosos, sem testemunhas de defesa ou acusação, com um procurador recrutado nos corredores do Palácio da Justiça, que mal alinhavou algumas palavras, Eugène Bonaventure foi condenado a dois meses de prisão.

Passou esse período na Petite Roquette, prisão reservada, em princípio, aos delinquentes de dezoito a 21 anos, cuja pena não excedesse um ano. Mas a Petite Roquette estava também repleta de meninos menores de dezoito anos – alguns não tinham sequer oito –, classificados sob a rubrica "punições paternas e maternas", ou seja, encarcerados a pedido dos pais, após uma autorização dada pelo delegado de polícia do bairro. O regime, no entanto, era o mesmo para todo mundo: cela e lei do silêncio.

Instalado numa cela de dois metros de largura por três de comprimento, com altura de aproximadamente dois metros e meio, Vigo ficou logo conhecendo os métodos corretivos dos carcereiros. "Uma divertida tradição dos carcereiros da Petite Roquette", escreveu muitos anos depois, "consiste em adestrar os novos. Eis o procedimento pelo qual os educadores – não esquecer que a PR é uma casa de correção e preservação" – instalam, desde o primeiro momento, o terror no espírito do recém-chegado, a fim de curvá--lo, de um golpe, à rude disciplina da casa.

Às seis da tarde, um sino anuncia a hora de deitar, hora abençoada entre todas as horas. Ao prisioneiro cabe dobrar com cuidado e de maneira regulamentar todas as peças que compõe seu equipamento. Isto feito, o pacote é depositado no corredor, e o carcereiro tranca a porta até as seis horas da manhã seguinte.

Meia hora depois, uma nova badalada anuncia a partida dos vigias diurnos, que deixam ouvir seus passos, propositalmente sonoros, afastando-se, perdendo-se na distância das galerias.

É então que começa a brincadeira tão engraçada para os *gaffes* [guardas de presídio]. Logo, na escuridão, retumbam bruscos chamados, provindos das celas dos que chegaram de manhã e ainda ignoram os costumes da prisão. Reconfortados pela partida do carcereiro, depois de ficarem à escuta por alguns instantes sem perceber qualquer ruído, os infelizes acreditam-se livres de toda vigilância. Que oportunidade! Poder falar finalmente! Falar! Eis o comichão irresistível... Falar! Dizer qualquer coisa, lançar um "boa-noite" ao companheiro de cadeia visto de relance pela manhã... Falar, enfim! Os chamados, hesitantes no começo tornam-se audaciosos, à medida que os tagarelas se creem mais seguros. Prudentemente, os veteranos se calam. Conhecem a terrível lição que se prepara. E – miserável consequência dessa vida antinatural! –, ávidos por distrações, ainda que cruéis, riem à socapa do desenlace que se aproxima.

Sub-repticiamente, um vigia noturno substitui um colega diurno; e como que para melhor gozar a surpresa aterrorizada dos prisioneiros, deixa passar alguns minutos antes de intervir. Caminha pé ante pé diante da porta das celas, cuidando para não fazer barulho.

De repente, um tilintar de chaves sacudidas, de ferrolhos puxados com violência – uma porta se abre, e, num salto brusco, o *gaffe* arroja-se sobre um dos culpados, com o molho de chaves na mão. Por alguns instantes, a divisão se enche de gritos lancinantes e de súplicas. Depois, silêncio... Acabou? Nada disso, o mesmo estardalhaço de chaves e ferrolhos batidos recomeça. O vigia passou para outra cela: haverá mais lágrimas.

As chaves das trancas são enormes, e os vigias as utilizam como soco-inglês para golpear os flancos dos detentos. Escolhem os flancos para não deixar marcas de violência no corpo dos infelizes.

A seguir, Vigo conheceria também a diversão de um vigia de nome Cornua, que consistia em passar silenciosamente diante das portas das celas e, pelas janelinhas abertas, cuspir no rosto dos que se aproximavam demais (*Vigo, vulgo Almereyda*, pp. 19-21).

Essa narração cheia de dramaticidade vai ser resumida, no livro publicado em 1957, em frases rápidas e agressivas. Vejamos.

Um dia, em meados de maio de 1900 ele foi detido: o júri o acusara de cumplicidade num roubo. Tal medida se devia à sua ficha de anarquista, sendo condenado a dois meses de prisão cumpridos na Petite Roquette. De início, sua reação foi uma provocação ao substituir o nome de Vigo por um outro que tinha merda ('y a (de) la merde'): Almereyda. A escolha deste anagrama se explica na crença, em certos meios anarquistas, da virtude revolucionária do palavrão, e, no começo do século, este ainda o era. No todo, Miguel Almereyda soava espanhol e anarquista (*Jean Vigo*, p. 20).

E logo a seguir:

Almereyda não esqueceria nunca os guardas que fingiam se distanciar para surpreender os meninos que tentavam se falar, espancando-os com seus enormes molhos de chaves usados como soco-inglês. Um guarda chamado Cornua passava silenciosamente diante das portinholas abertas das celas e escarrava nos rostos dos que se aproximavam (*Jean Vigo*, p. 21)[36].

A necessidade da síntese elimina tudo o que é acessório.

O que se nota de uma versão para outra é a concentração na inocência vingativa do jovem que muda de nome contra toda a sociedade, contra a infinita crueldade e humilhação imposta aos meninos fracos e desprotegidos. E esta equação tem consequências para se entender a trajetória de Almereyda, assim como os sentimentos que dela emanam e chegam até Jean Vigo, por meio dos velhos amigos e principalmente pelas pesquisas empreendidas pelo filho apaixonado e revoltado com o destino do pai. Tais sentimentos geram um tipo de inconformismo que será fonte importante para entender os filmes, sobretudo quando se pensa em *Zero em Comportamento*. Assim, a síntese imposta não é somente a redução de um foco histórico para sobressair a figura de Almereyda, mas também para afirmar um vínculo entre pai e filho, entre imaginação e história que somente uma análise criadora pode sugerir. Evidentemente, no âmbito da escrita do livro, tudo se passa de maneira velada, diria-se mesmo a contrapelo, mas se com a condensação de um texto de aproximadamente 150 páginas para outro de 25 temos uma enorme perda do panorama histórico e também uma perda estilística, do ponto de vista da interpretação facilita-se o desvelamento da obra *Jean Vigo* e sua fatura.

36. As traduções de *Jean Vigo* foram realizadas pelo autor.

Com a redução, diversos fatos e personagens do universo anarquista desaparecem, entrando em cena somente quando se relacionam diretamente com Almereyda, ou quando reforçam o delineamento das virtudes revolucionárias do pai de Vigo. Fatos como a campanha do avião em que se propunha a compra de um aeroplano em nome do proletariado francês, por ressaltar excessivamente a fragilidade do pensamento político de Almereyda, serão excluídos da versão de 1957. O mesmo acontecerá com alguns personagens, como o anarco-individualista Libertad, um aleijado que se impunha pela violência nos meios avançados, utilizando com habilidade suas muletas, ou o *communard* Malato, desiludido com a clivagem do movimento operário, e até mesmo Marius Plateau, o discípulo de Maurras que só pensava em "dar pancadas". Todos esses personagens secundários, que ajudam na configuração particular da luta de classes do começo do século XX e também explicam o fascínio de Paulo Emilio pela biografia dos anarquistas, na condensação, eles irão desaparecer e com isso a atmosfera histórica vai perder seu relevo. Neste sentido, o caso de Liabeuf é paradigmático.

Jean Liabeuf era um jovem operário sapateiro, preso pela polícia de costumes, certa noite, em companhia de uma prostituta. Foi condenado como rufião a três meses de prisão, sendo-lhe ainda proibida a permanência em Paris por cinco anos. Ao sair da Santé, Liabeuf não deixou a cidade, trabalhando dia e noite para economizar cem francos e comprar um bom revólver. Com dois trinchetes bem afiados, fabricou a seguir uma armadura de couro, cravejadas de pontas de ferro. Envolto num casaco, partiu à procura dos dois policiais que tinham provocado sua condenação. Antes de encontrá-los, teve o azar de dar com outros policiais, ou melhor: alguns policiais e soldados toparam com ele. De início, levou vantagem na luta. Com efeito, cada vez que os adversários tentavam agarrá-lo pelo braço para amarrá-lo, largavam-no com a mão ensanguentada lançando gritos de dor, até o momento em que, ao receber um violento golpe de sabre no ventre, Liabeuf sacou o revólver e matou o policial Deray. A grande imprensa, a partir do dia seguinte, empreendeu uma campanha contra os vadios, e o próprio Hervé, embora admirando a fibra de Liabeuf e citando-o como exemplo para os homens de bem e os revolucionários, mencionou-o, de início, como um vadio.

Logo se compreendeu, no *Guerre Sociale*, que não se tratava de um vadio, menos ainda de um rufião, mas de um operário enfurecido por uma condenação injusta e pela desonra. Sozinho contra toda imprensa, o *Guerre Sociale* empreendeu uma campanha em seu favor. Ao defender um homem injustamente acusado, pretendia fazer a acusação da polícia, assim como, no caso Dreyfus, se acusara o Exército. Mas os jornais de opinião permaneceram reticentes, e a imprensa de informação divulgou as teses da polícia.

Durante o processo, Liabeuf não cogitou em se defender do assassinato de Deray. Repetindo sem cessar que não era um rufião, acabou condenado à morte. Então, uma parte da opinião se comoveu. Almereyda conseguiu uma carta de Anatole France em favor dele, Séverine tomou sua defesa em *L'oeuvre*. Jaurès, Drumont, Rochefort e Léon Bailby logo se juntaram a eles, assinando um pedido de perdão ao presidente Fallières.

Liabeuf, no entanto, foi guilhotinado no fim de junho no bulevar Arago. Atendendo à convocação do *Guerre Sociale*, algumas dezenas de milhares de pessoas, conduzidas por Almereyda, comprimiam-se, às duas horas da madrugada, junto às barreiras dispostas no cruzamento Saint-Jacques e nas imediações da rua Glacière, gritando: "Assassinos! Assassinos!" De repente, estalaram dois disparos: um inspetor da brigada dos anarquistas – comandada, não mais por Fouquet, que enlouquecera, mas por Guichard – caiu morto. Com a cabeça já dentro da luneta, Liabeuf berrava ainda que não era um rufião (*Vigo, Vulgo Almereyda*, pp. 61-62).

Na versão publicada em 1957 o fato é apenas mencionado e uma curtíssima nota de rodapé expõe o caso. Vejamos:

Durante meses, Almereyda trabalhou em diferentes frentes, tendo em vista a criação de um Partido Revolucionário, isso antes de mergulhar de cabeça no "caso Liabeuf", que foi uma obra sua. No dia em que o jovem sapateiro foi guilhotinado, milhares de pessoas, conduzidas por Almereyda, às duas horas da madrugada nas barreiras colocadas no cruzamento da rua Saint-Jacques se comprimiam gritando: "Assassinos! Assassinos!" Disparos foram ouvidos e um inspetor da brigada dos anarquistas foi morto. Ao lado de Almereyda se encontrava um camarada de origem russa, Kibaltchich, que mais tarde se tornará Victor Serge (*Jean Vigo*, p. 27).

A nota de rodapé informa:

Acusado injustamente de ser um gigolô, Liabeuf matara um guarda da polícia de costumes (*Jean Vigo*, p. 27).

A humilhação e a revolta de Liabeuf são deixadas de lado para se dar ênfase no caso enquanto criação de Almereyda. Ou seja, o caso Liabeuf teve grande repercussão graças aos artigos de Almereyda no *Guerre Sociale*. Claro, há também a menção ao contato com Victor Serge que, curiosamente, em *Vigo, Vulgo Almereyda*, foi suprimido.

Em relação à parte histórica propriamente, Paulo Emilio utilizou a escassa bibliografia sobre o anarquismo e a rara bibliografia sobre o período, mas certamente se valeu da troca de ideias com Caffi. Como vimos, o ítalo-russo foi um espectador privilegiado das lutas revolucionárias em toda a Europa no começo do século XX. Muito mais do que um espectador, participou de diversas frentes e, malgrado sua crença na União Sagrada que fez coro na época a todo movimento da esquerda europeia, sua reflexão se mostrou clara e superior a de muitos de seus contemporâneos. Compreende já em 1905 a importância do legado do populismo russo e amarga a derrota da Revolução. Na Alemanha, sente a regressão do pensamento revisionista da social-democracia. Na França, conhece a clivagem dos movimentos avançados e se alista no exército, equívoco de toda uma geração (Weber, Simmel, Thomas Mann, Marinetti, Gustave Hervé, Léon Daudet, entre outros) que ignora o manifesto da I Internacional. Diante da catástrofe, reavalia as possibilidades revolucionárias e parte para a Rússia pós-1917. A miséria, a carestia e a situação de penúria do campesinato chocam Caffi sem impedir seu engajamento nas fileiras da Revolução. Entretanto, a crescente burocratização e a militarização da sociedade fazem com que em 1919 Caffi emita uma severa crítica ao processo revolucionário. Enfim, sua postura independente, ao mesmo tempo em que ampliou a reflexão, o tornou *persona non grata* em diversos círculos. Sua crítica final sobre os limites da transformação social e o desmantelamento das forças avançadas, em paralelo com o culto estatal, herança do totalitarismo, produz um balanço negativo sobre as possibilidades da Europa no contexto do pós-Segunda Guerra. E, certamente, Paulo Emilio também se nutriu dessa reflexão para avaliar a conjuntura de Almereyda e como sua revolta encontra no filho uma forma de expressão no cinema[37].

Nesse capítulo inicial, cortado para o livro, salta aos olhos a forma narrativa como nos é apresentada a vida de Almereyda, a rejeição da mãe, a dureza do trabalho, a fome, a péssima moradia. Tudo só encontra consolo nos meios anarquistas, onde conhece a amizade, se familiariza com o debate político e se inicia como orador virtuoso. A miséria de uma vida ganha sentido por meio dos lugares comuns anarquistas e transforma em revolta o sentimento de inadequação do jovem. Esse movimento de inclusão da personagem num contexto histórico vai gradativamente ganhando relevo até que, por um breve momento, por um *flash*, a personagem ocupa o primeiro plano na história, para logo ser devolvida ao pelourinho da História Oficial.

Almereyda, já estabelecido como polemista fecundo nas páginas do *Le Libertaire* e do *La Guerre Sociale*, é detido por seus artigos aguerridos insuflando o amotinamento de batalhões do exército. Na prisão, toma

---

37. Em uma correspondência de 8 de julho de 1954, enviada para Paulo Emilio, Caffi continua o debate em torno do socialismo e faz um balanço da história do movimento operário europeu, chamando a atenção para a farsa ideológica em torno da democracia e conclui melancólico: "O 'movimento socialista' é para mim um esforço longo, paciente e frequentemente decepcionante em relação à educação revolucionária no sentido de que não 'o cidadão' mas o homem inteiro – até os menores reflexos da 'vida privada', vê o mundo e seu próprio destino e suas relações com o 'próximo e o longínquo' – de uma maneira toda nova – e de uma maneira absolutamente inconciliável com todas as normas e as convenções do sistema social em vigor. As 'atividades eleitorais' são apenas um aspecto equívoco e mesquinho dessa emancipação e os partidos socialistas só absorveram as pessoas em sua fase de decadência" (Arquivo Paulo Emilio Salles Gomes/ Cinemateca Brasileira. PE/CP. 0914).

contato com a equipe do *Action Française* e se surpreende com as afinidades. A vontade da extrema esquerda de, a qualquer custo, "achincalhar a legalidade" e o ódio aos "Camelôs do Rei" à República estabelecem um curioso diálogo improvável. Essa forma de apresentar um fato na vida de Almereyda, sua confusão ideológica, nos coloca diante da pulverização de um movimento operário, incapaz de se levantar como um só homem, e da complexidade do momento histórico. Ao misturar vida e história, sem que o fundo não eclipse os primeiros planos, lembra-nos a forma do romance histórico. Comentando o gênero, Lukács afirma que algumas crises nos destinos pessoais de uma série de seres humanos coincidem e se entrelaçam com o contexto determinante de uma crise histórica[38]. Claro que não se trata aqui de um romance histórico, mas o problema de Paulo Emilio é tornar sensível a experiência política individual e representar sua prática e o papel desta para a memória do filho, o que, como se vê, é um procedimento romanesco[39].

Enfim, esses exemplos, escolhidos sem muito critério, nos ajudam a compreender a fatura do livro na medida em que nos revelam uma forma de exposição do objeto, que descreve a atmosfera revolucionária da *Belle Époque* francesa, mas que também deixa indícios para entendermos a influência do pai sobre o filho. Figura múltipla, o crítico de cinema em Paulo Emilio se desdobra em escritor, mas também em historiador. Assim, não se pode ver de maneira separada procedimentos que se completam. Tomando então o livro como uma unidade coerente, é possível agora passarmos à análise feita pelo crítico da obra cinematográfica a partir do corpo-a-corpo com os filmes e a biografia de Jean Vigo.

38. Cf. Georges Lukács, *Le Roman Historique*, Paris, Payot, 1972, p. 42.
39. Luiz Felipe Alencastro, no seu breve comentário no livro *Vigo, Vulgo Almereyda*, tem razão ao comparar o pai de Vigo com Sénécal. Na *Educação Sentimental*, este personagem secundário é um leitor dogmático do socialismo utópico (Mably, Morelly, Fourier, Saint-Simon, Cabet, Louis Blanc), com tendências militaristas e que acaba traindo a revolução. No romance de Flaubert, os personagens secundários se relacionam diretamente com o fundo histórico, diferentemente de Frédéric Moreau, que possui uma autonomia relativa (cf. Jacques Proust, "Structure et sens de l'Éducation Sentimentale", *Revue des Sciences Humaines*, n. 125, jan.-mar. 1967).

5.4 Poesia e estilo

Na leitura de *Jean Vigo*, na parte referente ao Vigo filho, após o relato biográfico sobre a infância e a adolescência, o que se percebe é a recorrência de procedimentos que consolidam um método. Este se desenvolve em quatro níveis: 1. a produção dos filmes, seu preparo, a escolha da equipe técnica, os atores, os estúdios; 2. a vida particular de Vigo, seus relacionamentos, as amizades, as crises de saúde; 3. os filmes vistos internamente, sua estrutura, as escolhas do cineasta, seus êxitos e fracassos; 4. a recepção dos filmes, sua fortuna crítica e o levantamento dos motivos de sua aceitação ou recusa. Esses quatro níveis oscilam conforme a obra. Tal forma de exposição fornece uma visão de conjunto que busca captar as questões estéticas levantadas por Vigo e como ele as filtra.

As primeiras páginas da segunda parte do livro se detêm na vida de Jean Vigo e suas desventuras em internatos de província, cuja severidade de regras e o autoritarismo dos adultos acentuaram ainda mais no adolescente sua visão de mundo inconformista, além de valorizar as poucas amizades que se reforçaram no gosto pelos esportes. A desenvoltura do garoto nas composições francesas chamou atenção, mas ele nunca deixou de ser um aluno mediano. Outro dado importante desse período é a amizade com Fernand Desprès, Fanny Clar, Eugène Merle, todos amigos de seu pai, o Almereyda do *Guerre Sociale*. Em rápidas linhas, são esses os principais elementos que formam o autor de *A Propósito de Nice*. Com a morte do pai, Jean Vigo foi obrigado a trocar de nome para frequentar escolas de província para não ser motivo de escárnio entre seus colegas. Com o nome trocado, presencia a rigidez dos colégios, reforçando assim sua indignação, tornando-o ainda mais próximo de seu pai. Passadas essas experiências, o jovem se interessa pelo cinema, e graças à intervenção de Germaine Dulac, consegue junto à Franco-Film um pequeno emprego de irrisória remuneração mas valioso pelo contato com o universo dos estúdios cinematográficos. Após rápido aprendizado e com o auxílio financeiro do pai de Lydou, sua esposa, Vigo idealiza um filme com liberdade, mas uma liberdade relativa, já que seu capital lhe possibilita somente a

TRAJETÓRIA DE PAULO EMILIO

compra de uma Debrie usada e algumas latas de filme. Sem condições de alugar um estúdio e de se deslocar, o jovem se vê obrigado a realizar um filme sobre a cidade em que habitava, Nice, lugar em que se encontrava em razão de sua saúde frágil. É neste momento de nossa história que percebemos a mestria de Paulo Emilio ao flagrar Vigo no ato de criação. A glosa feita aqui serve para apresentar as intervenções do crítico e como sua estratégia de seguir de perto Vigo nos revela um processo criativo.

> Agora Vigo poderia pensar uma obra pessoal. Ele tinha uma câmera, tempo livre e uma reserva de dinheiro. Sem almejar a possibilidade de filmar em estúdio ele somente podia pensar num filme documentário sobre Nice. Ele não possuía uma concepção prévia, somente certa irritação contra seu tema. Inicialmente, foi obrigado a ficar em Nice quando estava convencido que somente em Paris poderia deslanchar. Seu olhar sobre a cidade tinha se tornado ambivalente. Enquanto amava o quadro de sua felicidade com Lydou, odiava esse ponto de encontro de ricos. Feita sua escolha, as primeiras iniciativas foram, inconscientemente para se distanciar (*Jean Vigo*, p. 68).

Neste pequeno trecho temos o entrelaçamento de vida (o amor do casal e a estadia em Nice) e a escolha formal (a opção pelo documentário) que resultará num grito inconformado com a cidade burguesa. Essa conjunção inicial, impressão inconsciente de lirismo e um tipo de crítica romântica social, vai ganhar corpo de maneira mais elaborada no desenvolvimento de toda a obra de Vigo. Mas *A Propósito de Nice* supera o refúgio nos sentimentos íntimos quando expõe o gosto pela investigação formal particular. A introdução dispensa praticamente a presença humana para descrever uma cidade de formas extravagantes; o núcleo do filme é o carnaval, rito em que a sátira e o erotismo se mesclam com o riso profano. É no carnaval que os corpos vão se desnudar, apresentando sua putrefação social, como a personagem *superfeiosa*, ou a injustiça de tal sociedade, como no caso da gama de pobres e trabalhadores. É no carnaval que Nice se exibe. A crítica hoje tende a enquadrar a obra na etiqueta de "filmes sobre a cidade"[40], mas o filme se distancia do fascínio pelo progresso (*Berlin, die Symphonie einer Grosstadt*), como é óbvio, assim como da crítica de inspiração materialista (*Rien que les Heures*). Embora se apoie na estética das "sinfonias", não esqueçamos da fundamental colaboração de Boris Kauffman (co-direção?), *A Propósito de Nice* é um forte brado de liberdade diante de costumes arcaicos, hábitos hipócritas e exploração do homem pelo homem, mas com um gosto formal pronunciado, que se torna uma sátira perversa, cheia de erotismo. Mas o primeiro filme de Vigo não é somente a revelação de sentimentos íntimos ou um ensaio com base nos experimentos vanguardistas. Para além de sensações ou ideologias, o filme possui um estilo que rapidamente se torna consciente em *Zero em Comportamento*.

Vigo partiu de uma investigação bibliográfica da cidade de Nice. Encontrou diversos livros antigos que relatavam a arqueologia e a história local. Foi então verificar *in loco* as possibilidades visuais dos monumentos comentados. Um tanto frustrado pelo desgaste que o tempo impusera aos lugares, começa a construir um roteiro ideal para as filmagens. Decide assim separar natureza e homem e trabalhar minuciosamente os detalhes referentes a um e outro. Pronto. Ele já tem uma câmera, filme, tempo e, agora, um esquema de filmagem. Mas sua frágil saúde o obriga a uma consulta em Paris onde encontrará, nos meios cinematográficos, Boris Kauffman[41].

40. Cf. Jacques Aumont, *O Olho Interminável*, São Paulo, CosacNaify, 2005 e Philippe Despoix, "Esthétique de la Coupe Transversale. Documentarisme et Montage à la Fin des Années Vingt" em Béatrice Didier e Jacques Neefs, *L'Europe des Années Vingt: Créations et Théories Esthétiques*, Saint-Denis, PUV, 2002.

41. Neste momento da história, Paulo Emilio aproveita para desfazer um mal-entendido em torno do cinegrafista russo. Confundia-se até então, mesmo o grande historiador Georges Sadoul, Boris com Mikhail. Este era o segundo irmão de Denis Kauffman, ou Dziga Vertov, o inventor do *cine-olho*, enquanto Boris era o caçula. Em seu posfácio à edição americana, Paul Ryan aponta como falha em *Jean Vigo* a ausência de um comentário maior sobre o cinegrafista, e justifica a recusa deste em responder as cartas de Paulo Emilio por certa prudência política, já que a partir dos anos 1940 ele se radicara nos Estados Unidos (cf. Paul Ryan, *op. cit.*). Boris Kauffman (1906-1980) nasceu em Bialstock, na Polônia, na época sob administração russa. Tomou contato com o cinema através de correspondências trocadas com seus irmãos. Ainda muito jovem, nos anos 20, partiu para a Bélgica e,

Eles partem para colher algumas imagens, mas logo verificam que o esquema de Vigo não possui a visualidade desejada. Os detalhes idealizados da natureza não se realizam na tela. Assim, preparam um roteiro mais aberto, mais livre ao acaso das imagens, que se apoiava agora na cidade moderna. Sua organização para receber turistas e ignorar seus habitantes faz com que um clima fúnebre paire sobre tudo. Começam então as filmagens e Vigo enche de notas um caderninho, que será precioso para o crítico seguir os passos do cineasta. As anotações revelam projetos para a montagem, a descoberta de personagens (a *superfeiosa*), o apreço pelo corpo e, principalmente, o gosto pelos experimentos vanguardistas misturado ao ódio à injustiça da sociedade burguesa. Flanando com a câmera, eles colhem elementos para a estrutura do filme. Os planos elaborados, as mazelas sociais e a patetice burguesa servem para uma visão de mundo satírica na qual o erotismo é mais consciente do que o próprio Paulo Emilio imagina. Para ele o filme possui um caráter primitivo, na medida em que organiza elementos díspares de maneira brusca, embora a montagem procure suavizar a ligação entre uma imagem e outra. Mas acho significativo que o esforço de Vigo seja apresentar suas ideias ancoradas na "espontaneidade dos documentos em estado puro [...]". Porém, quando o cineasta introduz o tema do erotismo e da sátira, o documento não aparece em estado puro, pois é o próprio Vigo num *contre-plongé* absoluto que surge travestido de dançarina se movimentando desesperadamente e aparentando flutuar, dado o recurso da

em seguida, para Paris, onde conheceu os experimentos da *Avant-Garde*. Amigo de Léon Moussinac e de seu cunhado Jean Lods, o organizador do cineclube *Les amis de Spartacus* que exibia os filmes soviéticos. Junto com Lods, em 1928, Boris realiza *Aujourd'hui*, também conhecido como *24 Heures en 30 Minutes*, inspirado em Alberto Cavalcanti, Walter Ruttman e também em Mikhail Kauffman (Moscou, 1927). Em seguida, também com Lods faz *Champs-Élysées* (1929). Esses serão os filmes que convecerão Vigo sobre a qualidade do cinegrafista. Na mesma época, Boris Kauffman filma com Eugène Deslow e Henri Storck. Com o início da Segunda Guerra, parte para os Estados Unidos, onde filma com Elia Kazan, Sidney Lumet e Samuell Beckett, em sua única experiência no cinema. (Sobre a trajetória de Kauffman cf. N. Bourgeois, Benoliel B., S. de Loppinot, *L'Atalante – Un Film de Jean Vigo*, Paris, Cinémathèque Française/Pôle Méditerranéen d'Éducation Cinématographique, 2000, p. 190.)

câmera lenta. Ou seja, o tema, importante para o filme e decisivo para a obra, é encenado, conscientemente.

O significado principal de *A Propósito de Nice* está na forma como o material disperso é agrupado na montagem. Os milagres da montagem colocam o filme ao lado dos grandes filmes russos ou do *L'Espoir* de Malraux. Foi na montagem rigorosa que os elementos foram construindo ideias, negando outras. Infelizmente para o crítico, e para nós também, a mutilação do filme dificulta a percepção das minúcias da montagem. E neste momento, o crítico se mostra por completo, ao fazer uso de toda sua perícia, de todo o seu esforço de pesquisador e toda a imaginação de escritor. Este é o maior significado do livro *Jean Vigo*: a maneira sutil como é apresentada uma diversidade de elementos e como eles são importantes para a compreensão global da obra.

No início, vimos que Vigo tinha um esquema *a priori*, que investigava detalhadamente os aspectos da separação entre homem e natureza. Esse primeiro roteiro cai por terra quando se verifica como, na tela, uma onda média não se diferencia de uma onda grande, ou como uma montanha assume na projeção um tom de cartão postal. Em seguida, vimos como Vigo, em parceria com Boris Kauffman, sai colhendo material aleatoriamente, a partir de um roteiro livre, ao mesmo tempo em que faz notas e apresenta temas e personagens. Na hora da montagem, todo o material era dispersivo, o que os obrigou a nova reformulação na busca de uma ossatura razoavelmente consistente. Porém, a mutilação "natural" do circuito exibidor (lembremos que *A propósito de Nice* teve carreira considerável nos cineclubes) traz problemas para a análise, já que é na precisão de como cada plano é agrupado que o filme ganha sua estrutura. Entretanto, diante do filme em seu estado atual, o crítico e o leitor, com plenos conhecimentos dessas etapas, têm sua tarefa facilitada pela constância de elementos, por certos procedimentos formalistas e pelo inconformismo que os dados biográficos clarificam. Claro, a análise imanente é indispensável.

Por fim, a interpretação do crítico, que se preocupa somente com o desenvolvimento interno da obra, esmerada do ponto de vista estilístico, produz um efeito que se assemelha ao próprio filme. Daí o recurso à narração dos filmes. O termo utilizado é "raconter". A narração, neste caso muito pessoal, procura o objeto sem propor teses explicativas, mesmo se uma frase ou outra deixa escapar uma interpretação. Cruzamento de análise fílmica, de escrita literária e interpretação estética, o ensaio se configura como caso singular no universo da crítica cinematográfica da primeira metade do século xx. Vejamos o melhor exemplo do livro.

A Propósito de Nice começa com um fogo de artifício seguido de quatro planos em sobreimpressão de tomadas áreas da cidade que se encadeiam à roleta. O trilho de trem de brinquedo chega e os bonecos-turistas são recolhidos pelo rodo. Novas tomadas aéreas são circunscritas no tempo por ondas que continuam a enquadrar uma palmeira, vista de baixo para cima num movimento rotatório, e um varredor de rua. Sua presença anuncia os preparativos para o carnaval. Estes planos continuam por seis planos de construção de bonecas e de máscaras gigantes, que se alternam com três planos de garçons arrumando as mesas dos terraços. Depois de uma imagem onde se pinta a boca de uma enorme boneca, passa-se à limpeza da palmeira, que após um instante ter sido associada a uma outra palmeira pequena num vaso, é mostrada abrindo suas lindas palmas no alto da tela. Volta-se ao Hotel Rhul, ao Palais de la Méditerranée e ao Hotel Négresco, palácios que estavam invertidos. Depois acrescenta-se a estátua, um *travelling* sobre a sombra das grades projetadas sobre as calçadas, e está tudo pronto.

Mas o Passeio dos Ingleses mudou singularmente. As mulheres, maduras ou velhas, são de uma feiura assombrosa, aquela que poderia ser a mais elegante é relacionada a um avestruz e a superfeiosa lê o jornal. A comicidade da feiura anuncia o Carnaval. Os pacatos músicos, os camelôs, ou as gaivotas nada poderão mudar.

Felizmente há o paraíso das velhas senhoras ricas, as vestimentas, e os smokings com seus gigolôs dentro! Sem a cabeça da senhora rica, que embaraço! Pois o Carnaval chegou! As bonecas gigantes vivem, andam e algumas são tão vivas que possuem máscaras humanas na barriga. A superfeiosa está na festa, como também as faixas e o cavalo que elas adornam. Mas, no chão, as flores, aquelas que foram colhidas pelas mãos das mulheres de Grasse, são pisoteadas. E agora as únicas mãos que elas tocam, antes do massacre, são as da superfeiosa ou as de um polícia. É porque o cachorrinho e as bonecas guitarristas são melancólicas. A melancolia é quebrada pelas mulheres que dançam lá em cima. E se o pinguim e a boneca são de papelão, o general e seu cavalo, ao contrário, estão lá em carne e osso. As outras bonecas não são, nem de carne nem de papelão, elas são de mármore no cemitério. Mas pouco importa, é Carnaval! (*Jean Vigo*, pp. 80-82).

A narração continua neste mesmo tom até anunciar o surpreendente final. Mas antes do comentário, é preciso lembrar que se comparada de perto com o filme, a narração de Paulo Emilio faz supressões que visam o jogo estilístico. E esta longa citação se justifica pelo número de procedimentos que traz. Após um longo relato sobre o trabalho de Vigo em captar imagens aqui e ali, Paulo Emilio, num dos principais *morceau de bravoure* do livro, mostra como a imaginação de Vigo trabalha diante de um material tão variado, colocando em cena de maneira formalizada o mundo dos pobres e dos ricos e todo o teatro da sociedade burguesa que a câmera desmascara. O gosto pelas formas está presente nos planos aéreos iniciais e na maneira como a palmeira é captada. O que o crítico nos apresenta é o fio condutor de *A Propósito de Nice*, ligando uma imagem à outra, criando assim uma continuidade surpreendente. Mas para isso não recorre a procedimentos rotinizados pela *avant-garde*, com a descrição explorando a utilização particular que deles faz o cineasta.

No narrar das imagens, Paulo Emilio demonstra como a imaginação de Vigo constrói uma atmosfera ao mesclar flores pisoteadas com policiais e burguesas envelhecidas, assim como cachorros e bonecas, dando um tom melancólico ao conjunto. Ao falar de Vigo, o crítico recria o cineasta para ver as obras. Em diversos momentos veremos esse tipo de esforço, esse tipo de narrativa em que a análise se cola ao objeto para dele extrair suas principais inspirações, mas também extrai dados da descrição biográfica ideal. Em *Zero em Comportamento*, quando o tímido Tabard é obsedado pelo gordo professor de química, Paulo Emilio não hesita em chamá-lo de porco, ou quando Jean, em *Atalante,* siderado pela ausência de Juliette, é despertado pelo milagre do gramofone. Estes momentos são exemplos nos quais vemos o crítico em ação, no corpo-a-corpo com os filmes, mas também levando em conta a história e principalmente os sentimentos íntimos do autor. Como esse tipo de análise estilística conecta ideologia e estética, forma e biografia, não há nada na obra que não seja levado em conta, daí que o livro de Paulo Emilio é ainda o principal ponto de partida para os recentes estudos sobre a obra de Vigo.

O capítulo sobre *Zero em Comportamento* é a ampliação do ensaio *Nought for behavior,* publicado em parceria com o cineasta e colaborador de Vigo, Henri Storck. O capítulo do livro segue de perto o texto publicado em 1951, a tal ponto que fica no ar se a verdadeira colaboração de Storck ultrapassou o uso de seu prestígio e o fornecimento de preciosas informações sobre a produção do filme. Será neste texto que a reflexão sobre o filme atenta aos elementos exteriores para ganhar maior vigor. O filme trata do ambiente repressivo de um internato e o espírito insurrecional de seus alunos, que no final sabotam a festa oficial proclamando uma nova escola. Como vimos, o tema da infância oprimida toca profundamente não só ao jovem Almereyda, encarcerado na *Petite Roquette* e mudando o nome Vigo para um que tenha merda (Il y a merde), mas também o pequeno Jean, com nome falso, estudante de internatos de província. No coração de seu tema, com condições inéditas de produção, o cineasta inicia a criação de *Zero em Comportamento,* atento agora às transformações impostas pela realidade. Paulo Emilio acompanha esse trajeto relatando sobressaltos e as formas de incorporação do acaso e síntese estilística.

O estilo do crítico evolui conforme o desenrolar da obra do cineasta, e outros procedimentos de análise se somam à verificação biográfica e à análise interna das obras. A compreensão do estilo do cineasta passa não somente pela obra em si mas pelo que o autor pensa de si mesmo. Embora a perspectiva adotada nunca seja a do próprio artista, no estilo "Vigo segundo Vigo" a análise de textos como "Vers le Cinéma Social" ou

"Présentation de Zéro de Conduite" será significativa no delineamento de uma visão de mundo que nos filmes aparece precipitada.

Se fôssemos seguir rigorosamente os passos de Paulo Emilio, seria necessária agora uma abordagem da recepção de *A Propósito de Nice*, para em seguida falarmos da atividade de Vigo enquanto cineclubista. Entretanto, a ocasião de comentar a fortuna crítica de Vigo virá com *Atalante*, enquanto que o trabalho nos Les Amis du Cinéma à Nice somente nos conduzirá de maneira organizada a *Zero em Comportamento*.

É neste momento do livro que o método se apresenta de maneira mais clara para se realizar definitivamente em *Atalante*. É na narração do primeiro longa-metragem de Vigo que temos consciência da função dos primeiros capítulos sobre as infâncias de pai e filho e o sentimento de revolta que delas emana. Mas a junção de mundo interior e forma não tenha nada de fácil.

> Da mesma forma para com os meninos, Vigo, ao criar seus personagens adultos, teve seu ponto de partida na realidade, mas uma realidade vista pelos olhos de um garoto rebelde ou magoado que, feito homem se vingava por meio da sátira. Seus personagens se distanciam de seus modelos e suas características são tão misturadas que toda tentativa de filiação direta não logra êxito (*Jean Vigo*, p. 121).

É diante da postura inflexível de Jacques-Louis Nounez, o produtor, que Vigo deve reduzir seu roteiro, decupado para um filme de 2.000 metros, aproximadamente sessenta minutos. Como a intenção de Nounez era criar um produto independente e intermediário, entre o curta e o longa, a metragem pensada foi 1200 metros, aproximadamente quarenta minutos. Assim, oprimido pela necessidade, o cineasta constrói sua síntese poética da infância. E munido dos diversos roteiros do filme, dos dados biográficos e o domínio do estilo, o crítico nos oferece o cineasta criando, escolhendo sequências e planos. Seguindo os passos de Paulo Emilio, a disposição que conduz Vigo nessa tarefa de condensação é seu sentimento de respeito pela infância. Por isso, comete exageros ao cortar uma sequência inteira em que um garoto de torso nu se cala diante do reproche insultuoso de Bec-de-Gaz, o inspetor-geral da escola. Exemplos como este nos mostram o crítico em pleno domínio de seu objeto, fundindo no ensaio as inquietações e a originalidade do jovem cineasta. Mas é na análise do filme que isso se torna ainda mais patente.

A escolha dos atores seguiu um critério preciso, e seus gestos sintetizam bem a oposição entre o mundo da infância e o mundo dos adultos. O anão Delphin, intérprete do diretor da escola, resume o sentido cinematográfico de Vigo. No comentário à introdução do diretor da escola, vemos como o crítico traduz em sua escritura a imaginação do cineasta. O grotesco da cena é explicitado pelas fisionomias, pela postura muito recatada do diretor. A dificuldade em alcançar o lugar de seu chapéu, a vaidade do anão ao ajustar seu figurino diante de um espelho em que ele não vê projetada sua imagem dada a altura do objeto. Seus gestos polidos se concluem quando se senta na cadeira. A atenção às pernas é a forma encontrada na escrita para chamar a atenção ao tom caricato e também para nos mostrar a movimentação de câmera. Vigo, num plano baixo, mostra como as pernas, após a acomodação do anão-diretor, ficam balançando no ar. Por meio de uma montagem muito simples, mas que não segue a cartilha do plano-contraplano, o cineasta tira proveito e ironiza a arrogância da autoridade e sua incapacidade.

A maneira como é destacada a retórica vazia do diretor, que repete inúmeras vezes a mesma frase, é um acerto crítico e histórico. Em 1933, o cinema francês ainda se adaptava ao advento do som, sendo a tecnologia muito carente de ajustes. O crítico nos lembra que Vigo já realizara um pequeno filme sonoro, *Taris*, em que o som existia apenas em uma locução. Prudente, o cineasta vai experimentando conforme filma e descobre que os diálogos por ele formulados se tornaram apenas um ponto de partida. E assim, encontra na repetição das frases um modelo adequado, técnica e formalmente, como veremos abaixo, com o Pai Jules.

O filme não possui uma unidade de ação, apenas um estilo que encadeia momentos representativos do cotidiano escolar, e a atenção do crítico vai se deter na construção de cada cena, na composição, na montagem, nos movimentos de câmera, no interior de cada imagem, nos diálogos, e como tudo isso se funde na cena. A sala do professor de química é exemplar nesse sentido.

> Os alunos estão instalados e o professor entra na sala, seguido pelo esqueleto dependurado no alto do anfiteatro. O professor, armado de seus óculos, examina a situação e comenta malicioso, se dirigindo aos alunos: "Muito espirituoso!" E continua, em tom cansado e maldoso: "Mas eu não gosto nem um pouco disso". É um ser gordo e repulsivo. Ele substitui seu paletó por um avental de trabalho ainda mais sujo. Sentado atrás de sua mesa, inicia sua toalete. Começa por encher suas narinas com uma pomada e termina dobrando cuidadosamente seu lenço, seu único objeto limpo, cuja função é receber seu escarro. Este já pigarreia em sua garganta, mas o desenvolvimento visual nos escapa, somente o horrível som nos persegue enquanto a câmara nos mostra Tabard preocupado, largado em sua carteira. O professor, que já iniciou sua aula, se aproxima acariciando os cabelos do menino e lhe diz com uma ternura falsa: "E então meu garotinho, não vamos tomar nota esta manhã?" Tabard começa a escrever nervosamente. O professor, colocando sua mão gordurosa, suada e brilhante sobre a mão do aluno, lhe diz: "Em boa hora, muito bem". Tabard afasta o contato com um gesto bruto: "Me deixe!" O professor reage, entre conciliador e ameaçador: "Ah! Meu menino, te mando somente isso!" E Tabard dispara: "Pois então, eu te mando... eu te mando à merda!" (*Jean Vigo*, pp. 145-146).

Aqui a cumplicidade entre crítico e narrador é tamanha que a análise alcança uma intensidade e sentimos bem o ódio de Vigo, consubstanciado em Tabard, que evoca a frase do Almereyda do *Guerre Sociale*. A observação em torno das vestimentas do professor e sua repugnância e a ênfase no menino "largado em sua carteira" são traduções profundas das imagens, como se as frases ocupassem o lugar dos planos para atentar ao rigor não só da disposição da montagem, um tanto truncada, mas cuja validade reside no grito de revolta do garoto. Notemos que do escarro até a primeira fala do professor há uma sutil elipse que sacrifica a continuidade mas enfatiza uma ideia. Essa sutileza que a narração de Paulo Emilio capta bem, apresenta a cena como corriqueira, habitual. Diante da imposição da metragem de 1 200 metros a fluidez narrativa foi sacrificada em prol do estilo. Neste sentido, Zero em Comportamento é um dos poucos filmes, assim como *As Férias do Sr. Hulot*, que sabe se estruturar, apesar das diferenças internas de cada sequência, e, por isso mesmo, cada uma delas é tratada independentemente. Sem relações fixas de tempo ou espaço[42].

5.5 ATALANTE

Na análise de *Atalante* teremos novas formas de aproximação do filme, que se somam ao esquema da descrição da produção, da vida privada e da recepção da obra. O próximo passo será expor o método crítico de Paulo Emilio em sua análise de *Atalante* e como o filme vai exigir novas formas de aproximação dada sua existência problemática.

Paulo Emilio nos mostra como a incompreensão generalizada e a censura total de *Zero em Comportamento*, dificultou a carreira do jovem cineasta. Foi graças à persistência de Nounez que Vigo realizou seu último e mais belo filme. Mas diferente dos anteriores, *Atalante* partiu de um roteiro encomendado que, felizmente, a criatividade do cineasta soube transfigurar, e a pena do crítico soube captar em quais níveis se deram as mudanças.

O cotejo do filme com o roteiro medíocre, que estabelece a história, auxilia o crítico novamente numa busca por comparação e apresenta ao leitor um autor diante de seu objeto. Transformando por completo o roteiro inicial, o cineasta vai dando vida a seus personagens em cada sequência realizada. O cachorro do roteiro dá lugar no filme aos gatos, cuja função dramática ultrapassa quilômetros de distância aquela projetada para o pri-

---

42. Sobre o problema das durações das sequências, cf. Noel Burch, "O Repertório das Estruturas Simples", *Práxis do Cinema*, São Paulo, Perspectiva, 1992.

meiro. Eles serão responsáveis pela atmosfera erótica e ansiosa de certas sequências. A recepção dos noivos, de casta passa a ser extremamente cômica. O roteiro original de Jean Guinée era de um naturalismo banal que Vigo soube transformar em lirismo, como na sequência que abre *Zero em Comportamento*. Foi Henri Langlois o primeiro a chamar a atenção para o caráter fragmentário do estilo de Vigo, comparando-o a um mosaico[43]. A construção precisa de cada plano levou Paulo Emilio a propor uma cena, excluída da primeira montagem de Louis Chavance, em que Jean, febril pelo desaparecimento de Juliette, lambe um pedaço de gelo. Em passagens reveladoras, a câmera vai nos mostrar a noiva insegura diante do futuro que é Juliette na proa da barcaça, e em seguida vemos a moça ao acordar exprimir num olhar oblíquo o tédio diante da rotina. De um plano para o outro temos uma ousada aceleração do tempo apenas em uma sutil elipse. Do primeiro encontro dos noivos na barcaça à percepção da dura vida fluvial temos somente alguns segundos. Essa capacidade de síntese e sutileza marca todo o filme, dando ao narrador um poder surpreendente de exposição dos personagens e dos espaços. Como se a fragmentação lírica e a fluência da ação, sem necessariamente promover conflito, coordenassem a narrativa. A segunda buscando organizar de maneira causal o tempo e o espaço enquanto que a primeira dá relevo à motivação artística, rompendo com a linearidade e buscando nos planos uma síntese poética para resumir o universo cotidiano dos noivos recém-casados.

Para nos contar essa transformação, Paulo Emilio valoriza os momentos em que uma atmosfera fantástica invade a vida cotidiana. O mergulho do marinheiro Jean é o exemplo mais completo de busca pelo fantástico e também é o instante em que o crítico domina o estilo de Vigo, interpretando de modo criativo uma sequência de grande poesia. A descrição da evolução de um estilo se soma à narração da principal sequência de *Atalante*. Aqui não será diferente: os sentimentos de Vigo ao seu tema, a

43. Langlois é frequentemente ironizado como "gordo trapalhão", que colocava em risco o patrimônio cinematográfico. Quem um dia se deter sobre suas intuições críticas e sobre suas programações de cinema vai se surpreender com a original perspectiva sobre a história do cinema, além de um projeto institucional elaborado.

análise da produção, a descrição das personagens e dos atores e depois a narração do filme.

> Enfim Vigo tinha encontrado uma função para a experiência adquirida com o filminho sobre Taris e a sobreimpressão feérica de Juliette se comunica com as tomadas submarinas de Jean, os cabelos eriçados pela água, a expressão febril e desolada pela angústia de alguém que a água impede de chorar, água que envolve, com a valsa, o diálogo dilacerante das duas imagens (*Jean Vigo*, p. 190).

Esta "expressão febril e desolada pela angústia de alguém que a água impede de chorar" reúne em si toda a disposição crítica de Paulo Emilio, na medida em que sutilmente narra a imagem ao mesmo tempo em que sugere uma interpretação. O crítico desvela a força incontida de um plano e como sua composição possui um rigor que faz de Vigo um cineasta do plano.

Outro momento crucial é o quarto do Pai Jules. O espectador de *Atalante* certamente se recorda da sequência da descoberta do quarto do Pai Jules. A cena resume bem o teor dos experimentos de Jean Vigo e sublinha sua singularidade no panorama do cinema francês. Na sequência em questão, Juliette já demonstrou seus primeiros sinais de tédio diante da rotina sufocante do barco e de seus estranhos navegantes. Logo na sequência inicial, a mãe de Juliette já nos fornecera dados sobre a visão de mundo de sua filha: "Quando penso que ela nunca deixou o vilarejo…" A partir dessa observação feita por uma mãe aflita com o destino da filha, tiramos algumas conclusões. Pois se Juliette também já nos apresentou seu caráter inquieto, sua vontade de reformular o cotidiano do barco, podemos deduzir, sem simplificar demais, que o casamento com um rapaz de fora do vilarejo pode ser mais um atrativo para uma moça provinciana disposta a amar e experimentar o mundo. Mas o caráter ascético de Jean, o marido, e o duro dia a dia da vida fluvial em pouco tempo eclipsam os sonhos da moça. O tédio parece encurralá-la gradativamente, mas a súbita chegada em Paris pode ser a luz definitiva que faça valer a vida de sombras do barco.

A chegada em Paris é marcada por um espírito novo, algo no ar sugere novidades, os gestos manifestam um misto de aflição e curiosidade. No exterior do barco, Jean e o grumete são precisos nos movimentos para ultrapassar a eclusa. Aqui a montagem se sucede em vários planos enfatizando o esforço e a dignidade dos personagens. Juliette observa e entra no quarto para devolver os lençóis do Pai Jules, o imediato. Sozinha no quarto do marujo, ela se depara com uma enorme concha. Buscando ouvir o marulhar das ondas, Juliette exprime seu contentamento. Percebendo a sideração da moça, que não notara sua presença, o Pai Jules exibe um brinquedinho que, pelo som produzido, tira Juliette de um transe para mergulhá-la em outro. Como uma criança mimada, ela toma o brinquedo das mãos do marujo e aciona o mecanismo que emite um tamborilar titubeante. Exibindo-se, Pai Jules aciona agora uma caixinha de música, o que reforça ainda mais o tom pueril e feérico da cena. Como se estivesse vivo, outro brinquedo dispara como uma matraca. Pai Jules o silencia. Encorajado pelo enfeitiçamento cada vez maior de Juliette, o velho lobo-do-mar exibe seu *bonhomme*, um boneco-maestro que ele faz renascer para completar a atmosfera onírica que se realiza com a melodia de Jaubert[44]. Juliette contempla e acompanha musicalmente com um brinquedo. Pai Jules encerra a manipulação do *bonhomme* e, gabando-se, agradece explicando a procedência do títere. Juliette, ávida de curiosidade, se mostra pouco interessada na explicação "histórica". Assim, ela penetra à sua maneira no universo do Pai Jules, passando por uma fotografia erótica, um leque sino-japonês, uma navalha afiadíssima (a "navaja"), mãos dentro de um pote, até as tatuagens do Pai Jules. Cria-se então uma atmosfera de harmonia e cumplicidade que culmina com a troca de gentilezas sobre as respectivas cabeleiras.

Inicialmente, a cena do quarto do Pai Jules, se apresenta em um realismo mais cru, mas a intervenção dos brinquedos "vivos" fornece uma

---

44. Para o papel criador desempenhado por Maurice Jaubert no cinema francês dos anos 1930 cf. André Bazin, "Jaubert et le Cinéma Français", *Le Cinéma Français de la Libération à la Nouvelle Vague*, Cahiers du Cinéma, Paris, 1998, pp. 313-316.

conotação simbólica para a atmosfera, criando uma tensão crescente entre a linearidade inicial e uma fragmentação que culmina com a incrustação do "tosador de cachorro"[45]. Com o surgimento de Jean, a primeira tentativa de comunicação de Juliette com o Pai Jules será marcada pela castração voluntária, no plano simbólico, do corte do cabelo.

Estamos aqui colhendo momentos importantes que valorizam o trabalho do crítico, por isso o descaso com a ordem e a transparência dos filmes. Podemos dar sequência à nossa vontade de flagrar Paulo Emilio operando com os filmes e a realidade num jogo emaranhado de complementaridades. Assim é o camelô de *Atalante* que repete a interjeição de um verdadeiro mendigo de Montparnasse, que Vigo conhecera. O camelô é outra peça fundamental em que Vigo transfigura o roteiro original. Sua capacidade nos faz lembrar a importância do diálogo no filme. Já lembramos o lugar de Vigo entre o mudo e o sonoro. A loquacidade dos personagens contrasta com o raro entendimento. É sintomática a repetição por parte do Pai Jules das frases dos outros. Ele as repete para lhes dar outro sentido. A promiscuidade física, reforçada pela exiguidade espacial[46] e explicitada pela constante de *plongés*, contrasta com o isolamento afetivo que dificulta a comunicação entre os personagens. A fascinação de Juliette pelo quarto do Pai Jules se deve menos ao conteúdo de experiência que cada objeto encerra em si e que o velho marujo busca a todo momento enfatizar, do que a prefiguração de um mundo por ela desco-

---

45. Esse corte súbito que chamei de incrustação, dado o seu não-lugar na narrativa, remete ao lugar da compra da máquina utilizada para o corte de cabelo do Pai Jules. Provavelmente, esse corte foi inserido na restauração de *Atalante* de 1990, mas ele é revelador de como opera a imaginação do cineasta no ato de criação.

46. A maneira de construir planos quase autônomos num espaço exíguo vai ser bem caracterizada por Alain Bergala como "plano-aquário". Comentando a maneira de criar de Vigo, Bergala se questiona como Paulo Emilio: "O que fazer hoje com um plano como o do de Jean Dasté choca seu rosto contra um bloco de neve? É evidente que esse plano não foi programado por Vigo como uma pedra cujo destino estaria previsto no plano do todo. Eu o imagino filmando de propósito no improviso, com uma inspiração nascida da visão dos bancos de neve, esse plano não premeditado e isolado de qualquer outro com o qual poderia formar uma série, e se dizendo: "Verei depois na montagem se e onde ele encontrará seu lugar". Apenas ele poderia decidir.

nhecido e que a chegada em Paris vem aumentar a ansiedade. Em cada objeto, Juliette vê o quanto lhe falta, o quanto o mundo exterior pode lhe oferecer de poesia e de encanto. Em cada objeto, Pai Jules vê o quanto experimentou. De um lado a curiosidade, o desabrochar de uma vida, de outro o conhecimento e a rememoração. Em *Atalante* o caráter insular dos personagens se evidencia passo a passo, como se a dificuldade de comunicação fosse responsável direta pelos grandes momentos do filme, que são mudos: a marcha dos noivos, o quarto do Pai Jules, o milagre do gramofone, o mergulho de Jean, e o enlace do casal separado no espaço. Porém, o filme é recheado de diálogos ou, se se preferir, de monólogos, dos quais o Pai Jules é o personagem-chave, dada sua maneira de "mastigar" o que os outros dizem, sem nunca concluir nada. Neste universo de loquazes é a música que promove a união, rompendo o *continuum* de um realismo canônico e alcançando uma tonalidade lírica que resume a contento os desejos das personagens. São as quinquilharias do Pai Jules que excitam a curiosidade de Juliette, e a música por elas produzidas vai calar ambos e criar uma cumplicidade em torno da descoberta.

Porém, a intimidade da tripulação da barcaça não deixa de apresentar em negativo o mundo exterior. Em contraposição ao espaço apertado do barco, a cidade aparece como lugar aberto, mas repleto de conflitos ausentes do universo fluvial. Já vimos no início a pressa de Jean em sair da margem. Numa evocação do cinema russo, vimos, num *contre-plongé* de Boris Kauffman, uma camponesa desamparada com seu filho a se benzer. Mas toda essa desconfiança da margem e suas personagens singulares só aumentarão com o aportamento em Paris. O primeiro contato com a cidade será marcado pela mesma loquacidade do barco, embora o tom irônico do camelô destoe bastante dos demais. Quando ele entra em cena, ninguém consegue interrompê-lo. Nele, tudo se faz por brincadeira. O camelô alimenta os desejos de Juliette em conhecer a cidade. As avenidas, os bulevares, as luzes, as lojas. Com um tom que faz lembrar as canções de Brecht e Weil, o camelô é a síntese da cidade. Da cidade idealizada. Juliette se deixa fascinar por suas promessas, mesmo após a expulsão deste, a pontapés, por Jean. Sem se conter, ela escapa para a cidade e contempla as vitrines do bulevar Haussmann, anunciado no rádio, e no qual os brinquedos possuem ainda mais vida do que os do Pai Jules. Bestificada, ela os contempla. Mas após ultrapassar a superfície da cidade, ela só encontra a miséria, o desemprego e a solidão. A cidade dos grandes magazines, da moda e da novidade era uma ilusão.

Vemos aqui o questionamento social de Vigo que também pulsa no filme, apesar de seu enredo se concentrar na vida de um jovem casal. Após ser assaltada por um mendigo e verificar a partida do barco, Juliette busca emprego mas se depara com uma enorme fila e um cartaz taxativo na porta de uma fábrica: "Não há vagas". Em seguida, um homem a confunde com uma prostituta. Na cidade, o mendigo-ladrão expõe ainda mais o mundo dividido de pobres e ricos, já escrutinado por Vigo em *A Propósito de Nice*. Esse lado documental da cidade, que destoa do estilo da vida na barcaça, encontra sua motivação no tratamento encontrado. A cidade não é mais um *décor* como em *A Propósito de Nice*, agora ela se configura como uma forma. Aqui o espaço da cidade serve de contraste aos planos gerais, e uma figura se faz presente: a grade de ferro. Ela cerca o caminho de Juliette, amplia sua solidão e reforça a divisão da sociedade. O bandido-mendigo é contido em sua fuga por uma grade que o entregará aos burgueses bem nutridos. O Pai Jules, quando procura Juliette, perambula sem segurança por uma ponte gradeada. A cidade é o contraponto do mundo fluvial de *Atalante*.

O rio é o lugar da travessia, da vida, da procura do mundo. O fluir da água é um símbolo recorrente do viver, e viver significa descer pela corrente e não observar o rio pela margem. É por meio do rio que se delineia o mundo, mas é somente ultrapassando-o que as personagens se realizam. É a presença da margem que engendra a crise e é a compreensão desta, de seus riscos e vantagens que possibilita o retorno da harmonia. Essa presença poética do rio no final do filme não significa um final feliz para o casal, mas a constatação de um longo caminho a ser percorrido, novas crises e conflitos. Por isso, do começo ao fim, o filme de Vigo ultrapassa o roteiro tradicional de A. Guinné, transformando um argumento prosaico em poesia cinematográfica.

O livro se fecha com um capítulo sobre a recepção da obra de Vigo. Trata-se de um longo capítulo que busca um panorama da crítica de cinema na França dos anos 1930. Talvez até longo demais, como afirma Bazin[47]. Entretanto, a recepção da obra apresenta bem o problema quando se verifica o diagnóstico semelhante da crítica. Um crítico como Lucien Rebatet (que Paulo Emilio cita François Vinneuil, um de seus pseudônimos), partidário eterno de Maurras, resume com perfeição a recusa de Vigo.

> Alguns fragmentos de *Atalante* revelam um vigor amargo que certamente teria sido melhor empregado se Jean Vigo tivesse sobrevivido. Mas no conjunto, o filme é esforçado, de uma lentidão desesperadora. Com apenas cinco anos, ele parece tão arcaico e fora de moda como os ensaios da vanguarda de 1920 (p. 229).

Para a crítica do período, a unanimidade em torno do "realismo poético" era uma verdade incontornável. Os filmes de Renoir, Duvivier, Carné, e sobretudo os de René Clair, apresentam "a terna fantasia dos subúrbios" que domina o cinema francês. Para a crítica francesa do período, que sempre desconfiou dos traços políticos dos filmes, o filho de Almereyda rompia com o cânone ao apresentar corpos sujos e maltratados ou sexualizados sem pudor, envolvidos em raiva, ironia e romantismo.

Portanto, o que Bazin viu como "amorfo" possui um caráter revelador para a história da crítica, assim como para a análise da obra de Vigo. A partir do estudo da recepção da obra, o crítico revela o que Vigo não é, e por isso não se inclui no repertório da crítica da época.

A prova que a diversidade de aspectos da análise de Paulo Emilio traz são os resultados que a crítica em torno de Vigo tem revelado nos últimos anos. Desenvolvendo a argumentação do crítico, Michel Chion posiciona *Atalante* no centro do primeiro cinema falado, caracterizando-o como "um filme sobre a palavra"[48]. Alain Bergala, por sua vez, recuperando a

47. André Bazin, "Cinéma", *Esprit*, n. 266, out. de 1958.
48. Michel Chion, "Vigo: La Matière et l'Idéal", *Un Art Sonore, le Cinéma – Histoire, Esthétique, Poétique*, Paris, Cahiers du Cinéma, 2003.

noção de um todo fragmentado e salientando a elaborada noção de plano em Vigo, cunha o termo "plano-aquário"[49]. Enquanto que Jonathan Rosenbaum, seguindo de perto as observações de Paulo Emilio, tece considerações sobre o tipo de sexualidade em jogo em *Atalante*[50].

Para a interpretação de *Atalante*, Paulo Emilio contou, além dos roteiros, das anotações das filmagens de Vigo e de outros participantes da produção, com correspondências, textos críticos de época, entrevistas, e com o esforço de reconstituição do filme dada sua complicada trajetória. A morte prematura de Vigo e a avidez dos produtores da Gaumont impuseram ao filme uma nova montagem, massacrando a idealizada por Vigo e Louis Chavance. Em 1950, Paulo Emilio e o crítico florentino Panfilo Colaprete realizaram uma reconstituição do filme. Num gesto de crítica genética do texto fílmico *avant la lettre*, os dois criaram as bases para restauração definitiva em 1990. Mas essa reconstituição não foi ponto pacífico e gerou certa tensão com o conservador-chefe da Cinemateca Francesa. Henri Langlois foi um dos admiradores de Vigo e a recuperação do cineasta no pós-guerra se deve a seus esforços. Em um texto inspirado, ele chama a obra de Vigo de "mosaíco", onde a chave para seu segredo está dentro da gaveta. Depois de uma carta em que aponta detalhes técnicos sobre quais cópias reunir, Paulo Emilio reclama das condições precárias oferecidas pela Cinemateca Francesa. E Langlois responde descreditando o crítico para a execução da tarefa.

Meu caro Salles,

de onde você tirou que eu iria, de Antibes, proceder a uma montagem telefônica de um filme sobre o qual não tenho nenhum elemento?

E, por outro lado, como você pode imaginar que é possível montar *Atalante* sem roteiro?

49. Alain Bergala, "Le Plan-aquarium", em N. Bourgeois, B. Benoliel, S. de. Loppinot, *op. cit.*
50. Jonathan Rosenbaum, "Jean Vigo's Secret: L'Atalante", *Placing Movies – The Practice of Film Criticim*, California, University California Press, 1995.

De minha parte, como sugere o sr. Beauvais, percebi que era absolutamente indispensável que um homem da área efetue esse trabalho, e a prova é que o mal-entendido surgiu, unicamente por você não ter nenhum hábito com a linguagem técnica.

Conto com você como outrora.

Atenciosamente,
O secretário geral
Henri Langlois[51].

No livro, o crítico não deixa por menos e expõe as dificuldades desse trabalho de reconstituição ideal.

Foi em 1950. Nossas pesquisas entre as sobras do negativo nos levaram à escolha preliminar de cerca de trinta fragmentos. Escolhemos, além disso, duas cópias de *Atalante* na versão 1940, assim como uma cópia do *Chaland qui Passe* [título de *Atalante* dado pelos produtores após a morte de Vigo]. As condições de nosso trabalho foram das piores, em nenhum momento conseguimos ter acesso a uma moviola ou comparar as diferentes cópias numa sincronizadora, e tivemos de nos ater ao procedimento grosseiro de projeções sucessivas. Apesar de tudo, mediante a combinação dessas três cópias e a introdução de alguns planos selecionados, poderíamos ter chegado a uma versão de *Atalante* menos ruim do que as habituais. Não nos foi permitido acompanhar o trabalho de execução técnica da nova versão, que ficou aos cuidados da Cinemateca Francesa, mas ao ver o resultado final, constata-se que não carece de interesse. Ainda assim, quando se comunicou [Langlois] à imprensa parisiense, por ocasião do Festival de Antibes de 1950, ou do Congresso da Federação Internacional dos Arquivos de Filme, em Cambridge, 1951, que fora reconstituída a versão original de *Atalante*, tratava-se, tal como em Bruxelas em 1934, de um exagero. Seja como for, embora seja difícil atu-

---

51. Henri Langlois, *Carta a Paulo Emilio*, 18. 8.1950, A correspondência sobre a montagem de *Atalante* está em PE/CA. 0242 e PE/CP. 0761. Cinemateca Brasileira.

almente uma reconstituição da versão original, já houve um avanço e outros serão possíveis. O próprio fato de existir em Londres, já em 1934, uma cópia do filme com o título original, encheu de esperança os admiradores de Vigo[52].

Aqui nos interessa sugerir como esse trabalho forneceu subsídios para a interpretação, pois é na reconstituição que o filme se expõe definitivamente ao crítico.

Para a reconstituição de *Atalante*, Paulo Emilio contou com toda a experiência crítica que a aproximação à obra de Vigo lhe permitiu. Todo o material colhido foi somado à intuição do crítico para ordenar coerentemente o filme. Percebemos como o contato físico com o filme foi fundamental, pois somente essa experiência poderia colocá-lo diante de algumas inquietações de Vigo, como, por exemplo, a indecisão em torno da cena em que Jean, febril, lambe um pedaço de gelo, ou a escolha dos planos intermináveis em que o marinheiro vaga entristecido pela praia. Por fim, o que aqui observamos de maneira separada e truncada se dá muitas vezes em Paulo Emilio, com a contribuição decisiva de uma escrita literária, de forma coesa. Assim, mais do que proceder a uma leitura crítica, nos detivemos na forma como Paulo Emilio constrói um tipo de análise autônoma se comparado a seus pares franceses, e como a obra ainda oferece subsídios para quem se detém na interpretação de Vigo. Passados cinquenta anos de sua publicação, o livro *Jean Vigo* ainda é uma fonte importante para a crítica de cinema, e seu lugar na trajetória do crítico é central para entendermos a originalidade de toda a obra.

O encontro com Jean Vigo não significou simplesmente a possibilidade de completar uma formação intelectual, muito menos foi a forma encontrada para se incluir no campo da crítica cinematográfica francesa: ele foi sobretudo um feliz encontro na medida em que ofereceu uma

---

52. Em fevereiro de 1990, Jean-Louis Bompoint encontrou, no British Film Institute, uma cópia em nitrato de *Atalante*. Verificou-se que a cópia era a mais próxima possível da versão original. A partir dessa cópia foi feita uma restauração. Entretanto, a indicação da cópia, feita por Paulo Emilio em 1952 (publicada em 1957), nunca foi mencionada pelos restauradores.

via para uma imaginação que, no universo do cinema, encontrara uma maneira de experimentação formal. Se é certo que a eleição de um panteão pessoal diz muito sobre si mesmo, e quanto mais penetramos na obra de um Mestre mais podemos circunscrever nossos próprios valores pessoais, nosso conhecimento de causa com inteira liberdade, é possível afirmar que o encontro de Paulo Emilio com Vigo promoveu simultaneamente a descoberta do jovem cineasta mas também cristalizou no crítico procedimentos de análise. O que se pode sublinhar é que o método crítico empregado por Paulo Emilio a propósito de Vigo é aquele que permite ao cineasta exercer sobre o crítico o máximo de influência, e que, por outro lado, permite ao crítico usufruir ao máximo da experiência estética do cineasta.

Aqui somente se buscou salientar as diversas maneiras construídas por Paulo Emilio para abordar a obra de Vigo e como elas misturam análise interna dos filmes com biografia e a história, criando uma forma original, como se o acesso ao estilo fosse facilitado pela particularidade dos sentimentos íntimos. Em *Jean Vigo*, o que o leitor vê se estruturar diante de seus olhos não é uma mera biografia em que os fatos são descritos e organizados cronologicamente. Definitivamente diante deste livro não estamos frente a uma descrição empírica da realidade. Trata-se de uma análise multifocal, na qual a imaginação possui papel-chave, que visa compreender o desenvolvimento do homem por trás da obra. Embora, em determinados momentos, a busca pelo estilo de Vigo nem sempre alcance os filmes, dedicando-se excessivamente em elementos externos, como vimos em *Atalante*. Mas deslocadas para a análise do cinema brasileiro, as etapas de investigação que detectamos em *Jean Vigo* ganham sentidos diversos. Seria então importante verificar as transformações desse tipo de crítica no desenvolvimento da obra de Paulo Emilio, o papel formador do crítico para a geração do Cinema Novo, e para isso passaríamos pelos ensaios do *Suplemento Literário*, manancial rico e ainda pouco explorado, para desembocar no estudo sobre Humberto Mauro. É inegável a semelhança das formas investigativas nos livros de 1957 e 1974, porém a realidade brasileira apresentará novos problemas e dará novos significados a esses procedimentos em torno dos filmes, das biografias e da recepção.

Além de um método crítico, é perceptível também a comunicação do trabalho crítico, que contribuiu para o cinema do presente. A valorização de Vigo no início da década de 1950, a harmonia entre fluência e suspensão, o elogio à fala coloquial, o erotismo dos corpos, tudo isso estava na contramão da tradição do cinema francês dominante no período. O chamado "cinema de qualidade", a corrente dominante que será atacada pelos "jovens turcos" da Nouvelle Vague, se caracterizava pelo esmero técnico, configurado nas adaptações de obras literárias canonizadas, na decupagem clássica e nos diálogos literários. A maneira como Paulo Emilio revela um estilo, com uma prosa de artista, foi bem sentida pelos interessados na renovação do cinema. Os traços biográficos e a indignação frente ao desrespeito dos adultos pela infância tornam Vigo uma fonte de inspiração para Truffaut, e o trabalho de Paulo Emilio será "mais belo livro de cinema que já li"[53]. Para Godard, o inconformismo do jovem cineasta inspirará *Tempo de Guerra* (1962), *Elogio ao Amor* (1999) e surgirá num momento emblemático de *Histoire(s) du cinéma(s)* (1989). Após a má recepção de *Tempo de Guerra*, Godard redigiu um texto, revertendo em análise as diatribes da imprensa. Curiosamente, o texto se inicia com uma citação espertamente colhida em *Jean Vigo*[54]. Outros renovadores também se serviram de Vigo pela mediação de Paulo Emilio, como Lindsay Anderson (*If...*, 1968), interessado em realizar o prefácio da tradução inglesa de *Jean Vigo*[55], e Glauber Rocha na sua particular política de autor em *Revisão Crítica do Cinema Brasileiro*[56].

---

53. François Truffaut, "Petit Journal Intime", *Cahiers du Cinéma*, n. 37, jul. 1954.
54. Usando a frase do produtor da Gaumont sobre *Atalante*, Godard afirma que *Tempo de Guerra* também é um filme "pas commercial pour un sou" [não é comercial nem mesmo por um tostão] (cf. Jean-Luc Godard. "Feu sur les carabinier", *Cahiers du Cinéma*, n. 146, ago. 1963).
55. Ver correspondência de Paulo Emilio com o editor inglês. PE/CA. 0535; PE/CP. 1712; PE/CP. 1714.
56. "O 'autor' no cinema é um termo criado pela nova crítica para situar o cineasta como o poeta, o pintor, o ficcionista, autores que possuem determinações específicas. O 'diretor' ou o 'cineasta' ou 'artesão' – como observou Paulo Emilio Salles Gomes [*Artesãos e Auto-*

Atento à renovação crítica em pleno desenvolvimento, com um estilo formado e uma análise rica pelo que observa nos filmes e pelos elementos históricos, extra-artísticos, que incorpora, adensando a interpretação e propondo formas livres de se pensar o cinema, é este o Paulo Emilio que, em 1954, retorna ao Brasil para transformar a cultura cinematográfica local, tendo em mente os projetos de uma cinemateca fortalecida, uma crítica contemporânea do cinema moderno em processo, sem descuidar do comentário aos grandes mestres, tudo sempre de um ponto de vista não provinciano.

res, 1961] – podem, em raros casos, atingir a autoria através do artesanato se não estiverem submetidos à técnica mecânica dos estúdios mas à procura que investe na técnica uma ambição expressiva. Então já ultrapassa a fronteira: é um autor. O advento do 'autor', como substantivo do ser criador de filmes, inaugura um novo artista em nosso tempo."
"Na tentativa de situar o cinema brasileiro como expressão cultural, adotei o 'método do autor' para analisar sua história e suas contradições; o cinema, em qualquer momento de sua história universal, só é maior na medida dos seus autores. Neste campo, no conflito de um revolucionário comunista como Eisenstein ou de um poeta surrealista como Jean Vigo, entram todas as contradições econômicas e políticas do processo social. Se o cinema comercial é a tradição, o cinema de autor é a revolução. A política de um autor moderno é uma política revolucionária: nos tempos de hoje nem é mesmo necessário adjetivar um *autor como revolucionário*, porque a condição de um autor é um substantivo totalizante. Dizer que um autor é reacionário, no cinema, é a mesma coisa que caracterizá-lo como diretor comercial; é situá-lo como artesão; é *não-autor*" (Glauber Rocha, *Revisão Crítica do Cinema Brasileiro* [1963] São Paulo, CosacNaify, 2003, pp. 35-36).

6
O cinema moderno de Paulo Emilio

* * *

Lembranças soltas do espectador permitem avançar um pouco no tateamento. Soltura obrigatória pois não há grupo coerente de obras diretamente responsável pela sequência de iluminações que me conduziu à opção cristalizadora por cinema brasileiro. Tal desenrolar de fumo de O Cangaceiro, *a lagartixa de* Rio 40 graus, *um charuto pousado de* O Exemplo regenerador, *versos de* Aytaré da Praia, *vento noturno de* Barravento, *sol no sol de* Gigantes de Pedra, *um plural de Luiza Maranhão, os letreiros de* São Paulo, Sinfonia da Metrópole, *mãos de* O Segredo do Corcunda, *patas de* O Tesouro Perdido, *e a gente vai continuando, uma coisa puxa a outra, ondas, pés, brincos, velhinhas atormentadas, sorrisos podres, fragmentos de enredos – "você quer me fazer chorar?" – nem sempre é possível ir identificando as imagens, sons ou sensações desligadas das fontes. Esses fluxos temporais se fixam no espaço da memória e fica assim delineado o tecido de fundo cujo relevo na escolha cultural brasileira é patente.*

(PAULO EMILIO, "Festejo Muito Pessoal")

6.1 UMA CRÍTICA DE INTERVENÇÃO

Para Paulo Emilio o intelectual é alguém que se posiciona publicamente. Conhecedor dos debates que marcaram a III República Francesa, quando os confrontos da política dominaram as ideias, formando uma "contra-esfera pública" capaz de ameaçar o poder estabelecido, Paulo Emilio também acompanha o debate do cinema no pós-guerra, quando a crítica assume um viés de combate e formula um programa de ação. O caso Dreyfuss é um divisor de águas, que exigiu da figura do intelectual um posicionamento na esfera pública. Essa intervenção do *homme de lettres* nos negócios da política causou o espanto de Julien Benda, que caracterizou-a como a "traição dos intelectuais". Esse arco histórico, que começa em Zola, passa por Péguy, Jaurès, Gide e Maurras, para desembocar em Sartre tem grande interesse para um intelectual que constituiu seu projeto publicando e polemizando na grande imprensa.

Paulo Emilio foi um insubmisso, do qual nosso panorama intelectual contemporâneo não é nada pródigo. Hoje, quando o dinheiro corrompeu tudo, a começar pela imprensa venal que asfixia as liberdades, o tipo de crítica de jornal de que trataremos nesse capítulo desapareceu quase por completo. Ao longo da segunda metade da década de 1950, vemos o crítico explicar o que é cultura cinematográfica e como seu desenvolvimento está relacionado com uma cinemateca ativa. Nesse momento o trabalho consiste em explicar para as elites locais o que é um arquivo de filmes, como a cultura moderna tem no cinema um de seus principais artefatos, e a importância do esclarecimento sobre o impacto do cinema nos costumes e o perigo de censuras privadas[1].

O marco zero dessa intervenção foi o I Festival Internacional de Cinema do Brasil, realizado durante 1954, aproveitando os festejos do IV Centenário. O Festival assumiu proporções gigantescas, ainda hoje

---

1. Em 1957, o crítico se opôs radicalmente aos ataques da Confederação das Famílias Cristãs ao filme *A Torre do Prazer*, de Abel Gance. A Confederação pressionou o distribuidor, que promoveu cortes no filme. Dois anos depois, o crítico voltou a se opor à censura da mesma Confederação, agora em razão do boicote ao filme *Os Amantes*, de Louis Malle. Sobre o filme de Gance, cf.: Paulo Emilio Salles Gomes. "Se Não Houver Resistência, Breve Assistiremos à Proliferação de Censuras Particulares no País", *Folha da Tarde*, 15.6.1957. E a série "Os Amantes Ultrajados", *Suplemento Literário d'O Estado de S. Paulo*, republicada em Paulo Emilio Salles Gomes, *Crítica de Cinema no Suplemento Literário*, Rio de Janeiro, Embrafilme/Paz e Terra, 1982, vol. 2.

sem paralelo na história da cultura cinematográfica local: a II Retrospectiva do cinema brasileiro, a I Retrospectiva completa de Erich von Stroheim, os Grandes momentos da história do cinema, o Festival de cinema infantil, o Festival de cinema científico e as Jornadas nacionais, em que os 23 países inscritos apresentaram sua produção recente. Isso sem falar da presença das dezenas de personalidades do mundo cinematográfico: entre tantos outros André Bazin, Michel Simon, o próprio Stroheim (aplaudido em noite memorável no Cine Marrocos), Sonika Bo, Jean Painlevé, Henri Langlois, além dos astros e estrelas da indústria que levaram multidões ao cinema. A imprensa se fartou, ora elogiando, ora desdenhando. Visto de hoje, o conjunto parece uma mixórdia, sem uma organização concatenada. Certamente foi esse aspecto disperso do Festival que fez Bazin caracterizá-lo não como festival, mas como acontecimento de cultura cinematográfica[2]. No meio dos festejos do orgulho paulista, surgia um festival robusto e multifacetado, que mesclava grandes obras com o lixo comercial americano. Essa mistura inusitada fez com que Claude Lefort, então um jovem professor de filosofia da Universidade de São Paulo, denominasse o evento como um "antifestival", inspirado por uma ironia secreta.

> Imaginemos que foi organizada uma exposição de pintura com quadros feitos por agentes de polícia e que foi colocado na primeira e na última sala dessa exposição uma retrospectiva de Cézanne; ou então que se faça uma leitura de Freud antes e depois da reunião semanal da associação das mães de Kansas City; ou então que um serviço religioso fosse acompanhado por potentes órgãos tocando a Internacional... o efeito não seria menos espiritual que este, composto sabiamente pelos organizados do I Festival cinematográfico brasileiro. Exibir no mesmo lugar, no cinema Marrocos, um programa de filmes que, bons ou ruins – ao que parece os melhores eram medíocres

---

2. Bazin destacou também a excelente recepção da obra de Stroheim (cf. André Bazin, "Un Festival de la Culture Cinématographique", *Cahiers du Cinéma*, n. 34, abr. 1954. Para uma descrição do Festival cf. Rafael Morato Zanatto, *Luzes e Sombras: Paulo Emilio e a Cultura Cinematográfica (1954-1959)*, Assis, Unesp, 2013 [dissertação de Mestrado]).

COLEÇÃO POLÍTICAS CULTURAIS

– aplicava a regra de ouro da produção contemporânea: "falar para nada dizer" e, de dia ou de noite, antes de meio-dia e depois da meia-noite, sob a forma de retrospectiva, as obras-primas de Stroheim, eis a perfídia que – claro, sem que o senhor Eric Johnston[3] e seus semelhantes se apercebessem – deliciou os amantes do verdadeiro cinema. E é isso o que faz do Festival de São Paulo uma pequena revolução[4].

O texto de Lefort, voltado à elite cultural, parece rebater as duras críticas que o Festival recebeu da imprensa venal, que chamava atenção para os gastos excessivos, para a crise do cinema brasileiro, para a presença de estrelas velhas e astros desconhecidos, para a desorganização do evento[5]. Como era de se esperar, os exibidores, que perderam espaço com a extensa programação, também contribuíram para alimentar a imprensa. A oposição se concretizou na criação de um certo Festival Brasileiro, que reivindicava apoio ao cinema local em crise. Figuras como Anselmo Duarte, Liana Duval, Marisa Prado e Nicete Bruno promoveram sessões gratuitas no Cine Normandie. Um dos objetivos desse contra-festival foi a formação de uma comissão para arrecadação de fundos destinados à finalização de *Floradas na Serra*.[6]

---

3. Eric Johnston foi presidente da Motion Picture Association of America, e compareceu ao Festival na qualidade de embaixador especial do presidente Eisenhower.

4. Claude Lefort, "L'Anti-festival", *Alliance*, 1954.

5. A pena zombeteira de um Henrique Ponguetti registra: "Os críticos foram os pais da ideia do festival de São Paulo. Depois os grã-finos meteram-se, afastaram os técnicos, juntaram-se os diletantes do Clube dos Herméticos, donos do segredo de Orson Welles e Charles Chaplin, e foram oferecer jantares em Hollywood e Paris, onde se consideram os amigos mais obedecidos de todos os astros de primeira grandeza. Confiou-se num suposto prestígio pessoal. Resultado: por enquanto, a lista mais provável de Hollywood reúne uma velharia com um pouco menos do que os 400 anos de São Paulo, mais pedindo um museu de cera às margens do Ipiranga" (Henrique Pongetti, "O Festival da Saudade", *O Globo*, 6.2.1954. *Apud* Zanatto, Rafael Morato, *op. cit.*).

6. É bem provável que o episódio tenha contribuído em alguma medida para o juízo de Paulo Emilio sobre *Floradas na Serra* que, vinte anos depois do Festival, seria um exemplo da "tendência nascida do malogro industrial paulista [que] se interessava pelo tédio existencial do ocupante ocioso" (Paulo Emilio Salles Gomes, "Cinema: Trajetória no Subdesenvolvimento", Argumento, n. 1, 1973).

Com críticas e elogios, o Festival marcou profundamente a vida cultural da cidade[7] e deixou um saldo positivo para a Filmoteca do Museu de Arte Moderna (futura Cinemateca Brasileira), que aumentou seu prestígio e seu acervo. Paulo Emilio continuou empenhado no esclarecimento das elites, explicando as especificidades técnicas de uma cinemateca e suas funções culturais. Esse esforço chegou até a década seguinte, quando se constatou que a legitimidade alcançada necessitava de amparo financeiro imediato. Foi então que o foco da intervenção mudou, centrando-se na necessidade do apoio estatal à iniciativa de uma cinemateca e no combate à dominação econômica do mercado local. Data dessa época a I Convenção Nacional da Crítica Cinematográfica, as inúmeras intervenções na grande imprensa e a participação na Comissão Parlamentar de Inquérito para investigar as atividades da Indústria Cinematográfica Nacional e Estrangeira, presidida pelo deputado Orlando Bertoli (PSD-PR), tendo como membros Evaldo Pinto (MTR-SP), Alceu Carvalho (PTB-SP) e Rui Santos (UDN-BA).

A participação na CPI da indústria cinematográfica certamente se deu em razão das contribuições em diversas comissões municipais, estaduais e federais (destaque para o Grupo de Trabalho Cultural e Educativo da Comissão Federal de Cinema, dirigida por Vinicius de Moraes no fim dos anos 1950), onde Paulo Emilio insistiu na defesa de um mercado protecionista ao filme brasileiro e na constituição de uma cinemateca nacional fortalecida. A coragem do crítico, que atacava o provincianismo dos exibidores e distribuidores, citando nomes e dados, também aparece na CPI, realizada nos primeiros dias do golpe militar de 1964. Ao constatar a legalidade do domínio norte-americano do mercado local, amparado por acordos comerciais transnacionais, o crítico levanta a possibilidade de transformação do quadro desfavorável por meio do não cumprimento de leis.

---

7. Sobre a importância do Festival para a cultura cinematográfica ver as memórias de Saraceni, em que descreve o impacto de *Greed*: "Peguei a mala e me piquei pra o Rio. Com alma nova. Queria fazer cinema, tinha vinte anos e ia procurar saber como se faz um filme no Brasil" (cf. Paulo César Saraceni, *Por Dentro do Cinema Novo – Minha Viagem*, Rio de Janeiro, Nova Fronteira, 1993, pp. 14-20).

COLEÇÃO POLÍTICAS CULTURAIS

Nós todos sabemos que as leis podem ser modificadas e eu penso, inclusive, que seria importante, talvez, aproveitar um momento em que as leis, em que a legalidade tem menor importância do que habitualmente, para criar nos nossos meios dirigentes, nos nossos meios não só do Legislativo mas do Executivo, uma mentalidade que permita talvez forçar um pouco e modificar essa lei. Realmente, na situação atual, sobretudo na situação nova em que nos encontramos, em que me explicaram que é sobretudo da parte do Executivo que cabe a iniciativa de fazer toda uma série de leis[8].

Como se sabe esse debate se adensou ao longo da década de 1960 e culminou com a criação da Embrafilme em 1969, momento em que percebemos uma nova inflexão no tipo de intervenção crítica desenvolvido por Paulo Emilio. Na década de 1970, há uma radicalização da defesa do cinema brasileiro, que não se limita à luta por um mercado mais favorável. Claro, o ataque ao mercado dominado permanece, principalmente o circuito exibidor eterno defensor do lixo da indústria cultural. Vale a citação.

O líder dos exibidores paulistas é altivo, múltiplo, eloquente e zangado. Gosto dele e de seu nome, Borba Vita, que evoca bandeirante e vida. Esta não lhe falta, mas de bandeirante não tem nada: passou a vida procurando amesquinhar a fronteira do cinema brasileiro. Ainda me deterei um dia na poesia que encontro em tantos nomes da profissão cinematográfica paulistana. Penso agora num homem que quero muito bem, cujo nome evoca o primeiros dos carbonários, mas que não é nada disso[9].

A defesa de um mercado protegido ao cinema brasileiro se amplia e a própria crítica passa a considerar qualquer filme nacional e atacar

8. Depoimento de Paulo Emilio Salles Gomes à Comissão Parlamentar de Inquérito para Investigar as Atividades da Indústria Cinematográfica Nacional e Estrangeira (PE/PI. 302. Cinemateca Brasileira).
9. Paulo Emilio Salles Gomes, "A Longa História da Luta dos Exibidores Contra o Filme Nacional", *Jornal da Tarde*, 3.5.1973.

236

também artisticamente o filme importado. Em sua defesa da produção precária local, o crítico sentencia estrategicamente: "Em suma, emana da análise de um mau filme brasileiro uma alegria de entendimento que o consumo da Arte de um Bergman, por exemplo, não proporciona a um espectador brasileiro"[10].

Nos dias que correm essa defesa radical do mau filme brasileiro se tornou um acessório cinéfilo, e qualquer estudante de cinema hoje adora a pornochanchada. Mas na época, essa disposição chocava até mesmo os bem intencionados: "[...] estou convencido de que é culturalmente mais interessante a gente ter contato com a vulgaridade, a grosseria e mesmo a boçalidade nacionais do que com essas mesmas coisas, importadas"[11].

Esse tipo de crítica de intervenção, que abandona a torre de marfim para se misturar com o mundo cotidiano, com os problemas visíveis em qualquer esquina, deixou há tempos de ser a pauta dos estudos de cinema, que se enclausuraram nos muros da universidade para se aprofundar em detalhes da história do cinema local e produzir compêndios cosmopolitas.

A disposição de Paulo Emilio lhe rendeu a perseguição política e, em 1974, quando *Humberto Mauro, Cataguases, Cinearte* era lançado, o crítico recebeu a ameça de renovação de seu contrato junto à Universidade de São Paulo. Questionado polidamente pelo reitor sobre o que iria fazer diante da situação, Paulo Emilio não hesitou: "Vou pôr a boca no trombone!" E colocou mesmo, escrevendo para cinematecas do mundo todo, fornecendo entrevistas, participando de mobilizações.

Essa disposição política da crítica, essa estratégia no espaço público foi maturada ao longo de anos. Se analisarmos com atenção cada capítulo dessa intervenção é possível delinear com mais clareza o ambicioso projeto intelectual de Paulo Emilio, especialmente se nos determos nos escritos do *Suplemento Literário*, a principal tribuna do crítico.

10. *Idem*, "A Alegria do Mau Filme Brasileiro", *Movimento*, São Paulo, 1.9.1975.
11. *Idem*, "Ela (a Pornochanchada) Dá o que Eles Gostam?", Entrevista a Maria Rita Kehl, *Movimento*, São Paulo, 19.1.1976.

COLEÇÃO POLÍTICAS CULTURAIS

6.2 As bases da tribuna

Após quase uma década da publicação de *Clima*, o grupo que organizara a revista volta a publicar coletivamente num periódico, mas as bases que permitiram a estreia dos jovens críticos mudaram bastante. No lugar da crítica tateante, da investida em um campo estabelecido, os jovens de *Clima*, transformados em intelectuais respeitados em suas especialidades, apresentam no *Suplemento Literário* do jornal *O Estado de S. Paulo* um projeto intelectual de grande envergadura, cujas bases são a conscientização das elites para o desenvolvimento de instituições de cultura, o debate histórico reformulado e a crítica do presente realizada de maneira não provinciana. As divisões por áreas específicas retomam o modelo de *Clima* e o ampliam, na medida em que os colaboradores aumentam significativamente. Literatura, Artes Plásticas, Teatro, Cinema, Música, são comentados pelos membros do grupo de *Clima* (Antonio Candido, Gilda de Mello e Souza, Lourival Gomes Machado, Décio de Almeida Prado e Paulo Emilio), mas também por figuras como Anatol Rosenfeld, Mário Pedrosa, Sábato Magaldi, Cyro Siqueira, Zulmira Ribeiro Tavares, Jean-Claude Bernardet, Haroldo de Campos, entre tantos outros. No lugar da "crítica de rodapé" tradicional, não especializada, entre a crônica e o texto informativo, eloquente, dada à polêmica e com o crítico se apresentando como uma espécie de "diretor de consciência" (Álvaro Lins) cujo esforço é convencer[12], no lugar desse tipo de crítica, o Suplemento Literário trazia novas plataformas, aprofundadas, com conceituação atualizada junto às ciências humanas e muito voltada para o debate contemporâneo da cultura. Essa difusão da cultura letrada, desenvolvida a partir do desejo da elite local em se ilustrar, aconteceu surpreendentemente nas páginas de *O Estado de S. Paulo*, jornal reconhecido pelo profundo conservadorismo. No esforço de esclarecimento desenvolvido pela burguesia paulista a partir da década de 1940, o jornal cumpria sua missão ilustrada ao ex-

---

12. Sobre a "crítica de rodapé" cf. Flora Sussekind, "Rodapés, Tratados e Ensaios: A Formação da Crítica Brasileira Moderna", *Papéis Colados*, Rio de Janeiro, Editora da UFRJ, 2002.

pandir seu espaço para o debate da cultura. Foi graças às relações entre o grupo *Clima* e Julio de Mesquita, que Antonio Candido concebeu o periódico e Décio de Almeida Prado se tornou seu primeiro editor. Com inteira autonomia dentro do jornal, o Suplemento Literário abrigava intelectuais das mais diferentes linhagens. Foi nesse espaço tradicional da elite paulista que se estruturou um projeto editorial dos mais avançados da história da imprensa brasileira[13]. Cada seção do Suplemento Literário tinha sua particularidade e sua intervenção num campo de ação determinado. Uma análise integrada das diferentes contribuições certamente enriqueceria a compreensão e o alcance do projeto intelectual contido no Suplemento Literário. Todavia, aqui tratarei apenas da intervenção de Paulo Emilio e como ele propõe o debate do cinema em novas bases[14].

Quando Paulo Emilio retorna ao Brasil, depois de quase uma década na França, onde conseguira reconhecimento em razão de seu trabalho sobre Jean Vigo, traz na mala um projeto de crítica definido. Ainda na França, o crítico se tornara um articulador decisivo para a Cinemateca Brasileira e para o Festival Internacional de Cinema (1954), um dos marcos na passagem do cinema antigo para o moderno brasileiros. A atualização junto ao debate na França, na época o epicentro mundial da crítica cinematográfica, permitiu a Paulo Emilio a erudição e a análise estética em relação com a reflexão histórico-social.

Na reformulação da crítica cinematográfica do pós-guerra, a figura-chave é André Bazin. Por suas perspectivas teóricas, que sempre partem da análise do filme, e pela clareza de suas formulações e a visada social, Bazin é o grande nome da crítica. Contra o formalismo da vanguarda que o precede, Bazin defende um cinema voltado para a realidade, empenhado na sua captação sem intervenções deformadoras. A opção pelo plano

---

13. Para uma descrição do periódico cf. Marilene Weinhardt, *O Suplemento Literário d'O Estado de S. Paulo (1956-1967) – Subsídios para a História da Crítica Literária no Brasil*, São Paulo, FFLCH, 1982. Tese de Doutoramento.

14. Todos os textos de Paulo Emilio publicados no Suplemento Literário foram reunidos em dois volumes (cf. Paulo Emilio Salles Gomes, *Crítica de Cinema no Suplemento Literário* (vols. 1 e 2), Rio de Janeiro, Embrafilme/Paz e Terra, 1982. Para evitar a repetição constante, citaremos no texto apenas as datas de cada artigo).

sequência se explica pela maneira como o recurso expõe o real em sua ambiguidade, assim como a montagem do cinema clássico é criticada em razão de sua potência manipuladora. Vale lembrar que Vigo é um cineasta nos antípodas dessa noção, em que a construção de cada plano é praticamente autônoma, sem a preocupação com a totalidade do filme. Para o crítico francês, existem dois tipos de cineasta, os das imagens e os da realidade. Os primeiros estão voltados mais para a composição artificial, enquanto os segundos estão preocupados com a captação despojada do real. Entretanto, mais do que uma posição teórica diante do cinema, a disposição de Bazin, seu empenho cinéfilo, é estabelecer uma nova cultura, uma nova pedagogia, popular e por meio dos filmes. São célebres suas peregrinações por fábricas ao longo da *banlieue* parisiense[15]. Crítico em diversas frentes, Bazin é um modelo para a renovação e consolidação da cultura cinematográfica do pós-guerra e seu projeto crítico integral parece fascinar Paulo Emilio, mais do que suas formulações teóricas isoladas. Comentando o legado de Bazin, Paulo Emilio afirma: "O cinema era para ele o oposto de um mundo fechado no qual situasse todas as suas referências". Mais do que se imagina, a influência de Bazin sobre nosso crítico se deve especialmente a seu gosto pelo ensaio e o empenho na constituição de um aparato de difusão da cultura cinematográfica. Mais do que um panteão em comum ou formulações conceituais, o que os aproxima é a militância cinéfila.

Em um texto publicado ainda sob a Ocupação[16], Bazin desenvolve todo um programa de crítica, com intervenções em diferentes frentes, buscando a maior abrangência possível, já que o cinema não se dirige a uma elite e sim a um público amplo e diversificado. As características de sua crítica se transformam conforme o veículo, sendo que na revista especializada a função do crítico deve ser a união entre o leitor iniciado e o iniciante. Já no jornal de grande circulação o esforço é sintetizar a tra-

---

15. O melhor comentário sobre a análise da trajetória de Bazin continua sendo a biografia de Dudley Andrew, *André Bazin*, London, Oxford University Press, 1978.

16. André Bazin, "Pour une Critique Cinématographique" [1943], *Le Cinéma Français de la Libération à la Nouvelle Vague*, Paris, Éditions Cahiers du Cinéma, 1983.

ma do filme e destacar algumas qualidades técnicas e artísticas, enquanto que no semanário cultural o comentário analítico, recrutando para o cinema um público cultivado, o empenho do crítico se volta para a amplitude da cultura cinematográfica. O desenvolvimento do projeto intelectual de Paulo Emilio, com suas diversas fases e com seus problemas práticos e imediatos parece seguir, mesmo que de maneira própria, esses preceitos. A intervenção no Suplemento Literário do jornal *O Estado de S. Paulo* (1956-1965) evidencia um projeto formulado, cujo alcance e abrangência necessitam o acompanhamento de texto para texto.

6.3 O peso da História

Lidos hoje, os textos do Suplemento Literário apresentam o peso forte da conjuntura e alguns artigos envelheceram irremediavelmente. Como os estudos de cinema se renovaram, a erudição da série de artigos sobre Eisenstein, por exemplo, perdeu seu vigor, e hoje sabemos como as informações levantadas por Mary Seton (a principal fonte de Paulo Emilio) são bastante questionáveis[17]. Entretanto, o que sobressai desses artigos a respeito do grande realizador russo é a intuição certeira do crítico e o conhecimento da realidade soviética, o que faz com que supere os comentadores do período. Mesmo com uma visão parcial do conjunto do cinema soviético (Boris Barnet é citado uma única vez como realizador de um filme "medíocre"), a série sobre Eisenstein tem momentos de grande penetração nas obras. A intuição crítica encontra formas importantes da estética eisensteiniana, como o barroco, o misticismo, o plasticismo.

Mais informado sobre a Revolução do que Jean Mitry[18], Paulo Emilio tira consequências da conexão obra-contexto, e antecipa questões trata-

---

17. Uma pletórica bibliografia sobre Eisenstein surgiu nos últimos. Entre os principais autores estão François Albera, Jacques Aumont, David Bordwell, Michael Iampolski, Iuri Tsivian, Richard Taylor e Annette Michelson.
18. Cf. Jean Mitry, *S. M. Eisenstein*, Paris, Universitaires, 1955.

COLEÇÃO POLÍTICAS CULTURAIS

das uma década depois por Amengual[19], que teve a seu dispor uma documentação muito maior, quando 1968 trouxe novas traduções do trabalho teórico de Eisenstein na Itália, França e Grã-Betanha. Além disso, a opção de Paulo Emilio por Eiseinstein no fim da década de 1950, quando o cineasta russo era mal visto pela tendência crítica personificada em Bazin, é também mais um gesto de autonomia crítica.

Escritos em 1958, por alguém desiludido com os resultados da experiência revolucionária na Rússia – desilusão talvez ainda mais acentuada pelo relatório Kruschev e a leitura de *As Aventuras da Dialética*, de Merlau-Ponty –, esses textos, lidos hoje, falam pouco de Eisenstein mas muito de Paulo Emilio em relação a Eisenstein, o cinema soviético, a revolução, o stalinismo.

Poderíamos tecer considerações semelhantes sobre cada um desses pequenos ensaios publicados no *Suplemento Literário*. O que a bibliografia contemporânea superou, onde a intuição crítica – distante de teorias preconcebidas – permite maior proximidade com a obra, como o delineamento texto-contexto favoreceu a observação, de que forma o homem culto subsidiou o crítico, e assim por diante... Cada texto encerra uma série de questões e destacá-los um a um seria um sem fim para não parar. Mais razoável é verificar como cada um deles trabalha para objetivos comuns, como cada ensaio ajuda na construção e execução de um projeto intelectual.

A descrição de cada texto, o acompanhamento passo a passo, ajuda a deslindar o alcance e os limites do projeto. Adotando esse ponto de vista é que se pode encontrar a riqueza, a variedade e sua multiplicidade ideal; somente assim será possível acompanhar como um pensamento se converte em força operante e, como desse contato direto com uma realidade que o próprio crítico contribuiu para criar, foi nascendo e desenvolvendo novos problemas, novos sentimentos e novas esperanças. Somente assim, a trajetória de Paulo Emilio poderá sair dos esquemas

---

19. Amengual realizou diversos trabalhos sobre Eisenstein. O primeiro de uma longa série foi *S. M. Eisenstein*, Lion, Serdoc, 1962.

242

TRAJETÓRIA DE PAULO EMILIO

redutores, geralmente de origem romântica e idealista, que serviram de alguma maneira para louvar ou detratar seu pensamento, mas não revelaram uma nova página de uma obra que deve ser tomada em sua realidade. Sem generalizações apressadas, o que se pretende aqui é captar uma ação e seus gestos contraditórios diante da conjuntura.

A partir da abordagem dos escritos do *Suplemento Literário* revelam-se dois momentos da intervenção do crítico e três facetas de um mesmo projeto. De 1956 a 1959, é possível perceber um esforço de legitimação do cinema em geral, e do cinema brasileiro em especial, que depois dará lugar à interpretação de um cinema contemporâneo para a cultura local. Desde o primeiro texto no periódico desenvolve-se gradativamente a procura de uma metodologia criteriosa para o cinema brasileiro. Nos textos dessa primeira fase, também identificamos a problemática em torno da cultura cinematográfica e o empenho em erigir uma cinemateca participante do processo de renovação. Essa disposição, além de possibilitar o acompanhamento das tomadas de posição do crítico diante da conjuntura em transformação, permite o esclarecimento de vestígios da investigação histórica que culminará em Humberto Mauro. A proposta é lançar luz sobre um conjunto de textos tão diversos e procurar traços que os aproxime, sem com isso cair no raciocínio teleológico que justifica cada gesto.

6.4 O CAMPO DAS POSSIBILIDADES

Redigidos entre 1956 e 1965, os textos captam a atmosfera de profunda transformação das ideias em torno do cinema brasileiro. Momento de ruptura, o período é marcado pela crise do projeto de industrialização do cinema brasileiro, pela consolidação de uma crítica especializada e pela constituição de instituições de promoção e preservação de filmes. Num período em que a crítica participava de forma significativa dos rumos a serem adotados pela produção, o conjunto dos textos de Paulo Emilio apresenta uma unidade surpreendente no que toca à divulgação de um tipo de discussão sobre o cinema, ressaltando aspectos artísticos e históricos. Essa unidade, que muitas vezes escapa ao crítico que procura dar respostas à conjuntura, é mais facilmente perceptível graças ao recuo histórico, que permite à análise a captação do papel da crítica no espaço do discurso cinematográfico e acompanha o tipo de intervenção desenvolvido por Paulo Emilio. Abrindo mão da análise minuciosa de cada texto, que poderia avaliar sua exatidão e seu estilo, a proposta aqui apenas busca delinear linhas de força que caracterizam a unidade do conjunto.

Essas linhas de força frequentemente se encontram amalgamadas e se complementam nos ensaios, cuja escrita democrática procura despertar o interesse do leitor preocupado com a cultura em geral. Livre do jargão corporativo, a crítica de Paulo Emilio foi influente no campo da cultura e, para submetê-la ao escrutínio histórico, buscamos desenvolver uma forma de avaliação que levasse em conta o posicionamento do crítico diante das questões de seu tempo. Em 1956, quando Paulo Emilio passa a colaborar no *Suplemento Literário*, o campo do discurso cinematográfico se encontra em pleno desenvolvimento. O cinema é um tema comum nas diversas esferas da sociedade brasileira e a grande imprensa possui suas tribunas, os periódicos especializados surgem e ampliam seu número de leitores. Enfim, o momento é favorável para as boas ideias.

Após alguns ensaios de desenvolvimento da discussão em torno do cinema no Brasil, o debate avança e o crítico, atento ao campo das possibilidades, traça as linhas de seu projeto. Esboços de consciência cinematográfica surgiram com a revista *Cinearte* e o Chaplin Club, mas empacaram nos limites da consciência histórica, que o compromisso comercial e o isolacionismo esnobe trataram de sepultar. Mesmo se esboça algum pensamento crítico em relação às condições econômicas do cinema brasileiro, *Cinearte* não deixa de ser a manifestação da indústria cultural norte-americana e sua tentativa de aclimatação. Os compromissos que estão na base de seu projeto impedem que a revista leve até as últimas consequências suas reflexões sobre as dificuldades em se estruturar um cinema industrial no país. Já as questões elaboradas no seio do Chaplin Club, de uma perspectiva estética e com a decalagem histórica da *avant--garde*, se limitam a discutir aspectos de uma "linguagem específica" de

TRAJETÓRIA DE PAULO EMILIO

maneira privada. Como as décadas de 1930 e 1940 não ofereceram contribuições significativas para o discurso em torno do cinema brasileiro (é preciso lembrar que tanto a revista *Clima* como a crítica de Vinícius de Moraes em *A Manhã* não abordam em profundidade o cinema brasileiro), foi somente com a Companhia Cinematográfica Vera Cruz que as questões esboçadas anteriormente se desenvolveram de maneira a promover a emergência do debate. Foi preciso todo um trabalho de acumulação para que surgisse uma crítica interpretativa das obras, conjugando análise técnica, interpretação teórica e discurso estético, para uma avaliação autônoma. A Vera Cruz conseguiu concentrar as diferentes atenções para o cinema brasileiro, alcançando um fato inédito: a legitimidade artística do cinema diante das elites culturais. Com a Vera Cruz, o debate acalentado por gerações em torno da ideologia de um cinema industrial chegou a um nível inédito de compreensão.

De Adhemar Gonzaga a Almeida Salles, passando por Salvyano Cavalcanti de Paiva, Jonald (pseudônimo de Oswaldo Marques de Oliveira) e Alex Viany, só para citar alguns dos participantes da constituição do debate, todos eram unânimes em afirmar a importância do cinema industrial. Nesse contexto, a revista *Anhembi* aparece como elemento importante para a emergência da crítica de cinema. Fundada em 1950, a revista era dirigida por Paulo Duarte, e congregava diversos intelectuais no esforço generalizado de especialização das ciências humanas após o surgimento da Universidade de São Paulo. A rubrica cinema fica sob os cuidados de B. J. Duarte, irmão do diretor, mas outras personalidades importantes do universo da cultura ali contribuem. Cavalcanti escreve sobre cinema e literatura; Roger Bastide sobre um filme etnográfico equivocado de Clouzot; um autor não identificado (cujo estilo pode ser o de Paulo Emilio) escreve sobre o *Traité de Bave et d'Éternité*, de Isidore Isou; o próprio B. J. Duarte discute os significados do cineclube; Paulo Emilio apresenta o festival de Veneza e também discute *O Positivismo Brasileiro na Sorbonne*; César Mêmolo Jr. critica *O Circo*, de Chaplin; um texto de Henri Langlois traça um panorama do cinema francês; uma tese sobre cinema e saúde mental é alvo de discussão; Trigueirinho Neto resenha

245

Jean Vigo; Paulo Duarte discorre sobre Buñuel; Claude Lefort analisa *O Garoto*; Gilda de Mello e Souza comenta a programação da Filmoteca do MAM. Enfim, apesar da presença marcante de B. J. Duarte, discutindo cinema estrangeiro e louvando a Vera Cruz, outras personalidades, ligadas às letras participam e trazem o prestígio de outras áreas para o espaço dedicado ao cinema[20].

Por sua vez, a crítica de Francisco Luiz de Almeida Salles em *O Estado de S. Paulo*, abre espaço para a discussão do cinema por um especialista, mesmo se a trajetória desse crítico tenha um início literário, com experimentos poéticos sem a carga do experimentalismo radical do modernismo[21]. *A Revista de Cinema*, de Belo Horizonte, vai mais além ao dar espaço somente a críticos de cinema especializados. Nesse sentido, ela completa a emergência da crítica e engendra sua autonomia. Em suas páginas o neorrealismo é abordado com profundidade, surge uma proposta de revisão da crítica cinematográfica brasileira e os gêneros cinematográficos tradicionais são discutidos com um rigor inédito para o contexto do país. Paulo Emilio publica na *Revista de Cinema* parte de seu estudo sobre Jean Vigo e comenta as raízes históricas do western[22]. Essas publicações definem bem o estado de amadurecimento da crítica de cinema. Privada de uma tradição estética consciente que poderia promover o desenvolvimento do cinema, a crítica procura fundar sua prática expressiva e fixar suas regras. Desse espaço público surgiram diversificadas pautas de reivindicações como no Congresso Paulista do Cinema Brasileiro (março de 1952), no I Congresso

---

20. A coleção da revista *Anhembi* foi consultada na Biblioteca Municipal Mário de Andrade. Para uma descrição da crítica de Benedito Junqueira Duarte ver: Afrânio Mendes Catani, *Cogumelos de uma Só Manhã: B. J. Duarte e o Cinema Brasileiro (Anhembi: 1950-1962)*, tese de doutorado, USP, 1992.

21. Sobre a crítica de Almeida Salles cf. Carlos Augusto Calil (org.). Francisco Luiz de Almeida Salles, *Cinema e Verdade: Marylin, Buñuel etc. por um Escritor de Cinema*, São Paulo, Companhia das Letras, 1987.

22. Cf. Paulo Emilio Salles Gomes, "A Obra de Vigo e a Crítica Histórica", *Revista de Cinema*, vol. 2, n. 10, jan. 1955. E Paulo Emilio Salles Gomes, "A Ópera do Cavalo e do Pobre", *Revista de Cinema*, vol. 3, n. 15-16-17, jun./jul./ago., 1955. Sobre a *Revista de Cinema* cf. José Américo Ribeiro, *O Cinema em Belo Horizonte – Do Cineclubismo à Produção Cinematográfica na Década de 60*, Belo Horizonte, UFMG, 1997.

TRAJETÓRIA DE PAULO EMILIO

Nacional do Cinema Brasileiro (setembro de 1952) e no II Congresso Nacional do Cinema Brasileiro (dezembro de 1953)[23]. A primeira retrospectiva do cinema brasileiro (1952) também merece menção, dado o esforço de reconhecimento de um passado para o cinema brasileiro. A II Retrospectiva do Cinema Brasileiro, dentro dos festejos do I Festival Internacional de Cinema no Brasil (1954), intensificou ainda mais a vontade de conhecer o passado recusado pela Vera Cruz. O Festival Internacional de Cinema aparece como marco decisivo dessa euforia em torno do cinema. Unindo o aspecto mundano do cinema enquanto indústria e a avaliação crítico-histórica, o Festival, com suas programações que se estenderam de fevereiro até setembro, promoveu um enorme salto qualitativo na cultura cinematográfica local. Esse avanço da discussão sobre cinema no Brasil seria saudado pelo próprio Paulo Emilio:

> Na fase atual a luta pelo cinema nacional em São Paulo assumiu um aspecto novo, caracterizado pela clareza das intenções e pelo horror às frases feitas. Ficou provado que um único estudo econômico objetivo é mais útil e eficaz do que cem denúncias vagas de imperialismo[24].

6.5 A crítica de cinema no Suplemento Literário

Neste, que é um dos primeiros textos do crítico no Suplemento Literário *de O Estado de S. Paulo,* encontram-se os vestígios sobre o tipo de intervenção de Paulo Emilio, para quem o simplismo do marxismo vulgar dos congressos citados não oferece saída e o caminho para a superação da crise geral, com a falência da Vera Cruz, é o aprofundamento técnico e intelectual na problemática do cinema no Brasil. Quando passamos à leitura dos *Suplemento Literário* fica patente uma linha contínua que bus-

---

23. Para uma descrição pormenorizada dos congressos de cinema e sua militância comunista cf. José Inácio de Melo Souza, *Congressos, Patriotas e Ilusões e Outros Ensaios de Cinema,* São Paulo, Linear B, 2005.
24. Paulo Emilio Salles Gomes, "Novos Horizontes", *Crítica de Cinema no Suplemento Literário,* Rio de Janeiro, Paz e Terra, 1982, vol. 1, p. 43.

ca a ação e o conhecimento, em que a vontade de ultrapassar a simpatia e adentrar nos problemas concretos se configuram e se apresentam no retorno ao Brasil (1954), aumentando até se realizar em síntese no estudo sobre Mauro. O primeiro texto, *Um pioneiro esquecido* (6.10.1956), já apresenta *in nuce* um programa crítico de busca de uma metodologia adequada ao cinema brasileiro, a partir do cotejo necessário com a história do cinema mundial. Para isso, a cultura cinematográfica e uma cinemateca devem cumprir seus papéis. Diz o crítico:

> Propõe-se antes de mais nada o problema de situar no tempo o cinema primitivo brasileiro. No que até hoje se convencionou chamar de história mundial do cinema, mas que na realidade não passa da história do cinema europeu e norte-americano, a questão já está há muito tempo resolvida. A era primitiva do cinema inicia-se em 1895 com a atividade dos irmãos Lumière e conclui-se em 1913-1914 com a realização de *Cabíria*, o apogeu do cinema primitivo, e de *Nascimento de uma Nação*, a primeira fita muda moderna.

A periodização e a terminologia ("cinema primitivo") evidentemente são tributárias do que hoje se convencionou chamar de "historiografia tradicional"[25], porém a atenção à necessidade de uma periodização particular ao cinema brasileiro será uma preocupação constante, como um fio subterrâneo que perpassa os textos. Outro procedimento interessante, a avaliação de vestígios dos filmes desaparecidos, aparece também nesse texto inaugural. Para o crítico, "[...] a comparação entre as fotografias de *O Guarani* e as de filmes realizados anteriormente, como *Vivo ou Morto*, de Luís de Barros, fazem parecer estes muito mais *modernos*". O artigo é concluído com a importância da retrospectiva do "cinema primitivo" brasileiro, organizada pela Cinemateca. Porém, para definir ainda mais as funções de uma cinemateca e sua inserção no movimento mundial de preservação da memória cinematográfica, Paulo Emilio, no artigo seguinte, "O Congresso de Dubrovnik" (13.10.1956),

25. Cf. André Gaudreault, *Cinéma et Attraction*, Paris, CNRS, 2008.

TRAJETÓRIA DE PAULO EMILIO

apresenta a FIAF e sua perspectiva cultural, muito além das questões de caráter técnico. Por isso, se a preservação dos filmes é o primeiro esforço de uma cinemateca, seu compromisso com a cultura cinematográfica cumpre sua vocação.

A chamada cultura cinematográfica ganha relevo de um texto para o outro, até que seus bastiões sejam motivo de avaliação. O texto seguinte será dedicado a um deles, Federico Fellini (20.10.1956). A obra do diretor italiano (que até então fizera *Luci Del Veritá, Lo Sceicco Bianco, Un'Agenzia Matrimoniale, I Vitelloni, La Strada* e *Il Bidone*) é discutida em seu desenvolvimento, para sugerir o avanço de sua concepção humanista em relação ao neo-realismo. Despojado da redenção que caracteriza o movimento cinematográfico que o precede, Fellini se nutre de ironia e melancolia para se aproximar mais do humano. O comentário se deve também ao esforço crítico em acompanhar as produções exibidas no circuito comercial, destacando a importância de um autor. No mesmo sentido, temos o texto *Hulot Entre Nós* (27.10.1956), sobre *As Férias do Sr. Hulot*, de Jacques Tati. Nesse artigo, o crítico aproveita para tratar de literatura cinematográfica, comentando também o livro de Geneviève Agel sobre o diretor francês. Num só movimento, livro e filme são destacados para realçar a grandeza de Tati, que subverte as convenções do cinema clássico para criar novas possibilidades do tempo e do espaço cinematográficos. Quando se sabe o papel do criador de Hulot para a concepção do cinema francês moderno, o comentário de Paulo Emilio se torna ainda mais significativo[26]. Em seguida, ainda no rastro da cultura cinematográfica, Paulo Emilio avalia o fracasso de um festival de filmes sobre arte no Brasil ao não conseguir sensibilizar as autoridades locais para a importância pedagógica do cinema. Em seguida, passa a comentar o autor e o filme que dão título ao artigo, "Tante Chinoise", de Perlov (10.11.1956). O filme conta a história de uma garotinha doente e taciturna que registrou a di-

---

26. A "desconstrução" da gramática do cinema clássico realizada por Tati será alvo de inúmeros elogios na França, que passa a tomá-lo como um exemplo autoral de um cinema livre dos constrangimentos da "qualidade". Cf. Philippe Mary, *La Nouvelle Vague et le Cinéma d'Auteur*, Paris, Seuil, 2006.

fícil vida de criança oprimida pelos adultos numa cidadezinha. Tudo no filme é narrado por meio dos desenhos da menina, encontrados e tratados pelo cineasta. A semelhança com Vigo não é coincidência[27].

No artigo seguinte, "Pesquisa Histórica" (17.11.1956), o enfoque se mantém no problema de uma cinemateca no Brasil e na necessidade de uma pesquisa sobre o cinema local. O crítico constata que a investigação em torno do cinema brasileiro ainda é precária, mas já possui alguns alicerces nos nomes de Adhemar Gonzaga, Pedro Lima, Silva Nobre, Peri Ribas e Alex Viany. Todos eles também donos de arquivos decisivos para essa história. Espera-se então a contribuição brasileira à cultura cinematográfica mundial. Em "60 Anos de Cinema" (24.11.1956), comenta-se uma exposição organizada por Henri Langlois, o controverso inventor da Cinemateca Francesa, que serve de modelo para outra exposição londrina. Apesar das restrições à exposição do jornal inglês *The Observer*, mais preocupada com o impacto junto ao público do que propriamente com um enquadramento histórico rigoroso, Paulo Emilio chama atenção para o evento,

[...] um acontecimento extremamente importante para a cultura cinematográfica. O pequeno cinema anexo onde eram projetados os filmes clássicos lotou durante vários meses. Centenas de milhares de pessoas tiveram a oportunidade de tomada de consciência histórica do cinema. E dessas, alguns milhares ingressaram no quadro de associados do British Film Institute, a Cinemateca Britânica.

O apelo ao acontecimento cinematográfico de grande porte não deixa dúvidas quanto às necessidades locais. Esse vai-e-vem entre Brasil e mundo pontua essa série de artigos no esforço de atualizar a experiência local sem o pudor de avaliar a cultura geral de um ponto de vista determinado. Nesse sentido, o pêndulo tende no próximo artigo para o comentário sobre Nicholas Ray (1.12.1956), o autor de *Juventude Transviada*. O livro

27. Em carta enviada a Paulo Emilio no dia 29.01.1957, Perlov declara: "Considerar-me um discípulo de Vigo é um elogio muito grande e que já não sei se posso suportar. De qualquer forma há grandes homens com pequeninos discípulos" (cf. PE/CP.0961. Cinemateca Brasileira).

do cineasta sobre o filme, *Rebel: A History of a Film*, escrito em parceira com Gavin Lambert, o diretor de um marco da cinefilia, a revista *Sight and Sound*, descreve detalhadamente o processo de elaboração de *Juventude Transviada* e ajuda a crítica a entender o processo da criação cinematográfica. A descrição do livro feita por Paulo Emilio apresenta a figura soberana de Ray que, graças a seu prestígio, cuida escrupulosamente das inúmeras escolhas para a produção. É ele quem seleciona toda a equipe, a partir das experiências reais de cada um com o tema do filme, a delinquência juvenil na aparente normalidade. Mas a plena maestria de Ray não impediu o esquematismo do filme. "Naturalmente que a culpa pode ser jogada inteiramente sobre Hollywood. Para isso basta pensarmos em toda Hollywood que existe dentro de Nicholas Ray [...]". O comentário irônico evidencia as contradições de uma concepção rígida do "cinema de autor", mesmo se a figura do diretor aparece como o elemento principal da criação no cinema.

Esse entusiasmo com a cultura cinematográfica transparece no avanço das ideias sobre cinema em São Paulo, um movimento geral da cultura que beneficia também o cinema. O texto "Novos Horizontes" (8.12.1956) é um documento importante para se entender a renovação em processo. O crítico sente a conjuntura favorável, mesmo se uma avaliação objetiva do processo lhe escapa:

> Uma apreciação em profundidade da reviravolta que está se desenvolvendo não é por enquanto possível; o processo ainda está em pleno curso e seria necessária certa perspectiva para a avaliação exata de um fenômeno cujos aspectos sociais, econômicos e culturais são intimamente entrelaçados e extremamente complexos. Mas se a causa do cinema paulista sair vitoriosa da atual emergência, penso que o acontecimento terá uma repercussão na vida brasileira que ultrapassará os horizontes da atividade cinematográfica. A vitória do cinema paulista seria ao mesmo tempo, e de maneira tão indiscutível, a vitória da inteligência, da competência e da boa-fé, que poderia causar o mais salutar dos impactos em vastos setores da vida brasileira narcotizados pelo ceticismo e pela indiferença.

A consciência do avanço da discussão sobre o cinema realizado em São Paulo permite à crítica formular um projeto de renovação da cultura, mas para isso é preciso trazer para a causa outros setores ainda resistentes. Os setores "narcotizados pelo ceticismo e pela indiferença" podem muito bem ser certa elite intelectual que ainda hesita em ver no cinema uma arte autônoma. O que o crítico propõe é o abandono das fórmulas prontas de cinema em nome de "novos rumos". Mas o entusiasmo de Paulo Emilio é de natureza tática, de quem permanece na expectativa de concretização das ações.

> O que está sendo feito em São Paulo pelo cinema brasileiro e pela cultura cinematográfica no Brasil merece o mais caloroso apoio. Resta esperar que a qualidade dos filmes realizados permita dentro em breve uma apreciação sem apelos para circunstâncias atenuantes ou sentimentos patrióticos de responsabilidade.

Essa expectativa, essa ansiedade, esse desejo em relação ao cinema brasileiro são características de toda a crítica anterior, incluindo *Cinearte* e os arautos da Vera Cruz. Mas para que a crítica participe do processo de renovação é preciso rigor e proporção estética, sem concessões, o que significa também unir forças e discutir projetos diferentes de cinema. O reconhecimento das contribuições de Cavaleiro Lima, Jacques Dezhelein, Flavio Tambellini e B. J. Duarte, todos paulistas partidários do cinema industrial e de "qualidade", é real e aproxima e fortalece o vínculo com os mais ativos agentes do campo cinematográfico. Essa proximidade será importante para a defesa de um cinema moderno, sobretudo quando esse polo do campo se acercar ainda mais das esferas do poder estatal.

A criação de leis municipais em prol da produção cinematográfica é saudada, com a intenção de retomar a história do cinema em Campinas. A produção local não pode abrir mão desse tipo de incentivo. No entanto, para que a produção contemporânea sobreviva, é preciso o conhecimento também de seu passado. Com esse mote, em "Evocação Campineira"

(15.12.1956), Paulo Emilio retraça a atividade cinematográfica em Campinas e clama pelo desenvolvimento das pesquisas sobre o assunto[28]. Um procedimento utilizado no artigo merece destaque pela sua importância no desenvolvimento da obra do crítico.

A maneira como trechos de um filme são escolhidos e narrados, destacam o modelo de representação escolhido, mas também um estilo de se fazer crítica e história, em que o humor não está ausente. Ao apresentar o trato rudimentar das convenções do cinema popular por parte dos cineastas brasileiros das primeiras décadas do século XX, Paulo Emilio destaca a tentativa de construção de uma atmosfera erótica para o filme *A Carne*.

> Não podendo filmar uma cena de amor particularmente realista num bosque, Ricci [o diretor], inspirando-se no romance [de Júlio Ribeiro], apelou para estranhas imagens de um touro e de uma vaca. Ignorante das possibilidades metafóricas do cinema, a atriz não compreendia porque depois de uma cena idílica o diretor lhe pedia que exprimisse o mais profundo cansaço.

A insistência no convencimento das elites para o fato cultural cinematográfico aparece até na resenha de *Le Cinéma ou l'Homme Imaginaire*, de Edgar Morin (22.12.1956). Antes da apresentação das propostas do sociólogo, o crítico faz questão de mencionar a epígrafe do livro: "A arte do cinema... deseja ser um objeto digno de vossas meditações. O cinema reclama um capítulo nesses grandes sistemas onde se trata de tudo, menos de cinema"[29]. O livro é um clássico do discurso cinematográfico, e uma das obras mais inspiradas de Morin, anterior a sua

28. A descrição da atividade cinematográfica campineira só aconteceria pouco mais de duas décadas depois cf. Carlos Roberto de Souza, *O Cinema em Campinas ou uma Hollywood Brasileira*, São Paulo, ECA-USP, 1979. Dissertação de mestrado. A dissertação, orientada por Paulo Emilio, é muito influenciada pelo método e pelo estilo de *Humberto Mauro, Cataguases, Cinearte*, mas sem a mesma penetração histórico-analítica.

29. A tradução de Paulo Emilio é fiel à epígrafe de Morin, mas o apelo de Balázs é ainda mais explícito: "A arte do cinema solicita uma representação, um assento e o direito à palavra entre vocês. Ela, enfim, deseja ser julgada digna de uma reflexão teórica, e vocês devem lhe consagrar um capítulo em seus grandes sistemas estéticos, onde se trata de tantas coisas, da escultura de pés de mesa até a arte de trançar cabelos, mas onde o cinema não é sequer

guinada "metodológica". Paulo Emilio destaca o avanço em relação ao trabalho do pai da filmologia, Gilbert Cohen-Séat, que prefere não mencionar nenhum título em sua obra teórica. Morin, ao contrário, cita diversos, mesmo se não discute cada um em sua realidade. Como fruto dos estudos de filmologia, *Le Cinéma ou l'Homme Imaginaire* é uma proposta multidisciplinar empenhada em transformar o cinema em objeto de ciência. "Mesmo quando algumas construções teóricas de Morin ameaçarem ruir, muito lhe será perdoado devido à altura de suas ambições." A resenha se detém sobre os principais pontos do livro e um trecho nos chama atenção:

> Uma das qualidades próprias do cinema é a de atualizar o passado. A ideia de que o passado não se dissolve mas refugia-se em algum lugar está latente em toda lembrança. Uma das funções da magia é dar corpo a esse passado – e aqui voltamos ao mundo dos duplos, dos mortos.

Em seguida ao comentário *savant* sobre o principal livro de teoria do cinema da década, o crítico se volta para a discussão do cinema brasileiro antigo. Em "Dramas e Enigmas Gaúchos" (29.12.1956), o crítico demonstra mais uma vez a urgência da pesquisa histórica em âmbito local. Com o desaparecimento dos filmes, investigam-se vestígios de sua existência e procura-se recompor uma atmosfera, contando com certa dose de imaginação. O recurso à análise de fotografias retorna e dessa vez a interpretação avança, e *Vivo ou Morto*, de Luiz de Barros, é aproximado ao *Film d'art* europeu. Outro procedimento, a descrição criativa de depoimentos, fornece elementos para o desvendamento da fita. Dois membros da produção contam de maneira diversa o enredo do filme *Castigo do Orgulho*. "Pesquisas anteriores já me tinham ensinado a receber com a maior prudência as informações cinematográficas baseadas unicamente na memória, mas a discrepância entre essas duas versões deixou-me

mencionado" (cf. Béla Balazs, *Béla Balázs': Early Film Theory. Visible Man and The Spirit of Film*, New York, Berghahn Books, 2010).

perplexo." A antiga atriz protagonista, que agora reside na "má zona da capital gaúcha, perto do cais", conta a história de uma mãe sem escrúpulos que incita a filha pobre a abandonar o casamento e se relacionar com um homem rico. Por sua vez, o fotógrafo do filme narra a história de uma moça rica que se apaixona pelo chofer, mas o pai não consente o amor e só permite o casamento quando o herói salva a moça das garras de um bandido, "mas ela já havia sido violada pelo celerado". Quase duas décadas depois, o mesmo adjetivo, "celerado", vai servir de caracterização de Litz, o vilão de *O Tesouro Perdido*, que também está associado à lubricidade e estupro. Mas isso é só um dado curioso, o fato é que a coleta de depoimentos será um expediente comum na investigação para preencher o vazio que o desaparecimento dos filmes deixou. Voltando à importância da coleta de dados por todo o país, Paulo Emilio relata sua investigação no Rio Grande do Sul e cria uma atmosfera de romance de detetive para apresentar algumas biografias (um atirado, outro envenenado e um terceiro enlouquecido).

Apesar da contribuição pessoal, a investigação histórica não depende apenas de um indivíduo criativo e sim de uma cinemateca organizada, capaz de coletar e preservar os filmes antigos. Em "Relatório da Film Library" (4.1.1957), o enfoque é para a Film Library do MoMA, que ao mesmo tempo recupera e difunde nas escolas o cinema norte-americano antigo. O tom didático da exposição visa apresentar o papel de uma cinemateca para a cultura nacional, mas também esclarece os produtores de cinema sobre as vantagens desse tipo de instituição. Os produtores

> [...] entenderam que o valor comercial, aliás muito relativo, do velho filme, só ressuscita quando floresce a cultura cinematográfica, o que os leva a uma atitude compreensiva para com o trabalho de liderança da Film Library, [que] [...] realiza uma missão tão nobre quanto a dos colecionadores da Renascença.

O falecimento de Dovjenko é motivo do comentário do próximo artigo (12.1.1957). A propósito da retrospectiva realizada pela Cinemateca

Francesa, o crítico tenta a "fixação crítica" da obra do autor ucraniano. À maneira do que ocorre em *Jean Vigo*, aqui biografia e contexto histórico são os primeiros passos para se entender as obras, com os devidos cuidados. Em "Visita a Pedro Lima" (19.1.1957), retoma-se o problema da memória do cinema brasileiro. O crítico de *Cinearte*, dono de um precioso arquivo, é tratado como modelo de dedicação e empenho. Um comentário chama a atenção de quem procura investigar nos textos do Suplemento Literário a problemática da história do cinema brasileiro. Apresentando as contribuições diversas de Pedro Lima, o crítico destaca a participação deste como ator num filme de Luís de Barros. Em determinado momento de sua trajetória, Pedro Lima tenta convencer o realizador a montar um estúdio, "[...] mas o diretor, muito ligado ao cinema primitivo do qual foi certamente o grande mestre brasileiro (vejam-se as fotografias de *Vivo ou Morto*), achava o estúdio um luxo e uma complicação técnica desnecessária". Já vimos que a periodização do cinema brasileiro possui características próprias que não obedecem às demarcações da "historiografia tradicional". Como *Vivo ou Morto* é de 1916, estamos diante de mais um passo para a lenta elaboração de aspectos da história do cinema brasileiro. Uma construção que avança aos poucos, em paralelo com o desenvolvimento dos trabalhos da Cinemateca e com a legitimação da cultura cinematográfica. Paulo Emilio não discute, valoriza o que houve, sem se deter na análise pormenorizada. Neste momento, interessava o inventário e as análises mudam conforme a conjuntura e o acaso.

Em "Catolicismo e Cinema" (26.1.1957), chama-se atenção ao gradativo avanço em relação ao cinema de alguns membros da Igreja Católica, empenhados mais na educação do que na censura. É preciso que o "analfabetismo cinematográfico", que abarca também a elite dos "[...] espectadores de cultura geral elevada", dê lugar à formação. Em seguida, em "Vinte Milhões de Cruzeiros" (2.2.1957), o crítico volta à carga com argumentos sobre a importância da manutenção de uma Cinemateca Brasileira pelos poderes públicos. Arrola-se uma série de fatos históricos captados pelo cinema, fatos em sua maioria em que São Paulo desempenha papel político, e conclama a prefeitura a reforçar convênios com a instituição. O artigo termina apresentando a soma que lhe dá o título, pois só assim "[...] a Cinemateca Brasileira cumprirá absolutamente sua missão, que é a de transformar a cidade de São Paulo no principal centro de irradiação da cultura cinematográfica do continente". O conhecimento das pretensões paulistas de redenção nacional, que tanto divertem o leitor de *Três Mulheres de Três Pppês* e de *Cemitério*, serve aqui ao projeto crítico. Mas o apelo a mais um grande feito de São Paulo não visa somente a elite política. A elite cultural também deve se engajar na defesa do patrimônio fílmico. O desaparecimento de filmes antigos com alguma pretensão artística, destaca o crítico, equivale ao sumiço de obras literárias como *As Memórias de um Sargento de Milícias*, ou dos romances de José de Alencar e Aloísio Azevedo ("o cinema brasileiro ainda não teve o seu Machado de Assis").

Depois desse texto, redigido antes do incêndio que acometeu a Cinemateca em 28 de fevereiro de 1957, há pela primeira vez um intervalo de duas semanas nos artigos do Suplemento Literário. A interrupção dos escritos semanais deve-se aos trabalhos árduos após o incêndio que consumiu grande parte do acervo da Cinemateca, e também à correção das provas finais de *Jean Vigo*[30]. No artigo seguinte, "A Outra Ameaça" (16.2.1957), alerta-se para os riscos de uma nova catástrofe, que só poderá ser evitada com o auxílio das autoridades públicas e de qualquer forma de solidariedade para com a Cinemateca Brasileira, que no momento exibe um ciclo de filmes de Luís Buñuel, centro do artigo seguinte (23.2.1957). Na semana posterior ao artigo sobre Buñuel, considerações são tecidas sobre o "Nascimento das Cinematecas" (2.3.1957), explicitando as especificidades culturais desse tipo de instituição e conclui-se com uma reflexão bastante atual para nossa época, que conjuga o interesse econômico da cultura e as alegações culturais da economia. Afirma o crítico: "[...] cada vez que há tensão em torno dos termos difusão versus conservação,

---

30. Em carta a Paulo Emilio, Chris Marker, na época o editor da Seuil, lamenta o incêndio e agradece a revisão das provas de *Jean Vigo* (cf. PE/CP. 0978).

recreação *versus* cultura, é porque chegou o momento de um exame atento e em profundidade da situação criada".

Nesse esforço contínuo para distinguir as preocupações culturais do mero recreativismo, a obra de um criador francês, "René Clair e o Amor" (9.3.1957), e a densidade artística de um conjunto de "Cartazes Poloneses" (16.3.1957), são tratados, sendo que o primeiro é motivo recorrente para retrospectivas na Cinemateca Brasileira e o comentário sobre o segundo fica como sugestão para a IV Bienal, pois o "[...] jovem cinema brasileiro teria ocasião de aprender uma lição de gosto e humanismo, de cultura em suma". Após esses dois artigos, voltamos para as "Funções da Cinemateca" (23.3.1957). E o crítico insiste na incompreensão das elites culturais.

> As pessoas que melhor têm compreendido o papel das cinematecas não são necessariamente as ligadas ao mundo cinematográfico, e sim as que têm uma visão cultural ampla. Os escritores, administradores, políticos, cientistas, industriais, artistas e cineastas que se têm interessado pela vida e pela sobrevivência da Cinemateca Brasileira são os que não se limitam ao seu campo próprio de ação, mas estão abertos para as manifestações variadas das artes, ciências e técnicas.

A cultura cinematográfica precisa ser vista no âmbito vasto da cultura, mas para isso precisa de legitimidade. A legitimidade já conquistada pelas artes "clássicas" deve alcançar o cinema. E uma cinemateca deve contribuir para a constituição de uma tradição. É preciso despertar o interesse de uma elite. "É a cultura cinematográfica das elites, incluindo os próprios cineastas, que precisa ser promovida, a fim de se criarem quadros que por sua vez trabalharão para elevar o gosto e as exigências do povo em matéria de cinema."

6.6 Linhas mestras

Poderíamos continuar esse esforço de acompanhar de perto o desenvolvimento das ideias de Paulo Emilio no *Suplemento Literário*, mas as principais linhas de sua tomada de posição já foram identificadas. Além disso, tamanha sanha descritiva se tornaria muito enfadonha e trairia o estilo característico desses textos. Assim, a proposta agora é apresentar as tais linhas de força, para em seguida destacar alguns ensaios significativos para a compreensão da visão de nosso crítico sobre o cinema moderno.

Vimos como a descoberta de um passado cinematográfico brasileiro se dá gradativamente para Paulo Emilio. Por meio de vestígios de um filme antigo, algumas personalidades entrevistadas, arquivos consultados e filmes vistos. Aos poucos vai se constituindo as bases para a renovação também da investigação desse passado. Os estudos se renovam e o crítico procura elevar o debate, na medida em que tenta passar em revista as diversas contribuições e apresentar sua visão sobre um cinema brasileiro moderno.

Em texto (6.2.1960) sobre o primeiro livro a respeito da história do cinema brasileiro (*Introdução ao Cinema Brasileiro*, de Alex Viany), Paulo Emilio lamenta a falta de rigor da investigação (a não justificativa da escolha dos períodos, ausência das fontes utilizadas, fichas técnicas pouco precisas), reclamando "[...] uma situação definida, uma atmosfera recriada, um perfil humano delineado." Este texto é significativo não somente pela dura crítica ao livro de Viany e pela vontade em instaurar um novo tipo de crítica histórica, mas também por iniciar citando a *Formação da Literatura Brasileira* e apontar uma abordagem válida também para o cinema nacional. Lembremos que o livro de Viany possui a mesma data do de Antonio Candido. Tudo o que Paulo Emilio reclama no estudo de Viany, o mais avançado na época, informa sobre sua própria disposição em realizar pesquisas sobre o cinema brasileiro. Não deixa de ser surpreendente que em *Jean Vigo* e *Humberto Mauro, Cataguases, Cinearte*, nosso crítico realizou exatamente o programa exigido ao definir uma situação, recriar uma atmosfera e delinear um perfil humano. Porém, para que chegasse a hora do cineasta mineiro ainda faltava muito a ser feito pela Cinemateca Brasileira e seu esforço pela institucionalização dos estudos cinematográficos.

Paulo Emilio faz parte da primeira geração dos arquivistas de cinemateca, que se reuniram em torno da Federação Internacional dos Arquivos de Filmes (FIAF). Críticos, escritores e historiadores, esses arquivistas buscavam preservar uma cultura relegada ao esquecimento, confinada ao interesse dos fãs. A luta por legitimidade precisou de muito escândalo, de uma militância severa, de um empenho ferrenho para a constituição de um acervo fílmico como patrimônio cultural. A figura central desse movimento foi Henri Langlois, o conservador chefe da Cinemateca Francesa, que protagonizou embates com o poder político e ajudou a promover o cinema francês moderno. Homem controverso, Langlois promoveu intensa difusão da cultura cinematográfica e uma visão particular sobre a história do cinema.

A discussão sobre as funções de uma Cinemateca num periódico de grande público possui evidentemente um aspecto didático, cujas formas de convencimento apelam para a necessidade de atualização com uma cultura já estabelecida no ocidente. A postura é estratégica e a noção de cinemateca é comparada a de um museu, em que as referências artísticas cosmopolitas são dispostas e apresentadas ao público. As questões práticas e técnicas são introduzidas para destacar a especificidade da missão e para evidenciar a necessidade de amparo público em razão dos custos elevados e a memória preservada permitirá o acesso ao passado brasileiro ainda desconhecido. É preciso lembrar que a Cinemateca Brasileira também é fruto do investimento cultural da família Matarazzo, que em 1948 criou a Filmoteca do Museu de Arte Moderna, para aumentar a circulação de pessoas no museu. Assim, uma instituição criada sob os auspícios da burguesia paulista, reivindica uma missão cultural de grande porte: a preservação e difusão da memória audiovisual nacional, a difusão cultural e o desenvolvimento de um pensamento crítico sobre a principal expressão do século xx. Como aconteceu muitas vezes no Brasil, ao lado de um projeto de cultura oficial e de ocasião se desenvolvem as raízes de proposta mais radical e civilizadora. Foi assim com o Departamento de Cultura, foi assim com a Cinemateca Brasileira.

Em 1956, se evidenciou os limites do projeto de cultura cinematográfica da burguesia paulista e a Filmoteca se tornou a Cinemateca Brasileira.

O projeto foi renovado e a aproximação com os cineclubes confirma a proposta de um sistema cultural em que a instituição estaria no centro. Apesar dos esforços que permitiram a sobrevivência da Cinemateca, suas dificuldades em cumprir apenas parte de suas funções, o significado crítico de seu projeto permaneceu intocado por décadas e só recentemente foi discutido em sua abrangência. O trabalho de Fausto Douglas Correa Jr.[31] merece destaque pelo pioneirismo ao introduzir uma conceituação consequente para a discussão da história da preservação e difusão de filmes no Brasil, debate muito marcado pelo levantamento de dados e o arrolamento de nomes e datas[32]. Entretanto, Fausto parece dar ares iluministas à invenção da Cinemateca Brasileira ao declarar que

> O fundamental a ser entendido, é que, antes de tudo, o projeto da Cinemateca Brasileira era um projeto político e não técnico. Também é técnico, pois envolve operações de ordem técnica, mas sua diretriz central era política. O projeto visava à democratização do acesso à cultura, ao patrimônio cultural, e poderíamos dizer também, em última análise, que o projeto visava igualmente à democratização do acesso aos meios de produção. Mas a tarefa não era fácil. Tratava-se de um projeto político-pedagógico de amplo escopo social [...]

Para Fausto, o que era uma fala pública estratégica, configura-se como projeto revolucionário pedagógico tão radical como o de um Paulo Freire. Certamente havia essa dimensão política ou pedagógica, entretanto, o que se vislumbrava, a meta principal, era preservar o passado brasileiro impresso nas películas para retirar da tradição seu aspecto opressor. Um projeto crítico, surgido do impulso ilustrado da burguesia local, e com

---

31. Fausto Douglas Correa JR., *A Cinemateca Brasileira: Das Luzes aos Anos de Chumbo*, São Paulo, Unesp, 2010.

32. Cf. Carlos Roberto de Souza, *A Cinemateca Brasileira e a Preservação de Filmes no Brasil*, São Paulo, ECA-USP, 2009. (Tese de doutoramento) e José Inácio de Mello e Souza, "O Caso Cinemateca, Formação de um Acervo, Formação de um Arquivo", *Revista Vozes de Cultura*, n. 2, São Paulo, 1999. Além das partes referentes à Cinemateca na biografia: José Inácio de Mello e Souza, *Paulo Emilio no Paraíso*, Rio de Janeiro, Record, 2002.

limites materiais evidentes, mas cuja ação transformadora renovou as referências de um grupo de jovens realizadores empenhado em promover uma redescoberta do país. O movimento cinematográfico brasileiro moderno é tributário desse debate promovido pela Cinemateca e suas características artísticas e sociológicas refletem bastante a envergadura e os limites desse projeto.

Quando Paulo Emilio formula seus primeiros textos para o Suplemento Literário, o cinema brasileiro interessa apenas como fato sociológico. Não há um interesse maior pelas produções mais pretensiosas. Depois de acompanhar a leitura feita por Lima Barreto, o diretor de *O Cangaceiro*, de seu último projeto de longa-metragem, lido para uma plateia seleta no Teatro Brasileiro de Comédia (TBC), Paulo Emilio não hesita em responder a uma enquete sobre qual o melhor filme brasileiro: "será *O Sertanejo*".

O cinema realizado no país não possuía qualidades artísticas que merecessem destaque. Mas como verdade sociológica, o filme, especialmente o antigo, permite o acesso importante a uma realidade histórica. Quanto à produção recente, o crítico acompanha-a com interesse mesmo se o sentimento frequente é de desencanto. Mas isso não impede a atenção constante às possibilidades de renovação, como vemos nos artigos "Conto, Fita e Consequências" (13.4.1957), "Rascunhos e Exercícios" (21.6.1958) e "Perplexidades Brasileiras" (11.4.1959). No primeiro deles, Paulo Emilio realiza pela primeira vez no *Suplemento Literário* a análise interna de um filme brasileiro. *Osso, Amor e Papagaios* é saudado como uma boa tentativa de fazer evoluir o gênero da comédia cinematográfica brasileira. A vitalidade social da *chanchada* parecia inegável aos olhos do crítico, que também via o forte elemento conformista em sua raiz. Nela, a cultura popular é rebaixada a caricaturas grosseiras e esvaziada de sua verdade na medida em que se transforma em trejeitos e bordões irônicos que o desenvolvimento da indústria cultural reproduzia principalmente por meio do rádio. Filmes documentos, eles tinham razão em sua oralidade (com tudo que a expressão carrega depois de Paul Zumthor), mas a precariedade de suas formas os transformava em produtos precários. *Osso, Amor e Papagaios*, apesar do empenho em desenvolver um gênero, o filme se comunica mal e a ausência

TRAJETÓRIA DE PAULO EMILIO

de uma estrutura coerente do enredo, impede a realização do humor que trata da cobiça de maneira grotesca. O artigo termina com a caracterização de duas correntes do cinema brasileiro e o posicionamento claramente em favor de um certo realismo. O trecho abaixo é significativo, pois apresenta um posicionamento inédito do crítico. Vejamos.

> O cinema nacional, seja na procura do naturalismo ou na estilização, ainda não descobriu como o brasileiro anda, dança, cospe, coça-se ou fala. E a qualidade da matéria-prima a ser usada, os atores, continua má, sobretudo quando dialogam. *Osso, Amor e Papagaios* não escapa à regra. Talvez algumas linhas do diálogo fossem, ao serem escritas, boas. Mas ouvidas, renova-se o desastre habitual. Quando não temos o sentimento aflitivo do amadorismo é que estamos sob a impressão do mais ultrapassado profissionalismo. Penso que o problema estético primordial em nosso cinema é o da maneira de falar. É sabido que a *dublagem* em língua estrangeira mutila artisticamente os filmes. No entanto as versões *dubladas* dos filmes brasileiros apresentados na França eram melhores do que as originais.
>
> O aparecimento de um filme brasileiro em que se fale bem será um acontecimento fundamental na história de nossa cinematografia.

A citação do parágrafo inteiro se justifica, já que o tema é importante e a questão do diálogo será fator decisivo para o cinema brasileiro moderno, como veremos mais a frente. A identificação genérica de correntes revela tendências também do campo da crítica, o que mais tarde José Mario Ortiz Ramos dividiu em duas correntes: os nacionalistas e os universalistas-industrialistas[33].

É preciso lembrar que quando Paulo Emilio passa a escrever no Suplemento Literário do jornal *O Estado de S. Paulo*, o corpo de críticos se caracteriza pela defesa do modelo da Vera Cruz (sobretudo Almeida Salles e B. J. Duarte), pela defesa de um cinema empenhado tecnicamen-

---

33. José Mário Ortiz Ramos, *Cinema, Estado e Lutas Culturais (Anos 50/60/70)*, Rio de Janeiro, Paz e Terra, 1983.

te e muito voltado para elaborações de estilo. O crítico Rubem Biáfora é exemplo maior dessa corrente, assim como o cineasta Walter Hugo Khouri. Em artigo polêmico, "Rascunhos e Exercícios", Paulo Emilio ressalta que o amparo à produção por meio de leis não desemboca necessariamente em bons resultados artísticos. Para o crítico, uma legislação inteligente é a que deve sustentar produções como *Absolutamente Certo* ("a única fita que merece consideração")[34], *Osso, Amor e Papagaios, Rio Zona Norte* e *Estranho Encontro*. O texto é mais um exemplo de como o crítico sempre foi exigente com os grandes e generoso com os medianos. Os filmes discutidos no artigo, *Rio Zona Norte* e *Estranho Encontro*, servem para definir melhor as tendências do cinema brasileiro da época e para a exposição dos limites de cada uma delas. O que se critica não são somente os filmes, mas os descuidos para com as formas de representação. O filme de Nelson Pereira dos Santos, apesar dos deslizes em relação à estética neorrealista, que busca uma representação despojada mas coesa dramaticamente, é digno de interesse para o desenvolvimento da corrente estética italiana no Brasil. "Penso sobretudo na sequência em que o personagem interpretado por Grande Otelo acorda, levanta-se, faz a toalete e recebe a noiva." Enquanto Nelson Pereira filma com a crença de que seu tema se comunica sem a elaboração estilística necessária, por outro lado, Khouri estiliza sem o domínio de seu tema. Diz o crítico:

> O rascunho populista de Nelson Pereira dos Santos empalidece ao lado do exercício brilhante de Walter Hugo Khouri, mas se em *Rio Zona Norte* e mesmo em *Rio 40 Graus* temos um autor que se revela inábil na manipulação do tipo de expressão estética que escolheu, *Estranho Encontro* nos dá às vezes a impressão curiosa de um estilo à procura de um autor e de uma história.

Essa localização de duas vertentes do cinema brasileiro se confirma com a inclusão do nome de Rubem Biáfora na lista de novos diretores.

---

34. O destaque para *Absolutamente Certo* (1953) se deve às qualidade de artesão de seu diretor, Anselmo Duarte, que soube conduzir as diferentes etapas da produção e conseguiu uma fluência e narração singulares no cinema brasileiro.

Após realizar um sardônico perfil biográfico do crítico e cineasta ("Biáfora não tem cultura, ele é cultura"), Paulo Emilio passa a avaliar seu filme *Ravina*. Em *Perplexidades brasileiras*, temos a manifestação do descontentamento com a produção recente e a esperança no futuro mais uma vez parece ter esmorecido. E *Ravina* não melhora esse sentimento.

> A fim de procurar compreender por que *Ravina* não conquistou minha adesão, revi o filme duas vezes. Nas três experiências meu sentimento dominante foi o de estar diante de *cinema nacional*, dando à expressão a carga pejorativa adquirida junto aos setores mais evoluídos do público cinematográfico brasileiro.

A obra é vista como um acúmulo de ideias mal transportadas para a película, mas sua existência é positiva pois ajuda o conjunto dos filmes, na medida em que contribui para delinear caminhos ao cinema brasileiro moderno. No caso, caminhos a não serem seguidos. A contribuição finita dos erros de *Ravina* fortalece as correntes que procura desacreditar. O crítico então apresenta seu programa:

> A obra [*Ravina*] foi conscientemente preparada como oposição estética a duas das principais correntes do cinema brasileiro atual, a comédia carioca e o drama regional. Pergunto-me, porém, se uma fita brasileira do tipo *Ravina*, mesmo bem realizada, seria mais do que o reflexo de filmes muito melhores produzidos em outros países. A reação contra a mediocridade do *status quo* cinematográfico nacional é salutar e deve ser encorajada, mas sem cairmos no erro de confundir a noção de universal com a de estrangeiro. Ainda numa conjectura exclusivamente teórica, gostaria de ir mais além e perguntar se o caminho certo não seria o exame mais cuidadoso da vitalidade sociológica da comédia carioca e do drama regional e a aceitação dessa realidade básica, assim como o encorajamento dos jovens talentos para que aprofundem e elevem esses gêneros.

Vemos já aqui a crítica à "aristocracia do nada", que aparecerá mais tarde em *Cinema: Trajetória no Subdesenvolvimento*. O empenho do crítico em relação ao aprofundamento da comédia popular em *Osso, Amor e Papagaios* e suas restrições ao esquematismo de *Rio Zona Norte* afirmam a vontade crítica de participação na renovação do cinema brasileiro, que se acentua conforme o Cinema Novo se articula. E aqui é preciso fazer uma digressão maior para tratarmos da relação Paulo Emilio e o cinema moderno como um todo. Para isso, é preciso ampliar a argumentação com materiais que ultrapassam o *Suplemento Literário*.

6.7 Modernidade cá

A relação de Paulo Emilio com os jovens do Cinema Novo, como não se concretizou em uma série de textos sobre os filmes (apenas um ou outro artigo do crítico trata de algum filme do movimento), possui um aspecto enigmático que não é possível ignorar. Por que o principal crítico não escreveu sobre o Cinema Novo ou o Cinema Marginal? Ao lermos os comentários esparsos, que aparecem lateralmente nos panoramas ou em comentários sobre determinados filmes, chegamos à conclusão de que para Paulo Emilio o cinema moderno tinha tanta significação que a abordagem no calor da hora estaria fadada se não ao engano, ao menos a seus fenômenos superficiais. O significado mesmo do movimento só seria possível com o necessário recuo temporal. Constatação que não favorece o crítico, que abre mão da avaliação do principal movimento cinematográfico, sem arriscar um posicionamento, sem estabelecer um panteão evidente. Não deixa de ser curioso que uma companheira de geração como Gilda de Mello e Souza não tenha se furtado à crítica de filmes como *Terra em Transe, O Desafio* e *Os Inconfidentes*, sem falar em seus comentários sobre Fellini, Visconti e Antonioni[35]. Teria Paulo Emilio recuado diante do cinema moderno brasileiro, num movimento semelhante ao de Décio de

---

35. A crítica de cinema de Gilda de Mello e Souza ainda está para ser avaliada em sua abrangência e totalidade. Algumas aproximações foram esboçadas em Ismail Xavier, "As Técnicas do Olhar", em Sérgio Miceli e Franklin de Mattos, *Gilda, a Paixão pela Forma*, São Paulo, Ouro sobre Azul, 2008.

Almeida Prado, que, na segunda metade da década de 1960, deixou de lado a crítica para se concentrar nos estudos históricos?

Apesar das poucas observações sobre obras decisivas como *Deus e o Diabo na Terra do Sol, Os Fuzis, A Falecida* ou *Terra em Transe*, não é o que se verifica na leitura dos comentários e avaliações, em que aparecem aqui e ali nomes como os de Glauber Rocha, Walter Hugo Khouri, Paulo César Saraceni, Gustavo Dahl, Nelson Pereira dos Santos, Arnaldo Jabor, Andrea Tonacci, Ozualdo Candeias, sendo as ausências mais marcantes os nomes de Ruy Guerra, Rogério Sganzerla e Julio Bressane.

A escassez das observações do crítico sobre o cinema moderno faz com que os breves comentários tenham grande significado. Nesse sentido, um texto importante, que prepara a análise do cinema moderno é "Artesãos e Autores" (14.4.1961), não por acaso o mais longo texto no *Suplemento*. O texto condensa a ambiguidade na concepção de Paulo Emilio de um cinema brasileiro moderno. Ao analisar dois filmes muito diferentes entre si, *Bahia de Todos os Santos* (Trigueirinho Neto, 1961) e *A Morte Comanda o Cangaço* (Carlos Coimbra, 1961), o crítico faz a defesa do conhecimento técnico ordenador ao mesmo tempo em que destaca a sensibilidade individual.

> A obra de artesão tende a ser social, não no sentido de crítica revolucionária ou reivindicadora, mas como expressão de ideias coletivas já estruturadas. A autoral tem inclinação psicológica e sugere uma natureza humana conflitiva. O filme artesanal coaduna-se melhor com moldes clássicos, ou acadêmicos; o de autoria é romântico ou vanguardista. O mundo exterior, os outros, existem objetivamente para os cineastas artesanais. Quanto aos autores, eles debatem sobretudo os seus problemas, debatem-se neles, confessam[36].

O artigo não segue uma linha bipolar e tende à complementação das duas noções, principalmente quando enfoca o trabalho de direção de

---

36. Paulo Emilio Salles Gomes, "Artesãos e Autores", *op. cit.*, p. 334.

COLEÇÃO POLÍTICAS CULTURAIS

Carlos Coimbra, humilde e sempre solícito para com seus colaborado-res. O diretor realiza um filme predeterminado pelos produtores e agre-ga elementos e contribuições conforme o processo de realização. Mais uma vez, temos o tipo de realizador que cria uma situação criativa em que todos participam da criação, mas sem perder o domínio da obra en-quanto conjunto uno.

> Como esse espírito aberto de colaboração se associa em Coimbra a muita pertinácia, essa segunda fase da realização de *A Morte Comanda o Cangaço* recebeu ainda mais do que os trabalhos preliminares a marca do diretor. E chegado o momento da montagem, cuja execução exige muita experiência técnica, Coimbra foi rei.

Como se percebe, o artesão modesto, sem pretensões artísticas indi-viduais, conhece e domina o processo criativo sem impor sua individua-lidade a seus colaboradores. E por construir esse espaço de liberdade, mesmo diante de uma encomenda com tema e registro definidos, ele alcança momentos de real beleza, de verdade artística singular.

> Seria um erro deduzir de algumas dessas considerações que Coimbra foi apenas um artesão preciso. Tal momento do cangaceiro na rede, medita-ção noturna de guerreiro, possui ecos shakesperianos ou de algumas fitas japonesas. A uma cena litúrgica de casamento falta alguma coisa (não são certamente a igreja ou o padre, dispensados do episódio) que não consegui esclarecer, o que não impede a manifestação de uma veia poética muito rara em nosso cinema. É necessário igualmente sublinhar que em *A Morte Co-manda o Cangaço* o artesão Coimbra transforma-se eventualmente em autor. Penso particularmente no papel que tem na obra o tema do pé humano. Nas sequências de caminhada, dança ou desejo, o pé é um *leitmotif* que pontua o desenvolvimento do filme. Acho difícil que se trate de algo arbitrário ou ocasional. O fenômeno transmite-nos o sentimento de escolha e empenho, da ordem dos que exprimem as mitologias interiores de um autor. Deve-se à presença dessa parcela da anatomia humana à qual raramente é oferecida

268

oportunidade dramática em cinema, o alto momento erótico em que uma entrega amorosa é expressa por uma carícia do pé.

O texto se dirige aos jovens realizadores brasileiros, leitores dos *Cahiers du Cinéma* e atentos à "política dos autores" que encontrava gestos autorais em plena Hollywood. Jean-Claude Bernardet já notou que Paulo Emilio não segue a tal "política" e usa o termo autor sem uma conotação precisa, muitas vezes equivalente a artista[37]. Apesar de Bernardet discutir exclusivamente a noção de autor no cinema moderno, vale a pena ampliar o debate para abarcar outras áreas. Sem sair do debate local, podemos encontrar o mesmo problema em Mário de Andrade, que em conferência realizada em 1938, tratou do tema de maneira surpreendentemente semelhante, combatendo o formalismo e propondo uma arte comunicativa, mas sem apelos populistas, entre a tradição e o estilo único.

[...] o artesanato é uma parte da técnica da arte, a mais desprezada infelizmente, mas a técnica da arte não se resume no artesanato. O artesanato é a parte da técnica que se pode ensinar. Mas há uma parte da técnica de arte que é, por assim dizer, a objetivação, a concretização de uma verdade interior do artista. Esta parte da técnica obedece a segredos, caprichos e imperativos do ser subjetivo, em tudo o que ele é, como indivíduo e como ser social. Isto não se ensina e reproduzir é imitação. Isto é o que chamamos a técnica de Rembrandt, de Fra Angelico ou de Renoir, que divergem os três profundamente não apenas na concepção do quadro, mas consequentemente na técnica de o fazer [...][38].

Evidentemente, a questão do retorno à ordem não se coloca para Paulo Emilio e sua crítica ao clássico é bem conhecida, embora ele tenha

37. Jean-Claude Bernardet, *O Autor no Cinema*, São Paulo, Brasiliense, 1994.
38. Mário de Andrade, "O Artista e o Artesão", *O Baile das Quatro Artes*, Brasília, Martins/INL/MEC, 1975. A proximidade entre essa concepção de arte e o elogio à produção técnica e socializadora do conhecimento, que se encontram na Elegia de Abril, são sugestivas para pensar o tipo de crítica da geração *Clima*. Para uma discussão sobre Mário de Andrade (cf. José Augusto Avancini, *Expressão Plástica e Consciência Nacional na Crítica de Mário de Andrade*, Porto Alegre, UFRGS, 1998).

consciência das relações entre certo classicismo e a construção de uma indústria, assim como o gosto vanguardista demonstra pendores por uma arte empenhada social e formalmente. Mas no princípio da década de 1960, quando o cinema brasileiro se dividia entre o formalismo de um Khouri e a opção socializante de um Nelson Pereira, a aposta no artesão criativo parecia de grande rendimento para um cinema comunicativo, cuja radicalidade poderia fornecer a obra de exceção.

O tipo de cinema industrial ensaiado pela Vera Cruz leva em consideração o esmero técnico, o filme bem acabado e o destaque acaba recaindo mais sobre técnicos, roteiristas e atores, do que propriamente sobre o diretor. Quando lembramos de um filme como *Caiçara* ou *Sinhá Moça*, lembramos imediatamente da Vera Cruz e não de Adolfo Celi ou Tom Payne. Pensamos na coletividade e não no sujeito criador. Historicamente, a autonomização do campo das artes foi adquirida com o lento advento da figura do artista em detrimento do artesão. É sabido que as transformações sociais que permitiram o surgimento da noção de autor, principiam com o advento do mecenato, o gradativo enfraquecimento do poder eclesiástico, o desenvolvimento das academias de arte, o aumento do mercado dos colecionadores e a autonomização do campo da crítica[39]. Portanto, o cinema deve sua falta de legitimidade menos à sua recente presença no mercado dos bens culturais do que ao seu aspecto ainda artesanal. Ao termo filme de autor melhor seria contrapormos a noção de personalidade cinematográfica, o que ajuda a compreender a opção de Paulo Emilio por um cinema comprometido com tradições artísticas modernas, mas também pré-modernas. É nesse sentido que lemos a série de textos dedicada ao cinema japonês, ao cinema italiano do pós-guerra, a John Huston, a Eisenstein (que se distancia de Meyerhold e sua ditadura da direção), a Orson Welles, a escola documentária inglesa, a Jean Renoir, a Griffith, ao expressionismo alemão, a Bergman e a Méliès.

---

39. Cf. Nikolaus Pevsner, *Academias de Arte – Passado e Presente*, São Paulo, Companhia das Letras, 2005. E Edgar Zilsel, *Le Génie. Histoire d'une Notion, de l'Antiquité à la Renaissance*, [1926], Paris, Édition de Minuit, 1993.

Para a noção de moderno do crítico, outro documento importante é seu posfácio ("Post-scriptum do editor") à edição brasileira de *História do Cinema Mundial*, de Georges Sadoul. Texto curto, ele completa o trabalho de Sadoul, que descreve o cinema brasileiro aproximadamente até 1960: uma história tradicional, com dados evidentemente fornecidos e colhidos pelo "editor", que se conclui mencionando Nelson Pereira dos Santos (*Rio Zona Norte*, 1957) e Khouri (*Na Garganta do Diabo*, 1960)[40]. Como no depoimento da *Plataforma*, o posfácio traça tendências, uma produção mediana, o isolado Khouri, o Cinema Novo. O texto destaca *A Morte Comanda o Cangaço* ("contribuiu para impor a gesta dos bandidos nordestinos como um dos temas por excelência do cinema brasileiro") e *O Pagador de Promessas* ("certamente o filme mais completo, se não o melhor, jamais realizado entre nós"), realizações que "[...] indicam caminhos para uma produção de nível médio e honroso". *A Ilha*, de Khouri é a confirmação de uma "obra contínua e consequente", enquanto que o envolvimento de jovens diretores teatrais (Guarnieri, Rangel, Antunes, Boal, Renato) com o cinema reforça a ideia de renovação. O Cinema Novo é o mais comentado. Acontecimento carioca, que realizava suas primeiras produções, o Cinema Novo é citado já como movimento e a expectativa é grande em relação a seu futuro.

> Jovens diretores como Rui Guerra ou o baiano Glauber Rocha se vinculam até certo ponto com um grupo de cineastas cariocas que por enquanto só deram sua medida em filmes de curta-metragem. O movimento está ficando conhecido sob a denominação geral ainda não muito definida de "Cinema Novo".

40. Georges Sadoul, *História do Cinema Mundial*, São Paulo, Martins, 1963. Apesar de não assinar o texto, Paulo Emilio é seu autor, como comprova a documentação em seu arquivo (cf. PE/PI.0670. Cinemateca Brasileira). A tradução do livro de Sadoul também faz parte do esforço para amparar o debate da história do cinema no Brasil. A tradução foi feita por Sônia Salles Gomes, então esposa de Paulo Emilio. A amizade com Sadoul data dos anos 1940, quando o Clube de Cinema de São Paulo buscava intercâmbio com cineclubes europeus. Os contatos posteriores em reuniões da Federação Internacional do Arquivos de Filmes fortaleceram a empatia e a atenção em festivais como o de Cannes aos filmes do Cinema Novo, particularmente *Deus e o Diabo na Terra do Sol* e *Terra em Transe*, provavelmente se devem também a relação entre o crítico e o historiador.

COLEÇÃO POLÍTICAS CULTURAIS

A existência artística desses jovens cariocas foi revelada pelo êxito em diversos festivais europeus do documentário de Paulo César Saraceni e Mário Carneiro, *Arraial do Cabo*, sugestão dramática a respeito das transformações trazidas pelo progresso industrial a uma aldeia de pescadores de Cabo Frio. Contemporaneamente Joaquim Pedro de Andrade fixava numa curta-metragem as figuras de Gilberto Freyre e de Manuel Bandeira. Esta última parte possuía qualidades reais de evocação poética e humana e anunciava o nascimento de um artista. Logo após Joaquim Pedro de Andrade confirmava sua vocação e permitia que vislumbrássemos a envergadura de seu talento, com *Couro de Gato*, história deliciosa e cruel de meninos da favela que roubam gatos cuja pele servirá para a fabricação de cuicas [*sic*]. Essa fita apesar de ter sido exibida autonomamente é na realidade parte da obra de longa-metragem *Cinco Vezes Favela* destinada a uma distribuição normal. Os outros quatro episódios, dramaticamente independentes, foram ou estão sendo realizados por Carlos Diegues, Leon Hirszman, Marcos Farias e Miguel Borges, todos companheiros de Joaquim Pedro de Andrade, não só de geração mas igualmente de preocupações artísticas e sociais.
O segundo semestre de 1962 abriu-se para o cinema brasileiro numa atmosfera de euforia que não fora experimentada desde o período áureo da Vera Cruz. Os produtores cariocas ou paulistas procuram novos caminhos, já que cessou de render o gênero cômico ao qual se dedicavam quase exclusivamente.

O texto flagra o momento de gestação do Cinema Novo, e o crítico não se furta a destacar seus primeiros gestos, mesmo se o faz em paralelo com o trabalho de Walter Hugo Khouri e uma produção mais "comercial". Na relação de Paulo Emilio com o cinema moderno brasileiro é preciso destacar duas facetas, uma primeira como ideólogo e agente, e outra como analista e crítico. Como crítico que ansiava pela renovação, Paulo Emilio, como vimos, se volta para produção de um Khouri ou de um Nelson Pereira, tentando avaliar tendências do cinema que surgia. Com o advento do Cinema Novo, o crítico adere ao movimento e essa "conversão" é realizada em Florianópolis. A Semana do Cinema Novo Brasileiro, promoveu a síntese necessária e contribuiu para a adesão completa do crítico, que ao longo do evento participou de debates, entrevistas e de inúmeras conversas com realizadores e atores. O impacto do encontro foi tomado como uma verdadeira conversão, mesmo com o movimento ainda em formação. Vejamos:

O Cinema Novo Brasileiro propriamente ainda não existe, o que não impede que já tenha adquirido certa celebridade e, sobretudo, esteja cumprindo plenamente sua missão. Cinema Novo é um grito de guerra a procura das guerras que mais lhe convém. É uma bandeira indiscutivelmente revolucionária que ainda não encontrou a sua revolução. Aliás, na hora do encontro não será uma mas muitas revoluções que se lhe oferecerão no campo ético, social e estético. Isso significa que no momento de sua vitalidade maior o Cinema Novo será ainda mais indefinível do que hoje. Ainda bem, pois a sua força emana dessa indefinição e da liberdade decorrente. Cinema Novo, hoje, é muito mais manifestação do que manifesto ou programa, e oxalá no futuro ele escape às configurações dos relatórios e balanços dos livros de história e permaneça imagem de um tempo vivido e sentido intensamente. Na medida em que se procura identificar com o fluir e o fruir do tempo presente o Cinema Novo envolve todos nós. O mecanismo e a participação no Cinema Novo não é o de aceitação de ideias ou filmes, mas o da descoberta de que nossas emoções, ações e palavras são parte integrante de um processo em curso. Foi em Florianópolis que descobri o Cinema Novo em mim.
[...]
Para não asfixiá-lo dentro ou fora de mim, tão cedo não vou tentar definir o Cinema Novo Brasileiro. Mas ele existe[41].

O crítico parece se antecipar às exigências sobre um posicionamento em relação aos filmes e se liberar afirmando uma adesão por completo ao movimento como um todo, sem pressa de defini-lo na análise de al-

---

41. Paulo Emilio Gomes, "Primavera em Florianópolis" [6.10.1962], *Crítica de Cinema no Suplemento Literário*, Rio de Janeiro, Embrafilme/Paz e Terra, 1981, vol. 1.

gumas obras. Apesar da falta de pressa, o crítico se voltou para dois filmes fundamentais: *Porto das Caixas* (1962) *e Vidas Secas* (1963).

O interesse por Nelson Pereira dos Santos se renovou com a realização de *Vidas Secas*. Já vimos a aprovação a *Rio 40 Graus* e a recusa absoluta de *Rio Zona Norte*. O terceiro filme de Nelson Pereira foi assunto em pelo menos dois momentos, um artigo na revista *Visão* em 1963 e um debate na Universidade de Brasília (1964). Na crítica de Paulo Emilio, Nelson Pereira ainda não é filiado diretamente ao Cinema Novo, apesar da enorme proximidade com os realizadores mais jovens. Além disso, o realizador é lembrado como o produtor de *O Grande Momento*, de Roberto Santos, até então o "melhor filme paulistano". Para o crítico, o mérito de *Vidas Secas* está em promover liberdades em relação à referência literária, criando a forma fílmica pela transposição da referência literária. Ao invés de uma fidelidade que depura o romance para melhor extrair seu espírito, como fez Bresson em relação a Bernanos, o filme de Nelson Pereira parece acrescentar ao romance para melhor lhe ser fiel.

> O exemplo mais extraordinário de afastamento-aproximação entre o filme e o livro nós o encontramos na sequência em que o filho mais velho pergunta para a mãe o que é o inferno, acaba sendo castigado e medita sobre o assunto. O espírito com que Nelson Pereira dos Santos tratou o acontecimento é rigorosamente antagônico à significação que Graciliano Ramos lhe prestou no romance. O curioso é que o cineasta traiu frontalmente o escritor numa passagem bem definida, mas de maneira a permanecer estritamente fiel ao espírito global do livro[42].

Em lugar do rigor praticado obsessivamente por Bresson, o cineasta brasileiro optou pela transposição, realizando ajustes para melhor expor seu respeito ao escritor. A integração das estruturas romanescas na forma fílmica significa o avanço do cinema brasileiro, mesmo se a decupagem

---

42. Em razão da dificuldade de consulta a uma coleção da revista *Visão*, o documento analisado é datiloscrito depositado no arquivo de Paulo Emilio (cf. PE/PI. 0784).

de *Vida Secas* não se pauta pela ruptura com o modelo narrativo-clássico. "Na realidade, o esplêndido amadurecimento da obra se vincula a uma linha estética tradicional que nada possui de revolucionária".

Já *Porto das Caixas*, "o filme mais estimulante realizado na atual fase renovadora do cinema brasileiro", é destacado justamente por promover no centro do modelo narrativo-clássico um deslocamento de ângulo que transforma por completo seus significados. De forma semelhante a *Assalto ao Trem Pagador* e *Tocaia no Asfalto*, o filme de Saraceni tem como tema um crime, mas ao invés de um homem, o agente principal da morte é uma mulher, "o primeiro grande personagem feminino nascido no cinema brasileiro"[43].

> A natureza exata da paixão, terrível e humana, que a faz agir não é claramente expressa ao longo do filme. Essa tensão obscura, esse mistério gelado dão alento ao drama cuja secura implacável lança o espectador num jogo cujas regras são diversas das que lhe são familiares em cinema.
> [...]
> A figura velada pela severa capacidade do sofrimento, dura, inflexível, feroz, só e verdadeira – porque isenta de sentimentalismo – acaba-nos envolvendo e se torna fascinante como a virtude[44].

Não deixa de ser significativo que esses filmes possuam decupagens mais comportadas, em diálogo conflitivo com a decupagem clássica, mas cujas características ressaltadas pelo crítico são de ordem sobretudo dramática, sem maiores considerações sobre a forma e suas rupturas. Se esse interesse por obras mais "comportadas" surge num momento de formação do Cinema Novo, isso não significa falta de sensibilidade do crítico para uma decupagem moderna, de fragmentação e opacidade. Como se verifica na análise de *Bang Bang* ou de *Zézero*.

43. Paulo Emilio Gomes, "Primavera em Florianópolis", *op. cit.*
44. *Idem*, "Crimes que Compensam" [10.11.1962], *Crítica de Cinema no Suplemento Literário*, Rio de Janeiro, Embrafilme/Paz e Terra, 1981, vol. 2.

Tanto *Porto* quanto *Vidas Secas* são respostas para os impasses do cinema brasileiro que, segundo o crítico, no fim da década de 1950 desembocava em tendências formalistas (Khouri), certo tipo de naturalismo esquemático (*Rio Zona Norte*) ou então o filme comercial bem acabado (*A Morte Comanda o Cangaço*). Para Paulo Emilio esses filmes traziam um novo tipo de realismo, com forte crítica social mas sem o convencionalismo formal de um panfleto político. Eles emergem de uma situação histórica definida mas que não os define. Apesar dessa constatação, o crítico não deixou textos sobre as principais obras que se seguiram. Apesar da crítica significativa a alguns filmes, não deixa de ser frustrante o silêncio sobre *Terra em Transe, Deus e o Diabo* ou *Os Fuzis*. Claro, silêncio para a posteridade pois o crítico falou e comentou bastante esses filmes em conferências, aulas e palestras, como fica evidente nas anotações de curso e de visionamento encontradas em seu arquivo. Se não criticou, ele participou ativamente do movimento, por meio do estímulo pessoal, da realização de eventos e pela divulgação de suas ideias.

Se, por um lado, as críticas são raras, por outro o apoio pessoal e institucional é incondicional. As obras-primas do movimento ainda não tinham sido realizadas, mas a presença coletiva já era sentida graças ao contato em festivais e encontros nacionais, como I Convenção Nacional da Crítica Cinematográfica (1960), a VI Bienal de São Paulo (1961), a Semana do Cinema Novo Brasileiro (1962), em Florianópolis, a Semana do Cinema Brasileiro, futuro Festival de Brasília. Em todos esses encontros onde o Cinema Novo aparece fartamente, na programação e pessoalmente, Paulo Emilio está no centro articulando pessoas e indicando obras.

Na I Convenção é a Cinemateca que reúne os principais representantes da crítica, entre eles Walter da Silveira e onde é apresentado texto "Uma Situação Colonial?" e exibido pela primeira vez fora do Nordeste o documentário *Aruanda*, de Linduarte Noronha, filme que, junto com *Arraial do Cabo*[45], é considerado um dos deflagradores do Cinema Novo.

---

45. No seu empenho de renovar o cinema realista, Glauber, antes da Convenção, descreve *Aruanda*: "Fiquemos certos de que *Aruanda* quis ser verdade antes de ser narrativa: a linguagem como linguagem nasce do real, é o real, como em *Arraial do Cabo*" Glauber

A VI Bienal teve o empenho particular de Mário Pedrosa que, buscando a autonomia do evento em relação a seu mecenas (Ciccilo Matarazzo), se encarregou da direção artística, o que gerou muita expectativa no campo da arte. Pedrosa passou um ano inteiro viajando e se ocupando da Bienal. Conseguiu diversas exposições de arte "primitiva" (uma história da caligrafia do Japão, a arte aborígene da Austrália, afrescos do santuário de Ajanta, Índia). O crítico de arte também viajou diversas vezes para a União Soviética a fim de conseguir emprestado as grandes obras do suprematismo e do construtivismo da primeira fase da Revolução de 1917. Para Pedrosa, idealmente, essa grande retrospectiva da principal vanguarda histórica, faria um contraste produtivo com as volumosas coleções da arte "primitiva". Compondo assim um conjunto contrastivo de forte impacto para a arte do porvir, renovando referências e devolvendo à arte sua utopia da transformação do homem. Porém, e infelizmente, naufragou toda a negociação para trazer obras de Malevitch, Tatlin, Rodschenko, El Lissitzky, Gabo, Pevsner. E o passado trotskista de Pedrosa certamente deve ter influído para esse fracasso. De qualquer forma, a contraposição da arte antiga com a de vanguarda ficou representada na sala dedicada a Kurt Schwitters que, segundo Pedrosa, era "o mestre dadaísta precursor das colagens modernas, das apropriações polimateristas e das *assemblages* atuais"[46]. Nessa oposição dialética entre a arte "primitiva" e a arte de vanguarda, residia o cerne da concepção de Pedrosa em torno de uma arte brasileira atualizada.

Rocha, "Dois Documentários: Arraial do Cabo e Aruanda", *Jornal do Brasil*, 6.8.1960). Em sua *Revisão Crítica* (1963), Glauber reafirmaria seu julgamento sobre esses dois documentários. Para uma descrição do "caso Arraial do Cabo" (cf. Rafael Zanatto, "Notas sobre a Formação do Cinema Novo", *Revista da Cinemateca Brasileira*. n. 1, set. 2012. Para um descrição da I Convenção ver: José Quental, *A Primeira Convenção Nacional da Crítica Cinematográfica: Anotações para uma (Outra) História* (mimeo).

46. Mário Pedrosa, *A Bienal de Cá pra Lá*, apud Francisco Alambert e Polyana Canhête, *Bienais de São Paulo – da Era do Museu à Era dos Curadores*, São Paulo, Boitempo, 2004. Sobre a concepção de arte moderna de Pedrosa e o exemplo de Calder ver: Bruno Gustavo Muneratto, *Os Movimentos da Sensibilidade: O Diálogo entre Mário Pedrosa e Alexander Calder no Projeto Construtivo Brasileiro*, Unesp/ASSIS, 2011 (processo FAPESP: n. 2009/04593-0). Dissertação de mestrado (orientação de Carlos Eduardo Jordão Machado).

Para servir de complemento a essa Bienal, a ex-Filmoteca do Museu de Arte Moderna, agora transformada em Cinemateca Brasileira, participou com uma grande mostra, múltipla e variada, da qual se destaca uma incrível retrospectiva do cinema russo e soviético (1908-1961), com filmes desconhecidos no Brasil como *Os Pequenos Diabos Vermelhos* (1923), de Perestiani, *Rendas* (1928), de Iutkevitch, *A Nova Babilônia* (1929), *A Trilogia de Máximo* (1934-38), de Kozintsev e Trauberg, *Nos Limites da Cidade* (1933), de Barnet, *Ruínas do Império* (1929), de Fridrikh Ermler, sem falar no famoso quarteto Eisenstein, Pudovkin, Dovjenko, Kulechov[47]. A retrospectiva do cinema soviético teve também uma mesa-redonda sobre *Outubro*, da qual participaram Mário Pedrosa e Paulo Emilio[48].

Entretanto, outras mostras também possuíam igual relevo, como a retrospectiva do cinema hindú [que não abarcava a produção de musicais, mas Satiajit Ray, Bimal Roy e Tepan Sinha], curtas-metragens francesas [*Les Mistons* (1957), o primeiro filme de Truffaut, *La Première Nuit* (1958), de Franju, *O Canto do Estireno* (1958), de Resnais] e as curtas brasileiras [mostra organizada por Jean-Claude Bernardet, que continha *Arraial do Cabo* (1959), de Saraceni e Carneiro, *Aruanda* (1960), de Linduarte Noronha, *Igreja* (1960), de Silvio Robato e *Desenho Abstrato* (1957-60), de Roberto Miller].

O prestígio do lugar, o alto nível do debate crítico, a conexão entre filmes diversos, cuja organização, a exibição simultânea, diz muito sobre o debate da vanguarda e sua passagem pelo campo das artes plásticas. A exibição da vanguarda russa em sua diversidade, de cineastas ligados ao construtivismo, ao suprematismo, chegando até os partidários do stalinismo. As curtas francesas representavam os primeiros trabalhos de renovação do cinema francês, renovação que se configuraria na Nouvelle Vague. Da parte brasileira, *Arraial do Cabo* aparecia como carro-chefe do Cinema Novo. Não deixa de ser significativa a ênfase de Paulo Emilio

---

47. Em *Eisenstein e o Construtivismo Russo*, François Albera situa a relação entre os campos do cinema e das artes plásticas. Iutkevithc como colaborador de Kosintsev na FEKS, Eisenstein como colaborador de Tatlin etc.

48. Há na Cinemateca Brasileira vestígios sonoros desse debate.

num "paralelo inútil" entre o cinema soviético dos anos 20 e o novíssimo cinema brasileiro, feito, por exemplo, por um Joaquim Pedro de Andrade. Para o crítico, o entusiasmo da época se traduzia na vontade desses jovens em construir no Brasil um cinema atualizado com os novos rumos do cinema mundial. O exemplo do cinema soviético é oportuno para a defesa de um cinema empenhado, com penetração na experiência social, que se daria a partir da entrega sem pretensões imediatas e redentoras. E, nesse sentido, os erros, os enganos e os malogros são parte constituinte.

> Tudo que não chegou a existir, tudo que não deu certo, tudo que foi inútil, tudo que fracassou no cinema soviético revela um gasto de energia humana incomparavelmente mais alto do que a utilizada nos empreendimentos logrados. É evidente que cabe ao homem diminuir pelo exercício da razão essa margem monstruosa de desperdício. Mas é inútil nutrir ilusões excessivas. A multiplicidade de fracassos, em cinema e em tudo o mais, aparece finalmente como condição *sine qua non* dos êxitos possíveis. A desilusão, a mediocridade, a frustração, o engano e o desengano de milhares são o *humus* dos altos momentos de qualquer cinematografia.
>
> É nesse sentido cruel que devemos considerar a cinematografia brasileira como campo aberto para todos. É necessário que sejam criadas condições que atraiam para o seio da corporação as milhares de pessoas indispensáveis ao jogo implacável da probabilidade[49].

As aproximações entre esse cinema e o cinema aspirado pelos jovens são variadas: o otimismo social, a organização em grupos, a ruptura com a tradição, a mobilidade da sociedade que permite o desenvolvimento pleno de vocações, independente das formações tradicionais (um químico – Eiseinstein – ou um físico – Joaquim Pedro – que vira cineasta). Esse paralelo bastante útil, permite que compreendamos melhor a formação do Cinema Novo e a retomada do debate da vanguarda, que apa-

---

49. Paulo Emilio Salles Gomes, "Paralelo Inútil", em *Suplemento Literário d'O Estado de S. Paulo*, 9.12.1961.

rece sobretudo na crítica de Mário Pedrosa e repercute nas obras de Iva Serpa, Milton Dacosta, Lygia Clark, Abraham Palatnik, Almir Mavignier.

A VI Bienal é a síntese dessa concepção vanguardista da arte moderna elaborada por Pedrosa, e certamente, não é por acaso que o cinema brasileiro contemporâneo participa dela de forma significativa, ao lado do cinema soviético e do cinema francês contemporâneo. Para muitos, essa Bienal foi um marco para a renovação. O próprio Paulo Emilio, em depoimento incluído no filme *Tem Coca-cola no Vatapá* (1975), relembra que foi o "arcanjo" Rudá de Andrade quem "trombeteou" o nascimento do Cinema Novo. Mais preciso, Glauber Rocha descreve, quase no calor da hora, sua versão do marco fundador. Diz o jovem cineasta em sua *Revisão Crítica do Cinema Brasileiro* (1963):

Os momentos jornalísticos de 1960 e 1962 denunciam uma corrente-viva; na Bienal de 1961, Jean-Claude Bernardet organizava uma *Homenagem ao Documentário Brasileiro* [sic]. Além da homenagem, *intenções polêmicas de grandes consequências* (grifo meu). Num mesmo bloco, oportunamente marcado por um violento artigo que Gustavo Dahl enviou da Itália para o *Suplemento Literário do Estado de S. Paulo, Coisas Nossas* – estouravam para o público–crítica paulista: *Arraial do Cabo, Aruanda* e *Couro de Gato*. Se o Festival de Cinema Latino-americano, com os panfletos de Joaquim Pedro, as discussões de Paulo Saraceni e as rigorosas ideias de Gustavo Dahl marcaram o advento do *novo cinema brasileiro* na Europa – esta semana na Bienal de 1961, com artigos de Gustavo Dahl, Jean--Claude Bernardet; apoio definido de Paulo Emílio Salles Gomes, Rudá Andrade e Almeida Salles; ruptura com os cineastas adeptos da co-produção, do filme comercial, da chanchada intelectualizada, do cinema acadêmico com a polêmica irradiada entre os intelectuais através de um discurso de compreensão e apoio de Mário Pedrosa; esta semana teve para *o novo cinema brasileiro* a importância da Semana de Arte Moderna, em 1922. Estávamos eu, Paulo Saraceni, Paulo Perdigão e David E. Neves; o crítico Walter da Silveira presidiu a sessão de debate.

Na Semana do Cinema Brasileiro também encontramos a presença forte de Paulo Emilio e do Cinema Novo. O crítico foi o subcoordenador técnico da Semana, realizando a seleção dos filmes e indicando o júri[50]. Os filmes vitoriosos foram *A Hora e Vez de Augusto Matraga*, de Roberto Santos, e *O Circo*, de Arnaldo Jabor.

Junto com a ação de articulador é preciso também lembrar a importância da mediação de Paulo Emilio para a divulgação do cinema brasileiro em festivais internacionais, especialmente se pensarmos na figura de Novais Teixeira. O crítico português é colaborador da Cinemateca desde seus primórdios como Clube de Cinema, enviando materiais publicitários dos diversos festivais em que participou como presidente do júri e jurado[51].

Em carta datada de 09 de junho de 1961, Paulo Emilio afirma a importância de Novais Teixeira como divulgador do cinema moderno brasileiro:

O *Estadão* começou hoje a publicar os seus artigos a respeito de Santa Margherita. Hoje saiu o terceiro, Estão tendo muita repercussão. Tornaram-se assunto obrigatório para a gente do cinema ou mesmo para algumas áreas próximas, jornalismo etc. A promoção que você faz do nosso trabalho está surgindo numa hora realmente propícia, quando temos projetos de lei que nos interessam diretamente na Assembleia Estadual e na Câmara Federal[52].

Os prêmios em festivais internacionais foram decisivos para a legitimidade no Brasil do Cinema Novo, especialmente as conquistas em Santa Margherita Ligure, Sestri Levante e Gênova, todos apoiados pelo

50. Cf. Regulamento da I Semana do Cinema Brasileiro. Brasília, 1965. Fundo Fundação Cultural do Distrito Federal, Arquivo Público do Distrito Federal.

51. Escritor português, jornalista, ativista político, crítico literário e de cinema, Novais Teixeira, antes da guinada cinéfila, exerceu, na Espanha revolucionária, o cargo de chefe do serviço de imprensa. Com a iminência da vitória franquista, exila-se em Paris em 1938, na França. A investida nazista força-o a um exílio no Brasil, onde dirige a Interamericana, o serviço de propaganda dos aliados no Brasil. O fim da guerra marca o retorno a Paris e a colaboração constante em *O Estado de S. Paulo*. Residindo na Europa, Novais Teixeira colaborou intensamente para o I Festival Internacional de Cinema do Brasil (1954), e foi jurado e presidente dos principais festivais europeus. Agradeço a Paulo Cunha todas informações sobre Novais Teixeira (cf. Paulo Cunha, *Novais Teixeira e Paulo Emilio: Notas de Correspondência*, Lisboa, 2012). (mimeo.)

52. Paulo Emilio Salles Gomes, "Carta a Novais Teixeira", 9.6.1961 (PE/CA. 0380. Cinemateca Brasileira).

Instituto Columbianum, do Padre Angelo Arpa[53]. Antes de passarmos à análise das ideias de Paulo Emilio e a influência direta sobre os jovens realizadores, é preciso ainda mencionar a correspondência que o crítico mantém com Glauber Rocha, Gustavo Dahl, Paulo César Saraceni e David Neves. Descrever cada uma dessas séries aumentaria ainda mais essa digressão e serviria apenas para reiterar o já dito. Tal tarefa escapa aos nossos propósitos e exige um cruzamento preciso entre intimidade, discurso crítico e análise dos filmes, que muito renderia para a compreensão do movimento[54].

6.8 Modernidade lá... e cá

Vamos deixar de lado essa caracterização primeira de Paulo Emilio e o cinema moderno brasileiro para nos determos no impacto e na repercussão do cinema moderno francês, e assim voltarmos ao Suplemento Literário. Na fase dos textos que vai de 1959 a 1965, junto com a discussão sobre a cultura cinematográfica e o fortalecimento da cinemateca, aparece mais claramente a avaliação das produções contemporâneas, principalmente na avaliação do cinema francês moderno. Diminui a busca pela legitimidade e aumenta a vontade de intervenção no presente, mesmo que para isso o cinema tratado não seja necessariamente o local.

A discussão desse cinema moderno será estimulante para o interessado na renovação local e o festival História do Cinema Francês ("Semestre de Estudos Franceses", 18.7.1959), organizado pela Cinemateca do Museu de Arte Moderna carioca em colaboração com as cinematecas francesa e brasileira em 1959, tornou possível uma avaliação dos principais realizado-

---

53. Para uma descrição sobre esses festivais, cf. Miguel Pereira, "O Columbianum e o Cinema Brasileiro", Alceu, n. 15, jul./dez.2007.

54. Pedro Plaza Pinto formulou uma resposta para a relação entre o crítico e o movimento cinematográfico, cuja complexidade aparece expressa já no subtítulo do trabalho (cf. Pedro Plaza Pinto, *Paulo Emilio e a Emergência do Cinema Novo – Débito, Prudência e Desajuste no Diálogo com Glauber Rocha e David Neves*. São Paulo, ECA-USP, 2008, Tese de doutoramento). O trabalho se detém sobretudo nas relações pessoais, sem verificar as formas como determinada concepção do cinema moderno ampara o crítico ou os realizadores.

res. "De dois anos a esta parte há sinais de que talvez em breve o cinema da França possa ser considerado como o mais estimulante da atualidade."

O interesse pelo cinema francês se dá não apenas em razão da produção recente, mas principalmente pela equação que envolve os filmes e as ideias sobre eles. Depois de apontar momentos históricos do cinema francês de conexão entre escrita e realização, ("isso não significa que tenha tido sempre grandes críticos ou que os textos teóricos do passado ainda possam ser lidos com muito proveito pelo estudioso"), Paulo Emilio indica a situação particular atual: "Modernamente, entretanto, a teoria e a criação se equacionam de maneira diferente, como veremos ao se apresentar ocasião para o exame da obra de um Robert Bresson, um Alexandre Astruc ou, quem sabe, um François Truffaut"[55]. O contato com as ideias de André Bazin e a leitura constante dos *Cahiers du Cinéma* permitem acompanhar de longe a atualização do debate de renovação do cinema francês. O interesse pelos acontecimentos cinematográficos se confirma com o conhecimento dos filmes. A difusão de ideias promovida por Bazin, em diversos periódicos e nos festivais europeus, atinge um amplo círculo de simpatizantes que iniciam um processo de transformação radical da maneira de se fazer e se pensar o cinema[56]. Além do debate por uma nova estética, há também no cinema francês uma legislação inteligente na forma de premiação ao curta metragem, ao documentário e ao filme experimental, sem falar na presença marcante de Henri Langlois e sua Cinemateca.

A disposição em comentar os principais realizadores do cinema francês contemporâneo só cede lugar para o combate à censura. No lançamento de *Les Amants*, de Louis Malle, uma Confederação das Famílias Cristãs pressionou os exibidores e chegou até as barras da justiça para ten-

---

55. *Idem.*
56. Ver: Antoine de Baecque, *Cinefilia*, São Paulo, CosacNaify, 2011. O livro é uma boa descrição do movimento crítico parisiense do pós-guerra, apesar de seu título genérico, que ignora a cultura cinematográfica de outras regiões da própria França e, num gesto elitista, atribui apenas ao especialista a *expertise* cinematográfica. Para um contraponto teórico mais consistente ver: Jean-Marc Leveratto e Laurent Jullier, *Cinéphiles et Cinéphilies – Une Histoire de la Qualité Cinématographique*, Paris, Armand Collin, 2010.

tar a interdição completa do filme, julgando-o dissolvente e amoral. Paulo Emilio precisou de quatro artigos para demonstrar a pouca capacidade cultural de um pequeno grupo que se promovia a juiz da coletividade.

Depois da severa crítica aos princípios da argumentação regressiva da Associação, o crítico passou enfim a comentar este que é um dos marcos do cinema francês moderno. Para isso, não poupou nem mesmo o jovem crítico Cláudio de Mello e Souza, roteirista de *Arraial do Cabo*, ligado ao grupo do Cinema Novo que se formava. Depois de afastar as críticas moralistas da Associação, foi a vez de desqualificar o esquematismo do marxismo vulgar do jovem crítico, que insistia em caracterizar o filme como fascista.

> Estou convencido de que Cláudio de Mello e Souza, por motivos outros que não os dos confederados, tampouco entendeu *Les amants*. O meu papel é sobretudo esclarecer a testemunha e o promotor, mas ficaria satisfeito se o articulista do *Jornal do Brasil* [Cláudio de M. e S.] e outros tirassem algum proveito destas considerações, cujo objetivo não é provocar o gosto por *Les amants*, mas apenas examinar do que se trata.

Antes do comentário sobre o filme fica bem patente o lugar central de Paulo Emilio no campo da crítica e como *Les Amants* centralizava as atenções dos jovens brasileiros interessados na transformação[57]. O crítico se mostra implacável com o autoritarismo da Associação e irritado com a pretensão do jovem neófito. Não há esnobismo quando comenta que "as citações indicam que o articulista conhece francês, mas quer me parecer que a sua familiaridade com a França não vai além". O *cabotinismo didático*, para usar mais uma vez expressão de Mário de Andrade, procura uma concepção crítica que não abre mão da reflexão histórico-social. Para Paulo Emilio uma chave para se entender *Les Amants* é a polidez ou, como ele prefere, a *politesse*. Como código de sociabilidade a noção de

57. Além da crítica de Cláudio de Mello e Souza (*Jornal do Brasil*, 19.3.1960), Jean-Claude Bernardet também redigiu artigo bastante favorável ao filme de Malle (cf. Jean-Claude Bernardet, "Amantes: Volta ao Mito", *Suplemento Dominical do Jornal do Brasil*, 9.1.1960).

polidez se aperfeiçoa no Absolutismo, quando a aristocracia desenvolve um refinado e verdadeiro estilo de vida, pautado pelo recato e pela sutileza do emprego de expressões refinadas e adequadas para determinada situação. Porém, com a revolução esse jogo social perde seu chão histórico e passa refletir relações ocas que a burguesia adapta na procura de dar dignidade a uma forma de vida sem refinamento. Conforme a *politesse* se vulgarizou mais ela se tornou uma fórmula vazia, um convencionalismo como outro. A descrição histórica desse jogo social ajuda a entender a vida artificial de Jeanne, a protagonista de *Les Amants*, mas também pode ser uma chave para a análise de *A Double Tour*, de Chabrol. No filme de Malle, porém, o conhecimento dessa convenção permite compreender o gesto libertário do filme.

> Se Raoul [o amante parisiense] não compensa a frustração que Jeanne retira da vida doméstica, é porque marido e amante são uma só coisa, expressões de uma mesma conjuntura corroída em suas bases por um sistema de relações humanas falsificadas. É fácil imaginar Jeanne percorrendo a sua existência até o fim nesse quadro fastidioso em que alegria, sofrimento, maternidade, marido, amante e amizade participam de igual inautenticidade. As formas de relação de rancor, com Henri [o marido], ou de epiderme, com Raoul, eram submetidas a uma mesma codificação. Jeanne pôde escapar ao seu destino de *zombie*, de participante de um ritual morto, graças ao encontro de Bernard [o amante desconhecido], cuja ausência de *politesse* foi o sinal de novos tempos e da possibilidade de salvação. Quando Jeanne fuzila Henri, Raoul e companhia com seu libertador acesso de riso, o jogo está feito e preparado o caminho para a *nuit de la vérité*[58].

O conhecimento histórico permite detectar como a forma colhe na realidade sua matéria para simbolizá-la de maneira original. Essa conexão, que não significa simplificação ou mecanicismo, nutre a compreensão da obra e inaugura um debate crítico para o cinema local. Nos dois

---

58. Paulo Emilio Salles Gomes, "Os Amantes Ultrajados" (v), *op. cit.*, p. 185.

COLEÇÃO POLÍTICAS CULTURAIS

artigos seguintes, procedimento semelhante é utilizado para situar o fenômeno do donjuanismo, situando-o historicamente para depois se estabelecer as diferenças com o modelo atual. Tomando como exemplo o cineasta Roger Vadim, Paulo Emilio chama atenção para o rendimento dramático novo dado à cama em *Et Dieu Créa la Femme*. Esse destaque a um detalhe faz com que o crítico atente para o tratamento dado pelo cinema francês ao corpo, mais exatamente à epiderme. E Vadim será um dos precursores dessa tendência. Louis Malle e Roger Vadim são cineastas saídos do interior da indústria do cinema francês, e mesmo de dentro das convenções conseguiram introduzir elementos novos estética e moralmente. O grupo dos *Cahiers du Cinéma*, radicaliza uma certa tendência do cinema francês na medida em que passam a realização de filmes, transformando as formas convencionais também pela maneira como produzem filmes de baixo orçamento. O caso de Claude Chabrol com *Le Beau Serge* é o mais paradigmático. Filme realizado com recursos próprios, *Le Beau Serge* convenceu os produtores franceses sobre as possibilidades rentáveis de se investir num tipo de cinema barato, criativo e com apelo de público.

Aos olhos do interessado em questões políticas[59], esse interesse por elementos periféricos na forma do filme, como a pele, as formas de sociabilidade e o modo de produção, deveria parecer um misto de frivolidade com erudição pedante. Porém, a atenção para esse cinema distante das convenções rotinizadas por um sistema industrial, com diálogos mais livres da fala literária e próximos do cotidiano, enraizamento histórico em profunda relação com o drama, atuações mais francas, aparato técnico despojado, enredos inspirados em questões atuais e baixos orçamentos, tudo isso era de grande rendimento para a renovação em processo no cinema brasileiro. O elogio de um certo realismo pautado por uma dramaturgia mais inventiva e aberta para a experimentação formal, voltado para questões atuais do mundo moderno tem endereço preciso.

59. Para a acusação de *Les amants*, Cláudio de Mello e Souza recorre a um artigo de Raymond Borde, o fundador da revista *Positif*, que fez campanha contra a Nouvelle Vague e contra "la droite haïssable et papelarde" dos *Cahiers du Cinéma*.

286

TRAJETÓRIA DE PAULO EMILIO

Um outro exemplo de filme de baixo orçamento e original do ponto de vista artístico é *Les 400 coups*, de François Truffaut (30.4.1960). Mas nele, mais do que o modo de produção, o que vem a primeiro plano é o depoimento sincero de um jovem que se libera da autoridade dos adultos por meio da realização de um filme. A proximidade com Vigo não é coincidência. A humildade, a ternura, a simplicidade parecem contrastar com o estilo do jovem crítico aguerrido dos *Cahiers du Cinéma*. A delicadeza sem afetação do diretor estreante no longa-metragem é sintetizada na sequência em que o garoto, Antoine Doinel, é interrogado por uma psicóloga. Diante da pergunta estúpida e inútil, o garoto descreve suas peripécias pela Rua Saint-Denis, onde procura alguma mulher disposta a lhe iniciar sexualmente. A resposta marota de Doinel descreve, cheia de interrupções e sobressaltos, uma situação em que alguns colegas indicam o local, mas ele é enxotado em razão da idade, porém encontra um africano simpático que lhe sugere uma moça disposta, em busca da qual partem juntos, mas ela não se encontra no hotel e ambos esperam uma, duas horas e a moça não chega; decepcionado o menino se vai. Toda a sequência se reduz à fala e expressão de Doinel, captadas por planos fixos que se superpõem. A frontalidade com que o garoto articula uma resposta detalhada, o diálogo coloquial, um único plano médio, esse conjunto faz da "[...] sequência o ponto mais alto não só de *Les 400 coups*, mas de todo o cinema francês moderno". O entusiasmo aumenta ainda mais quando o crítico passa a analisar *Hiroshima Mon Amour* (1959), de Alain Resnais e Marguerite Duras.

O impacto de *Hiroshima* é enorme sobre o crítico, um verdadeiro acontecimento, uma manifestação cinematográfica que nos ajuda a entender sua concepção por um cinema realista, em que a atenção aos elementos sociais se equipara à experimentação. Antes que o filme fosse exibido no Brasil, Paulo Emilio redigiu cinco artigos no Suplemento Literário[60], em que prepara o espectador para a "atenção, tensão e ao mes-

---

60. Além dos cinco textos do Suplemento Literário ("A Pele e a Paz", 7.5.1960; "Papel de Marguerite Duras", 14.5.1960; "Amor e Morte", 4.6.1960; "Esperando Hiroshima", 25.6.1960; "Não Gostar de Hiroshima", 2.7.1960), o crítico comentou duas outras vezes o filme, na

mo tempo abandono". O crítico toma a dianteira no comentário sobre o filme, dada as suas qualidades artísticas, mas também com receio do julgamento preconceituoso que ameaçou *Les Amants*.

> Considero tarefa útil consagrar algumas colunas de jornais a *Hiroshima Mon Amour*, antes de sua apresentação. Gostaria que uma parte do público ganhasse um pouco de tempo. Receio que alguns espectadores se irritem com a obra de Alain Resnais devido, não a uma legítima divergência, mas a um mal-entendido. É um filme que em geral recusa o que buscamos, mas o mecanismo inverso é constante nele: distribui generosamente sinais e riquezas não solicitados. É intricado como o método da psicanálise e misterioso como a mulher. Bastante gente já viu a fita no Brasil, e é pena que não a comentem antes de sua apresentação pública.

A vontade de explicação do filme se deve à maneira nova com que articula imagem com literatura. O filme radicaliza os experimentos de Vadim com a cútis e propõe tratamento formal muito mais arrojado. Com a pele revelando amor e morte, amantes e vítimas da catástrofe, tudo num movimento que causa a estranheza dos primeiros minutos da abertura. A contradição engendrada pelo filme ao articular memória e história, indivíduo e coletividade, barbárie e amor, apresenta as potencialidades do cinema moderno em justapor diferentes registros numa composição caótica e una. A opção pela abordagem indireta da catástrofe exige um tratamento avançado da temporalidade, entre passado e presente, entre o amante alemão e o japonês, fazendo com que a neurose da personagem contamine a própria forma do filme, cujas características se aproximam do delírio.

A maneira como o texto literário comenta e introduz o drama se relaciona com os experimentos anteriores de Resnais, mas a escrita de Duras acrescenta novos elementos à estética do cineasta. A partir da análise

revista *Visão* ("Hiroshima Mon Amour", 8.7.1960) e no jornal *Brasil Urgente* ("Hiroshima Minha Dor", 19.5.1963). O texto para a revista *Visão* não está assinado, mas certamente é de sua autoria.

do filme e dos depoimentos em torno da obra, Paulo Emilio descreve o processo colaborativo que, depois de algumas fases, chegou ao resultado final do filme. Para ele, "nesses diversos exercícios, Resnais concedia sempre a mais completa autonomia artística à sua colaboradora, mas ele próprio tudo calculara com justeza". Essa forma de manejar a colaboradora, de fazer com que ela crie a partir do desejo do realizador, faz com que o trabalho seja coletivo, sem deixar de seguir as orientações do indivíduo criativo. Esse mesmo processo foi desnudado por Paulo Emilio quando descreveu o processo criativo de *Atalante*, especialmente quando Jean Vigo dirige o ator Michel Simon[61].

O que salta aos olhos do crítico na análise de *Hiroshima* é a conjugação de texto literário, diálogos dramáticos, imagens documentais e ficcionais, e, envolvendo tudo, a maneira de trabalhar de Resnais, sua recusa da alcunha de autor e a realização de obras em que a contribuição é diversa. Esse processo, que se evidencia de filme para filme, de *Van Gogh* (1948) a *Le Chant du Styréne* (1958), passando por *Nuit et Brouillard* (1955), culmina em *Hiroshima Mon Amour*, o filme canto e meditação.

O impacto do longa-metragem de Resnais é tão forte que, poucos meses depois, quando Paulo Emilio realiza sua conferência sobre *A Ideologia da Crítica Brasileira e o Problema do Diálogo Cinematográfico*, na I Convenção Nacional da Crítica de Cinema (novembro de 1960), o modelo escolhido para o cinema brasileiro moderno é o de *uma fala literária e dramática envolvida por imagens*. Vemos como o filme marcou profundamente a sensibilidade do crítico e como ele o alertou para as potencialidades do som e sua profunda significação histórica. Para ele, o cinema brasileiro ganhará novo impulso quando produzir um filme bem dialogado, em que a fala se ligar fortemente com a cultura local.

---

61. "Quando pedia ao ator que repetisse frases ou palavras de suas réplicas, Vigo lhe dava uma margem de liberdade em relação ao texto que recebera previamente para estudar. A própria insubordinação do ator era dirigida sem que ele percebesse, e toda vez que Michel Simon se desviava, fazia-o no sentido desejado por Vigo. Michel Simon nunca se sentira tão livre, embora estivesse sendo totalmente controlado" (Paulo Emilio Salles Gomes, *Jean Vigo*, São Paulo, CosacNaify, 2009, p. 259).

O cinema sueco, o japonês, o russo, e outros, que tantos dentre nós amamos tanto, constituem na realidade universos que só nos são acessíveis numa proporção bem limitada. Quando as fitas são dialogadas em línguas mais próximas, atenua-se o grau de alienação. Seu desaparecimento todavia, está condicionado a uma circunstância pouco frequente – a de se ouvir a língua estrangeira tão bem como a própria[62].

A proposta de Paulo Emilio por um filme com diálogos livres de convenções herdadas de um teatro envelhecido tem repercussão imediata. O artigo é publicado no jornal *O Metropolitano*, reconhecida tribuna do Cinema Novo, que tem Carlos Diegues como diretor e Fernando Duarte como fotógrafo. O artigo confirma a ascendência de Paulo Emilio sobre os jovens realizadores, informando sobre a cultura cinematográfica e orientando sobre os caminhos do presente.

Em correspondência (19.11.1960) para Glauber Rocha, vemos reflexos do texto e dessa presença de *maître-à-penser*, quando Paulo Emilio explicita a simpatia e declara suas expectativas quanto à feitura de *Barravento*, o primeiro longa-metragem de Glauber. O crítico comenta as afinidades em torno do tema, responde à questão do jovem sobre o defloramento de Aruan, uma novidade para a história do cinema, e apresenta as expectativas quanto ao protagonista.

Eu espero que você faça de Aruan um herói no sentido de concepção dramática, isto é alguém que esteja realmente no centro das coisas e pelo qual o público se interessará especialmente. O interesse por Firmino e pelos outros eu espero que exista em função do que Aruan significará para nós. Estou convencido de que uma das razões da dificuldade do filme brasileiro

---

62. Paulo Emilio Salles Gomes, "A Ideologia da Crítica Brasileira e o Problema do Diálogo Cinematográfico", Comunicação à 1 Convenção Nacional da Crítica Cinematográfica (São Paulo, 12-15 de novembro de 1960). O texto foi publicado no jornal *O Metropolitano* (27.11.1960). Posteriormente, foi incluído na coletânea de textos *Paulo Emilio: Um Intelectual na Linha de Frente*.

em se comunicar com o público está na atomização dramática na ausência de fixação no herói.

Os poderes de Aruan, a sua virgindade, suas mutações tudo isso me parece uma matéria-prima poética, social e narrativa de primeira qualidade.

Paulo Emilio, apesar das inúmeras anotações, não deixou uma crítica sobre o filme de Glauber. Entretanto, não é preciso lembrar o lugar privilegiado que ele ocupa no tecido sentimental de imagens que serve de epígrafe para esse capítulo: *Barravento* representa sozinho o cinema moderno.

Esse diálogo com os jovens renovadores se afirma pela correspondência íntima, e se dá especialmente pela forma da intervenção crítica de Paulo Emilio entre 1959 e 1960, quando o crítico marca sua posição por uma proposta de cinema brasileiro muito marcado pelas invenções formais e o enfoque sociológico. Glauber será particularmente sensível a essa proposta, acompanhando com atenção os escritos e desenvolvendo um diálogo para a vida toda. Apesar da proximidade, Glauber não participou da I Convenção em razão das filmagens de *Barravento*, filme do qual acabara de assumir a direção após desentendimentos com o cineasta Luís Paulino dos Santos. Sua resposta não tardou. Terminadas as filmagens, o cineasta redigiu um comentário indicando os principais pontos de sua proposta estética. E para ele, *Barravento* também buscava uma *fala literária e dramática envolvida por imagens*[63].

É marcante a afinidade em torno de um cinema renovado, sem as pretensões industriais e ilusórias, mas também sem um descuido formal em nome do engajamento mais voluntarista. Um caminho do meio, que fascinará tanto Glauber, como David Neves, Jean-Claude Bernardet, Gustavo Dahl, Paulo César Saraceni, entre outros.

A contribuição de Paulo Emilio para o debate do cinema brasileiro no princípio da década de 1960, ganha força na I Convenção Nacional

---

63. Cf. Glauber Rocha, "Barravento: Confissão sem Moldura", *Diário de Notícias*, Salvador, 25.12.1960.

da Crítica Cinematográfica. Vimos como o artigo sobre o diálogo cinematográfico causou efeito, agora resta abordar a outra intervenção, mais polêmica e mais abrangente do que a primeira. A I Convenção foi organizada pela Cinemateca Brasileira, com apoio da Comissão Estadual de Cinema, com o intuito de reunir as dezenas de críticos espalhados por todo o país. Entre os dias 12 e 15 de novembro foram discutidos as diversas formas de dificuldades do cinema brasileiro, com cada crítico apresentando pontos de vistas diferentes sobre aspectos culturais, políticos, ideológicos e econômicos. Por esse curto período a Cinemateca Brasileira se constituiu como a "central paulista do cinema brasileiro". Das diversas manifestações, dois pontos de vista se destacam. O primeiro deles é a fundamentação empírica apresentada por Cavalleiro Lima, então membro do Geicine (Grupo de Estudos da Indústria Cinematográfica), apontando as opressoras condições econômicas que impediam o desenvolvimento da indústria do cinema no Brasil. É preciso lembrar que o Geicine foi um órgão federal criado no governo Jânio Quadros (1961) para adequar a competição desigual entre o cinema nacional e o estrangeiro. Entre suas propostas, estavam a recuperação da Vera Cruz, financiamentos junto ao Banco do Brasil e o incentivo à co-produção.

A proposta de Paulo Emilio em "Uma Situação Colonial?" (19.11.1960), o outro ponto de vista a ser destacado, buscava uma análise geral do cinema brasileiro e, para isso, passa em revista os diversos setores que o compõem. No estilo do depoimento da *Plataforma da Nova Geração*, cada setor é avaliado, a crítica, as cinematecas, os cineclubes, os produtores, os exibidores, são analisados e o denominador comum é a mediocridade, que compromete a todos e reduz à irrelevância as diferentes contribuições.

> Assim como as regiões mais pobres do país se definem imediatamente aos
> olhos do observador pelo aspecto físico do habitante e da paisagem, todos
> os que nos ocupamos de cinema no Brasil escapamos dificilmente a um

processo de definhamento intelectual que mais cedo ou mais tarde acaba imprimindo características reconhecíveis à primeira vista[64].

Essas características, ou melhor, essas idiossincrasias são a insatisfação passiva com a própria condição, a capitulação, alienação, mesquinharia, passividade, alienação de novo, frustração, mal-estar, sarcasmo, humilhação e colonialismo. A crítica aos produtores, que "produzem determinado gênero de filmes que eles próprios desprezam", tem endereço certo ao apontar para o grupo Severiano Ribeiro, responsável pela chanchada, mas também grande distribuidor de filmes estrangeiros. O gênero responsável pela continuidade do cinema brasileiro durante décadas convive com a importação mais passiva, sem que isso se torne uma contradição interna, pois a chanchada não é considerada "cinema" pelos seus produtores, um produto rebaixado aos olhos de seus responsáveis mas também do público. "Para ambos, cinema mesmo é o de fora, e outra coisa é aquilo que os primeiros fazem e o segundo aprecia."

Os interessados em um cinema industrial e artístico também compartilham da mediocridade generalizada ao atribuírem seus fracassos a indivíduos, sem distinguir direito suas reais contribuições para o malogro. A atmosfera é envenenada pela busca de responsáveis pelo fracasso, sem que surja uma avaliação razoável do processo. É possível reconhecermos aqui os agentes e defensores da Vera Cruz, cujo tom acusador e conspiratório preencheu muitas páginas da imprensa paulista.

As próprias cinematecas também não escapam da afazia, pois suas atividades não frutificam em desenvolvimentos da instituição e, apesar da qualidade de suas atividades, elas não estruturam ações importantes para a realização de suas funções. "A longo prazo, entretanto, a ação sem consequências ponderáveis provoca certa secura capaz de alterar profundamente uma personalidade." A própria crítica também não escapa da situação e mergulha ainda mais na alienação, na medida em que se julga

---

64. Paulo Emilio Salles Gomes, "Uma Situação Colonial?", *op. cit.*, p. 286.

superior ao ambiente, criticando filmes cujo diálogo verdadeiro é impossível em razão do centro de produção se situar fora de alcance. A figura da aristocracia do nada se faz presente mais uma vez.

Essa intervenção de Paulo Emilio na I Convenção descreve bem as forças em jogo, e apresenta a vontade de superação da "situação colonial", que implica no mergulho na realidade adversa do país. Por sua capacidade de síntese, o artigo foi considerado um bom exemplo das questões trazidas pelo nacionalismo desenvolvimentista que, apesar dos limites históricos, colocou questões para pensar toda a realidade social do país[65]. Porém, fica clara a recusa de um cinema industrial em uma economia subdesenvolvida e não há uma aposta ilusória no futuro, como se costuma definir apressadamente o período. O diagnóstico é duro e envolve as próprias atividades de seu autor, na medida em que engloba a cinemateca e a crítica na mesma crise. A superação exige a produção de um cinema de qualidade (com tudo que a expressão carrega), feito em novos modos de produção, com uma cinemateca amparada e capaz de cumprir sua missão cultural-pedagógica e com uma crítica consciente de sua ação no debate constante. As condições para a transformação radical ainda não estavam à mão e o empenho seria imaginar uma situação inexistente. Por isso, ao invés do reformismo do Geicine, que insistia no retorno da industrialização nos moldes da Vera Cruz, melhor seria estar aberto para as novas forças. O que não significa que Paulo Emilio fosse contra à industrialização do cinema brasileiro, pelo contrário sua aposta inclui a produção em série, que engendra a obra individual. Daí a dificuldade em incluí-lo entre os defensores da indústria, daí a dificuldade dos jovens do Cinema Novo que não entendiam a recusa da chancela de suas ideias.

A vitalidade inegável que encontramos em alguns desses textos demandam um exame mais detido da prosa e das intuições que surgem em cada frase. Por ora, me interessou articular este momento de Paulo Emilio com a questão da pesquisa histórica, do inventário como etapa

---

65. Roberto Schwarz, "Fim de Século", *Sequências Brasileiras*, São Paulo, Cia. das Letras, 1999.

preliminar da "plataforma", ao mesmo tempo acentuando a articulação entre o que lemos nestes textos e o percurso do crítico até a sua opção radical pelo cinema brasileiro, da qual fazem parte a intervenção no *Jornal da Tarde*, bem distinta da do *Suplemento*, a síntese de *Cinema: Trajetória no Subdesenvolvimento* e a pesquisa de maior envergadura que tudo condensa. O que me interessou aqui foi o fazer em determinadas condições – as vitórias, as frustrações, a relação entre vida e obra – e a formulação de um projeto em que a crítica e a defesa de uma cinemateca compõe etapas decisivas para a compreensão do passado.

Por isso, o recorte proposto não esmiuçou os principais textos e as características da prosa, o juízo de gosto original, e a articulação de vida e exercício crítico surpreendem o leitor em momentos inesperados. Um bom exemplo é a discussão sobre as agruras de uma cinemateca que faz brotar um parágrafo magistral sobre o ato da escrita.

O desejo de escrever é basicamente a procura de compensação para atos frustrados. Muitas vezes vi essa ideia enunciada, mas só agora reconheço sua plena justificação. O que anuncia o desencadear do mecanismo compensatório é o deslize sutil que se processa da ação para a compreensão. Quando as energias se concentram no primeiro termo, o ato de escrever é apenas complementar. Do momento, porém, em que sentimos antes de mais nada a imperiosa necessidade de compreender e comunicar pela escrita os resultados do esforço de apreensão da realidade, podemos ter certeza que o ato de escrever se transformou em algo autônomo, num substitutivo precário para o que realmente era importante para nós. Procuramos abordar problemas com certa altura de vistas para adoçar o travo da derrota. Se não me engano, foi Péguy quem lembrou que a pessoa capaz de tudo compreender está madura para todas as capitulações. Na realidade, somos homens de ação e intelectuais, o que facilita certo jogo duplo que em última análise nos protege contra o desespero. Quando nosso desejo de ação, de construção, encontra barreiras ao mesmo tempo absurdas, injustas e intransponíveis, quando atingimos o limite em que habitualmente se perde a cabeça, nós a fazemos funcionar, racionalizamos a situação e se perdemos a parada resta-nos o consolo um pouco ridículo de termos, em relação às forças que nos venceram, uma lucidez que elas não têm quanto a nós ou a si próprias[66].

Não é tarefa fácil escrever e comentar Paulo Emilio.

66. Paulo Emilio Salles Gomes, "Variações Municipais" [13.12.1958], *op. cit.*, vol. 1, p. 453.

Anexo

* * *

CRONOLOGIA DE PAULO EMILIO SALLES GOMES

1916. Nasce em São Paulo no dia 17 de dezembro.

1932. Participa da Revolução constitucionalista como voluntário.

1935. Realiza a revista *Movimento*, de forte inspiração modernista.

1935. Colabora na imprensa de esquerda, especialmente em *A Platea*, órgão da Aliança Nacional Libertadora, e realiza manifestações políticas.

1935. É detido em razão da repressão que se segue à rebelião militar comunista em novembro.

1937. Escapa da prisão e parte para a França.

1938. Conhece Plínio Sussekind Rocha, que o apresenta o cinema de arte, especialmente o cinema soviético.

1939. Com o advento da Segunda Guerra, retorna ao Brasil.

1940. Ingressa no curso de Filosofia da Universidade de São Paulo.

1941. Participa da revista *Clima*.

1943. Se alista na Campanha da Borracha.

1944-5. Milita em pequenos grupos de esquerda não ortodoxa.

1946. Segunda viagem a França.

1954. Retorno ao Brasil para realizar a I Festival Internacional de Cinema de São Paulo

1956. Colabora no Suplemento Literário do jornal *O Estado de São Paulo*.

1957. Publicação de *Jean Vigo* (Paris: Seuil).

1958. Curso para dirigentes de cineclubes promovido pela Cinemateca Brasileira.

1960. Organização da I Convenção Nacional da Crítica Cinematográfica, para a qual redige a intervenção "Uma Situação Colonial?"

1961. Ministra o curso "A Personagem Cinematográfica" no Departamento de Teoria Literária e Literatura Comparada na Universidade de São Paulo.

1964. Participa da fundação do curso de cinema na Universidade de Brasília.

1966. Publica *70 Anos de Cinema Brasileiro* (Rio de Janeiro, Expressão Liberdade), em coautoria com Adhemar Gonzaga. Inicia o doutoramento como pós-graduando no Departamento de Filosofia da Universidade de São Paulo.

1968. Integra o corpo docente da recém inaugurada Escola de Comunicações Culturais, futura Escola de Comunicações e Artes da Universidade de São Paulo.

1972. Defende o doutorado *Cataguases e Cinearte na Formação de Humberto Mauro*, sob a orientação de Gilda de Mello e Souza.

1973. Publica o ensaio "Cinema: Trajetória no Subdesenvolvimento" (revista *Argumento*, n. 1).

1974. Publica *Humberto Mauro, Cataguases, Cinearte* (São Paulo, Perspectiva).

1977. Publica em abril a série de novelas *Três Mulheres de Três Pppês* (São Paulo, Perspectiva).

1977. Falece em 9 de setembro.

Título	*Trajetória de Paulo Emilio*
Autor	Adilson Mendes
Design e editoração eletrônica	Negrito Produção Editorial
Revisão de provas	Lauda Serviços Editoriais
Formato	15,5 x 22,5 cm
Tipologia	Arno
Número de páginas	304
Papel	Pólen Soft 80 g/m² (miolo)
	Cartão Supremo 250 g/m² (capa)
Impressão e acabamento	Lis Gráfica
Imagem de capa	detalhe de *As malhas da liberdade*
	de Cildo Meireles (1977)
	reprodução gentilmente cedida pela galeria Luisa Strina
	com o consentimento do artista